AF608565

Into the New

Menschsein: Von Pollock bis Bourgeois
US-amerikanische Kunst im Städel Museum

Sandstein Verlag

Die Publikation wurde unterstützt von

GEORG UND FRANZISKA SPEYER'SCHE HOCHSCHULSTIFTUNG

Nach dem Zweiten Weltkrieg nahm die Druckgrafik in den USA eine überraschende Entwicklung. Künstlerinnen und Künstler entdeckten das innovative Potenzial dieses vielfältigen Mediums für sich. Sie reizten die konzeptionellen Möglichkeiten der einzelnen Techniken aus und variierten und bereicherten deren Prozesse um radikal neue Aspekte. In enger Zusammenarbeit mit kenntnisreichen und experimentierfreudigen Druckerinnen und Druckern schufen sie Lithografien, Radierungen und Holzschnitte bis hin zu Siebdrucken, in Einzelwerken, Folgen oder ganzen Serien. Sie arbeiteten dreidimensional, im Papierrelief oder Multiple, und taten all dies häufig in bis dahin ungeahnten Formaten, ungewohnten Kombinationen und unüblichen Materialien. Druckgrafik wurde zu einem Medium, das nicht länger als reproduzierend wahrgenommen wurde, sondern als Vehikel ästhetischer Strategien, den Gemälden, Skulpturen und Zeichnungen ebenbürtig und auf diese zurückwirkend.

Heinz Friederichs interessierte sich als Grafiksammler sehr für diese „Graphic Revolution“, wie sie das Saint Louis Art Museum in einer Ausstellung 2018 bezeichnete. Ihn faszinierten die vielfältigen künstlerischen Positionen, insbesondere Jasper Johns’, von dem er früh einige wichtige Lithografien erwarb. Vor allem aber fesselte ihn das Spezifische der Druckgrafik: dass die Arbeit auf dem Lithostein oder der Radierplatte höchste Konzentration verlangt und dass die Möglichkeiten der Technik auszureizen ein genaues Verständnis, ein Reflektieren der Technik voraussetzt.

Kurz vor seinem Tod am 5. Juni 1991 gründete er mit seiner Frau Gisela die Heinz und Gisela Friederichs Stiftung. Dies geschah aus der Verantwortung gegenüber den eigenen Unternehmen, der Carl Friederichs GmbH, Frankfurt am Main, die sich seit ihrer Gründung 1840 zu einem der führenden Karosseriebaubetriebe Deutschlands entwickelt hatte, und der Hartmann Spezialkarosserien GmbH in Alsfeld. Es geschah aber auch in bester Frankfurter Tradition aus bürgerschaftlichem Engagement für die Kunst.

In der Graphischen Sammlung des Städel Museums hatte Heinz Friederichs viele Stunden mit dem Studium von Kunstwerken auf Papier verbracht. Margret Stuffmann, damals Leiterin der Graphischen Sammlung, teilte seine hohe Wert-

Grußwort

der Heinz und Gisela Friederichs Stiftung

Erich Schneider
Vorsitzender des Vorstands

schätzung für US-amerikanische Kunst auf Papier. Seit den 1970er Jahren hatte sie dieses Sammelgebiet zu einem Schwerpunkt der Graphischen Sammlung ausgebaut und herausragende Zeichnungen und Druckgrafiken von Jackson Pollock bis Barnett Newman ins Städel Museum geholt. So stand bald fest, dass die Stiftung die Graphische Sammlung beim weiteren Ausbau ihres Bestandes US-amerikanischer Druckgrafik unterstützen würde. Seit über dreißig Jahren fördert die Friederichs Stiftung nun Ankäufe in diesem Bereich, zuletzt mit Druckgrafiken von Dorothy Dehner, Kiki Smith, Ellen Lesperance und einem Papierrelief von Louise Nevelson.

Wir freuen uns außerordentlich, im Auftrag der Stifter diese Arbeit weiterzuverfolgen, und blicken mit dem Städel Museum stolz auf die Ausstellung *Into the New. Menschsein: Von Pollock bis Bourgeois,* in der zentrale Werke dieses gemeinsamen Sammelns zu sehen sind. Den Besucherinnen und Besuchern des Städel Museums wünschen wir eine intensive und entdeckungsreiche Begegnung mit der US-amerikanischen Kunst.

Um 1912/14, parallel zu den Erwerbungen französischer Impressionisten bei Ambroise Vollard in Paris, kaufte Georg Swarzenski, Direktor des Städel Museums, auch die ersten Werke eines US-Amerikaners. Bei den Galerien Ernst Arnold in Dresden und F. A. C. Prestel in Frankfurt am Main wählte er drei Druckgrafiken von Joseph Pennell für die Sammlung aus, darunter eine Lithografie mit Blick in die tiefen Wolkenkratzerschluchten von New York. Der in Philadelphia geborene Pennell verbrachte die wesentliche Zeit seines Schaffens auf Reisen durch Europa; in Deutschland wurde er vor allem als Künstler der modernen Stadt und von Industrieanlagen sowie als begabter Radierer rezipiert. Arnold in Dresden zeigte ihn neben Frank Brangwyn, David Young Cameron, Seymour Haden und James McNeill Whistler als „englischen" Grafiker und damit im Kontext der *Royal Society of Painter-Printmakers,* einer 1880 gegründeten Vereinigung, die sich wie die französischen Aquafortisten der Förderung der Radiertechnik verschrieben hatte. Als Swarzenski die Arbeiten Pennells erwarb, geschah dies daher sicher auch als bereichernde Ergänzung zu vorhandenen Radierungen von Künstlern dieser Bewegung. Gleichzeitig schlug er mit dem Ankauf der Lithografie ein neues Kapitel für die Sammlung auf.

Rund fünfzig Jahre später, in Reaktion auf die damals aktuellen künstlerischen Entwicklungen, richtete sich der Blick am Städel Museum erneut auf die Vereinigten Staaten. New York, später auch die US-amerikanische Westküste, machten nach dem Zweiten Weltkrieg Paris den Ruf als wichtigstes Kunstzentrum der westlichen Welt streitig. Der Abstrakte Expressionismus eroberte mit seinem nicht zuletzt aus der *écriture automatique* des Surrealismus abgeleiteten subjektiv-gestischen Ausdruck Europa – und zwar als transatlantische Spielart des Informel. Es folgten Pop- und Minimal Art, die der europäischen Kunstszene neue Impulse gaben. Kurt Schwarzweller, der seit 1937 Leiter der Graphischen Sammlung des Städel Museums war, registrierte diese Entwicklungen aufmerksam. Er erwarb in den 1960er Jahren neben Arbeiten auf Papier des europäischen Informel zunächst auch Druckgrafiken von Mark Tobey und Sam Francis. Und er hatte die vielen anderen ästhetischen Strömungen der US-amerikanischen

Vorwort

Philipp Demandt
Direktor

Kunst mit im Blick. Die wenigen, gezielten Ankäufe, die er bis zu seinem unerwarteten Tod 1973 realisieren konnte, schlossen unter anderem Leonard Baskin, Jasper Johns, Robert Rauschenberg und Roy Lichtenstein ein. Dies ist durchaus bemerkenswert, denn Schwarzweller beschritt damit einen Sonderweg für die Graphische Sammlung – erst einige Jahrzehnte später gelangten einzelne Gemälde US-amerikanischer Künstlerinnen und Künstler ins Städel Museum. Außerdem etablierte Schwarzweller diesen Sammlungsschwerpunkt, während er gleichzeitig die durch die nationalsozialistische Kulturpolitik vernichtete Sammlung der Moderne wiederaufzubauen bemüht war. Blättert man durch die entsprechenden Seiten der Inventarbücher des Städelschen Kunstinstituts und der Städtischen Galerie, so zeigt sich Schwarzwellers beachtliche Leistung noch deutlicher: In den knapp dreißig Jahren seiner Amtszeit gelang es ihm in engem Einvernehmen mit dem Direktor Ernst Holzinger, mehr als 1.600 Zeichnungen und über 2.000 Druckgrafiken anzukaufen, darunter die Max-Beckmann-Sammlung des Ehepaars Friedel und Ugi Battenberg, die Käthe-Kollwitz-Sammlung von Helmut und Hedwig Goedeckemeyer sowie Werke von Albrecht Altdorfer über Caspar David Friedrich bis Odilon Redon, von Ernst Ludwig Kirchner bis Pablo Picasso und Antoni Tàpies.

Schwarzwellers Entscheidung für die US-amerikanische Druckgrafik war dabei für die zeitgenössische Sammlung die vielleicht bedeutendste. Margret Stuffmann, die ihm 1974 als Leiterin der Graphischen Sammlung nachfolgte, griff diesen Faden engagiert auf und ergänzte den noch kleinen Bestand kenntnisreich um Druckgrafiken und insbesondere um Zeichnungen. Zunächst mit Mitteln der Stadt Frankfurt, bald aber immer stärker mithilfe privater Förderungen baute sie die US-amerikanische Kunst zu einem gewichtigen Schwerpunkt der Graphischen Sammlung aus.

Dass dieser Sammlungsschwerpunkt bis heute konsequent vertieft und um weitere Aspekte bereichert werden kann, sei es um frühe Druckgrafiken wie George Bellows Lithografie *Dempsey and Firpo* oder um Arbeiten von Künstlerinnen wie Kiki Smith oder Dorothy Dehner, ermöglicht in erster Linie die Heinz und Gisela Friederichs Stiftung, die im letzten Jahr ihr 30-jähriges Jubiläum feierte. Ihrem kontinuierlichen bürgerschaftlichen Engagement für die US-amerikanische Druckgrafik am Städel Museum ist auch diese Ausstellung zu verdanken. Ergänzende wichtige Erwerbungen im Bereich von Druckgrafiken und Zeichnungen half der Städelsche Museums-Verein zu realisieren.

Heute umfasst der Bestand Werke von Jackson Pollock bis Louise Bourgeois; und es lohnt sich, all diese Arbeiten immer wieder unter neuen Aspekten zu beleuchten und der Öffentlichkeit zugänglich zu machen. Die aktuelle Ausstellung spürt daher anhand rund fünfzig ausgewählter Zeichnungen, Druckgrafiken und Multiples dem Thema der menschlichen Verfasstheit nach, mit dem sich Künstlerinnen und Künstler seit dem Zweiten Weltkrieg mit ihrer je eigenen, reflektierten Formensprache auseinandergesetzt haben.

Wie bei allen Projekten des Städel Museums sind Ausstellung und Katalog das Ergebnis der Zusammenarbeit vieler Kolleginnen und Kollegen im Haus selbst. Zu danken ist den Mitarbeiterinnern und Mitarbeitern der Graphischen Sammlung, der Abteilung Gegenwartskunst, der Papierrestaurierung, der Gemälderestaurierung, des Ausstellungsdienstes, des Katalogmanagements, des Archivs, der Bibliothek, der Haustechnik, der Ausstellungsgrafik, der Bildung und Vermittlung, des Marketing, der Grafik, der Presse, des Sponsoring, des Fundraising, der Verwaltung, der EDV, der Veranstaltungen, des Museumsshops, des Direktionsbüros und der externen Partner für ihren ebenso leidenschaftlichen wie höchst professionellen Einsatz.

Zu besonderem Dank sind wir der Georg und Franziska Speyer'schen Hochschulstiftung verpflichtet, die den Katalog der Ausstellung unterstützt hat. Bei der Realisierung war der Sandstein Verlag ein zuverlässiger Partner. Für die ansprechende Gestaltung sei Regina Schauerte und Thomas Klöß von formfellows Kommunikations-Design herzlich gedankt, für das ausgezeichnete Lektorat Almut Otto. Marius Henderson danke ich sehr für den anregenden Beitrag über die Lyrik der New York School. Die Architektur lag in den erfahrenen Händen von Michiko Bach und Daniel Dolder, für die gelungene Gestaltung der Ausstellungsgrafik zeichnet Studio Tonique, für die sorgfältigen englischen Übersetzungen in der Ausstellung Judith Rosenthal verantwortlich.

Besonders zu danken ist Ruth Schmutzler, Leiterin der Papierrestaurierung im Städel Museum, und ihren Mitarbeiterinnen Jutta Keddies, Sabine Protze und Brigitte Halder-Kaplan für die Untersuchungen zur Bestimmung der Papierarten und Drucktechniken sowie für notwendige konservatorische und restauratorische Maßnahmen. Stephan Knobloch und seinem Team ist die ebenso sorgsame restauratorische Betreuung der skulpturalen Arbeit von Rivers zu verdanken. Linda Baumgartner, wissenschaftliche Volontärin der Graphischen Sammlung, hat, nicht zuletzt durch die Bildredaktion, wesentlich zum Gelingen von Katalog und Ausstellung beigetragen. Auch Jan Bielau-To, der Sammlungsverwalter der Graphischen Sammlung, hat das Projekt auf vielfältige Weise unterstützt. Regina Freyberger, Leiterin der Graphischen Sammlung ab 1750, gilt schließlich der größte Dank, denn Ausstellung und Katalog erlauben uns, die US-amerikanischen Zeichnungen und Druckgrafiken unter neuem Blickwinkel zu sehen und zu erleben.

Die US-amerikanische Kunst der letzten achtzig Jahre ist so unkonventionell wie vielgestaltig;[1] sie ist voller Widersprüche und Grenzüberschreitungen; sie hinterfragt, rebelliert und experimentiert – auch in Reaktion auf die politischen, wirtschaftlichen sowie sozialen Krisen und Umbrüche der Zeit. Die Jahre nach 1945 waren geprägt von den Folgen des Zweiten Weltkriegs, der Paranoia des Kalten Krieges und dem Trauma immer neuer militärischer Konflikte, sei es in Korea (1950–1953), Vietnam (1955–1975) oder am Persischen Golf (seit 1980). Es war eine Zeit ungeahnten wirtschaftlichen Aufschwungs gerade in den 1950er/60er Jahren und eine Zeit von Studentenprotesten und Bürgerrechtsbewegungen, mit denen seit den 1960er Jahren gegen soziale Ungerechtigkeit und rassische Diskriminierung aufbegehrt, sich für Meinungsfreiheit, Gleichberechtigung und Frieden eingesetzt wurde.

Into the New

Menschsein in der US-amerikanischen Kunst von Pollock bis Bourgeois

Regina Freyberger

Kelly Baum beschrieb die daraus resultierende Grundstimmung bis wenigstens in die 1980er Jahre als „delirious".[2] Im Taumel, in existenzieller Verunsicherung, so Baum, hätten Künstlerinnen und Künstler Werke geschaffen, die, selbst wenn sie auf Konzept und Kalkül beruhten, Elemente des Irrationalen aufwiesen. In New York – nach dem Zweiten Weltkrieg das wichtigste Kunstzentrum der westlichen Welt –, später auch an der Westküste entstanden dabei in relativ kurzer Zeit viele verschiedene künstlerische Stilkonzepte und ästhetische Positionen: Auf den Abstrakten Expressionismus mit seinem spontanen, gestischen Vortrag folgten Ende der 1950er Jahre Pop-Art sowie – wenig später und nahezu gleichzeitig – Minimal Art, Konzeptkunst und Performance-Art.

Da die Grenzen zwischen Malerei, Skulptur, Zeichnung, Druckgrafik und Fotografie längst durchlässig geworden waren, wählten Künstlerinnen und Künstler Medium und Material frei und strategisch – je nach der Aussage, die sie treffen wollten. Der Druckgrafik kam dabei ab den 1960er Jahren die vielleicht überraschendste Rolle zu. Als Labor ästhetischer wie inhaltlicher Experimente erschloss sie Künstlerinnen und Künstlern ganz neue formale Wege, die auch auf die im weiteren Sinne klassische Malerei zurückwirkten. Andy Warhol, um nur ein Beispiel zu nennen, schuf letztlich Siebdrucke auf Leinwand. Als „Graphic Boom"[3] ging diese druckgrafische Renaissance in die Kunstgeschichte ein; sie war gleichzeitig ein künstlerischer Aufbruch.

Graphic Boom

Da es vor Ende der 1950er Jahre in Amerika kaum druckgrafische Werkstätten gab, war dies keine selbstverständliche Entwicklung.[4] Eine wichtige Ausnahme bildete das zunächst in Paris gegründete *Atelier 17,* eine auf Tiefdruck spezialisierte Werkstatt, die der aus der französischen Hauptstadt emigrierte Künstler Stanley William Hayter 1944 in New York wiedereröffnete ⁄ Abb. 1. Hayter, der seinen eigenen künstlerischen Ansatz aus der *écriture automatique* des Surrealismus entwickelt hatte, schuf im *Atelier 17* eine konzentrierte Atmosphäre für kreativen Austausch, gemeinschaftliches Arbeiten und spontanes Experimentieren.[5] Louise Bourgeois, Dorothy Dehner, Willem de Kooning, Robert Motherwell, Louise Nevelson oder Jackson Pollock radierten hier Druckgrafiken, manche ihre ersten. Auflagen entstanden selten, meist nahmen die Künstlerinnen und Künstler nur wenige Probeabzüge.

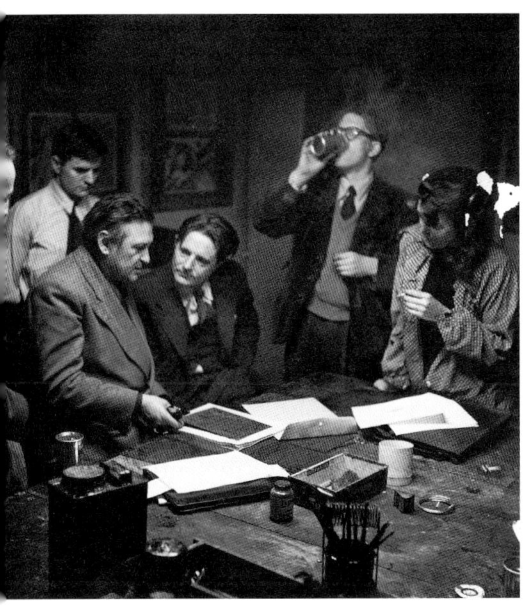

Abb. 1
Stanley William Hayter (Mitte) im Atelier 17*, New York, um 1955*
Foto: Martin Harris, Silbergelatineabzug, 192×195 mm, Fine Arts Museums of San Francisco, Gift of Robert Flynn Johnson

Erst Ende der 1950er Jahre begannen sich weitere Druckwerkstätten zu etablieren, die, zumindest am Anfang, auf *eine* Technik spezialisiert waren. Gleichzeitig entwickelte sich ein Markt für künstlerische Druckgrafik. Beides stellte die äußeren Voraussetzungen für den „Graphic Boom" der 1960er und 1970er Jahre dar. Als Tatyana Grosman 1957 am Rande von New York eine der frühesten und folgenreichsten Werkstätten ins Leben rief ⁄Abb. 2, musste sie allerdings noch einige Überzeugungsarbeit leisten: Denn *Universal Limited Art Editions (ULAE)* druckte zunächst nur Lithografien, und Robert Rauschenberg, Frank Stella oder Larry Rivers reagierten darauf eher zurückhaltend.[6] Auf Steine zu zeichnen, wie es die Lithografie erfordert, erschien Rauschenberg als nicht sonderlich zeitgemäß.[7] Grosman aber wollte Künstlerinnen und Künstler für Druckgrafik begeistern. Das Medium sollte für sie eine so originäre wie gleichbedeutende Möglichkeit werden, sich auszudrücken, wie Malerei, Bildhauerei, Collage oder Gouache. Grafik sei kein zweitrangiges Medium, sondern ein anderes, so Grosmans Überzeugung.[8] Ihr erstes Verlagsprojekt, das Künstlerbuch *Stones*, entstand mit Larry Rivers und dem Dichter Frank O'Hara zwischen 1957 und 1959 ⁄Abb. 14, S. 21. Über Rivers kamen etwa Helen Frankenthaler und Marisol zu *ULAE*, Grosman selbst und ihr Ehemann, Maurice, gewannen Jasper Johns und später Jim Dine für gemeinsame Projekte. Auch Robert Rauschenberg, Cy Twombly, James Rosenquist, Barnett Newman, Claes Oldenburg, Lee Bontecou, Kiki Smith und viele andere realisierten in den folgenden Jahren bei *ULAE* Druckgrafiken, und zwar in einer Vielzahl von Techniken: von Lithografie über Radierung bis zu Siebdruck und Offset. Im Schaffen der meisten Künstlerinnen und Künstler wurde Druckgrafik später ein wesentliches Ausdrucksmittel.

Eine Grosmans Vorstellung ganz ähnliche Vision verfolgte June Wayne ⁄Abb. 3, selbst Künstlerin, die 1960 in Los Angeles den *Tamarind Lithography Workshop* gründete.[9] Ihr schwebte eine Renaissance der Lithografie vor, die sie durch eine gezielte Ausbildung im Druckhandwerk erreichen wollte.[10] In der Tat wurden bei *Tamarind* bis 1970 rund fünfzig Lithografinnen und Lithografen ausgebildet, die in nahezu allen größeren US-amerikanischen Städten tätig waren. Sowohl Irwin Hollander, der 1964 in New York seine eigene Werkstatt ins Leben rief, als auch Ken Tyler, der 1966 gemeinsam mit Sidney Felsen und Stanley Grinstein in Los Angeles den Verlag und die Druckerei *Gemini G.E.L.* aufbaute,[11] waren am *Tamarind Institute* gewesen. Anfangs ebenfalls auf das Verfahren der Lithografie spezialisiert führte *Gemini* bald Siebdrucke, Radierungen sowie multiple Skulpturen im Programm und etablierte sich als eine der experimentierfreudigsten Werkstätten.[12]

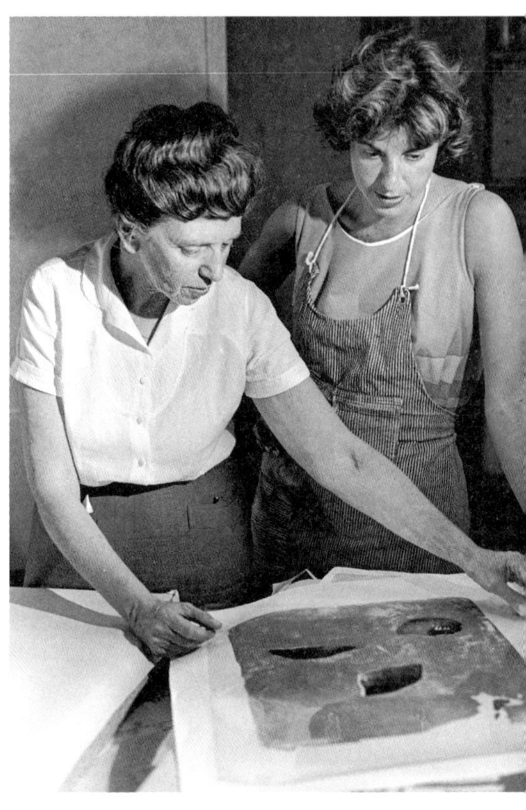

Abb. 2
Tatyana Grosman (links) und Helen Frankenthaler in der Werkstatt von ULAE, *West Islip, New York, 1964*
Foto: Hans Namuth, Silbergelatineabzug, 350 × 275 mm, The University of Arizona, Center for Creative Photography

Abb. 3
June Wayne in der Werkstatt von Tamarind, *Los Angeles, um 1965*
Foto: Mitarbeiter von *Tamarind*, University of New Mexico Libraries, Special Collections and Center for Southwest Research, Tamarind Institute Pictorial Collection

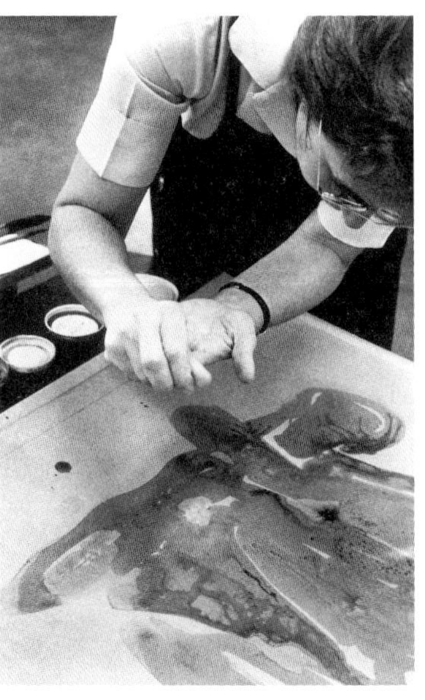

Die Liste der in den 1960er und 1970er Jahren gegründeten Druckwerkstätten würde mehrere Seiten füllen: Hier seien noch Kathan Browns auf Radierung spezialisierte *Crown Point Press* erwähnt,[13] *Brooke Alexander Editions* in New York mit einem Schwerpunkt auf eher realistischen oder narrativen Arbeiten[14] sowie *Parasol Press* mit ihren Veröffentlichungen der Minimal Art und Konzeptkunst. Bei aller individuellen Ausrichtung kennzeichnen all diese Werkstätten bis heute eine offene, schöpferische Herangehensweise und ein kreatives Miteinander von Künstlerschaft, Druckhandwerk und Verlagswesen, das Rauschenberg als „non ego-approach"[15] beschrieb. Grafik, so Rauschenberg, bedeute „Zusammenarbeit: nicht nur mit Menschen, sondern auch mit Materialien".[16]

Dem Papier – als Bildträger und Material – kam dabei eine besondere Rolle zu. So wurden in den USA in den 1970er Jahren nicht nur Papiermühlen wie *HMP* oder *Twinrocker* gegründet, sondern auch solche, die sich ausschließlich auf die Herstellung von Papierbrei spezialisierten *(pulp mills)*,[17] oder die – wie das *Institute of Experimental Printmaking* von Garner Tullis in San Francisco – beispielsweise Louise Nevelson ⁄ Abb. 4 halfen, vervielfältigbare Objekte aus Papier zu realisieren.[18] „[…] Papier ist Haut", so Garner Tullis, „es ist eine Membran; Arbeiten auf Papier sind wie die ‚Haut des Bewusstseins'".[19]

Das Zusammenspiel von künstlerischer Aussage, Technik und Papier war allen, die an der Umsetzung einer Druckgrafik oder eines Multiples aus Papier beteiligt waren, gleichermaßen wichtig. Daher finden sich bei Siebdrucken der Pop-Art häufig eher dicke, mechanisch geglättete Papiere ohne Schöpfränder oder Oberflächenstruktur, die viele Druckdurchgänge ermöglichen und sich vor allem ähnlich neutral verhalten wie die betont zurückgenommene Handschrift der Künstlerinnen und Künstler.[20] Andere wählten für ihre Druckgrafiken wiederum deutlich ‚individuelle' Papiere: Das unregelmäßig ausfasernde, eigens für Kiki Smiths Arbeit *Untitled (Hair)* ⁄ Kat. 16, S. 89 handgeschöpfte Mitsumashi-Japanpapier beispielsweise beruht auf der Idee, das Haar vom Druck in den Papierrand fortzusetzen, und das braune Packpapier der Lithografie von Jim Dine ⁄ Kat. 12, S. 79 betont das scheinbar Zufällige, Alltägliche der dargestellten ausgebeulten Stiefel. So ist das Papier nicht nur Bildträger, sondern ein Teil des Kunstwerks, im Falle von Papierreliefs kann es sogar das einzige Material sein ⁄ Kat. 27, S. 127.

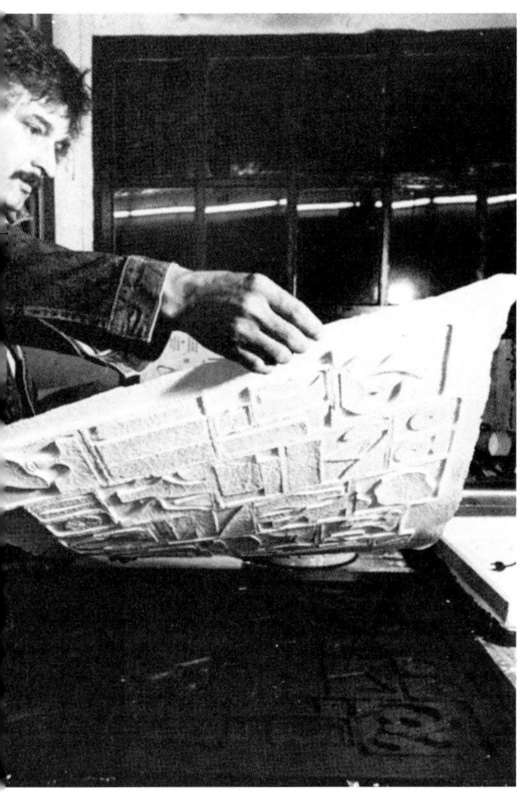

Abb. 4
Charles Hilger bei der Herstellung von Louise Nevelsons Papierrelief Dawnscape *in der Werkstatt von Garner Tullis, San Francisco, 1975*
Foto: unbekannt

US-amerikanische Kunst nach 1945 im Städel Museum

Angesichts dieser Bedeutung von Druckgrafik verwundert es nicht, dass US-amerikanische Kunst nach 1945 im Städel Museum zunächst ausschließlich in der Graphischen Sammlung und da eben im Bereich der Druckgrafik gesammelt wurde.[21] Kurt Schwarzweller (1911–1973), der dem Graphischen Kabinett, wie es seinerzeit hieß, seit 1937 vorstand,[22] erwarb 1963 in Lausanne bei der Galerie A. et G. de May als erstes Werk eine Farblithografie von Mark Tobey / Abb. 5.[23] Es folgten Drucke von Sam Francis, Leonard Baskin / Kat. 4, 5, S. 49 und 51, Robert Rauschenberg, Jasper Johns, George Segal / Kat. 11, S. 77, Roy Lichtenstein und Josef Albers. Schwarzweller, der, so Eduard Beaucamp, „die jungen Amerikaner als ebenso kühne ‚Designer' wie Techniker schätzte und [...] mit bescheidenen Etatmitteln versucht hat, Beispiele dieser Graphik dem Städel zu sichern",[24] leitete noch 1973, kurz vor seinem Tod, die Ausstellung *Amerikanische Graphik der 60er Jahre* in die Wege, eine von Christian Lenz kuratierte Überblicksschau mit Werken aus einer Schweizer Privatsammlung, die das große Interesse an der nordamerikanischen Kunst im Städel Museum dokumentierte.

Die meisten Werke erwarb Schwarzweller für die zeitgenössisch ausgerichtete Städtische Galerie, die seit 1907 dem Städelschen Kunstinstitut angeschlossen ist. Gleichzeitig war er bemüht die Verluste auszugleichen, die durch die Beschlagnahmeaktion „Entartete Kunst" 1937 entstanden waren. Bei den Ankäufen zeitgenössischer Kunst ist dabei grundsätzlich ein Schwerpunkt auf einer im weiteren Sinne gestischen Abstraktion zu erkennen.[25] Zu dieser wurde in Deutschland überwiegend auch der Abstrakte Expressionismus gerechnet, sodass sich die Druckgrafiken von Tobey und Francis an die ebenfalls für die Städtische Galerie erworbenen Werke von Wols, Antoni Tàpies oder Pierre Soulages anschlossen. Zeitgenössische figurative Arbeiten mit einem eher realistischen Formenvokabular finden sich dagegen weniger. Möglicherweise ist dies einer der Gründe dafür, dass Druckgrafiken der Pop-Art – von Andy Warhol, Robert Indiana, James Rosenquist, Mel Ramos oder Tom Wesselmann – nicht oder nur spärlich in der Sammlung vertreten sind.

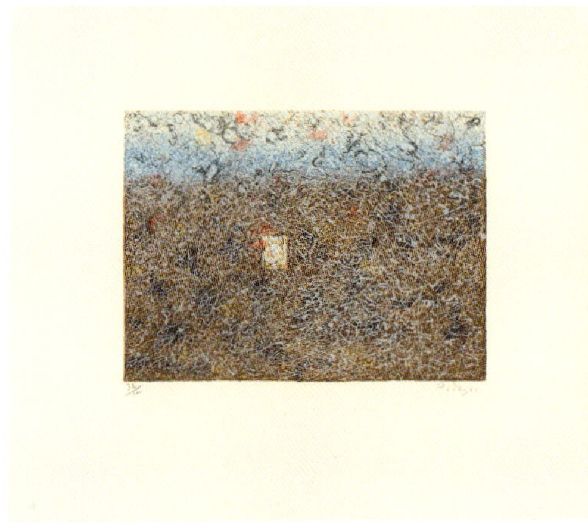

Abb. 5
Mark Tobey, Composition, *1961*
Farblithografie, 232 × 317 mm (Darstellung), Städel Museum, Frankfurt am Main

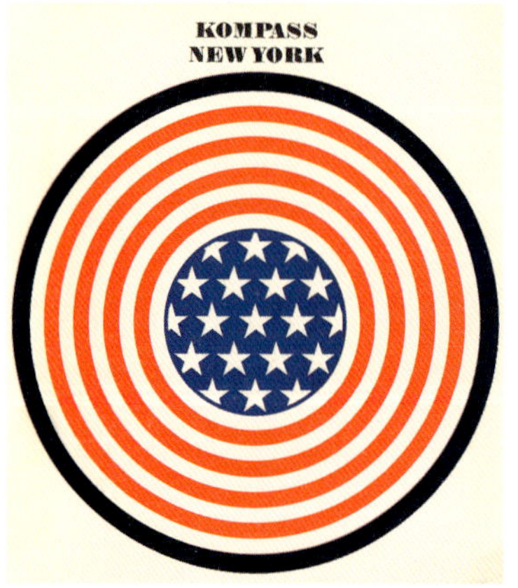

Abb. 6
Cover des Ausstellungskatalogs
Kompass New York
Frankfurter Kunstverein, 1967/68

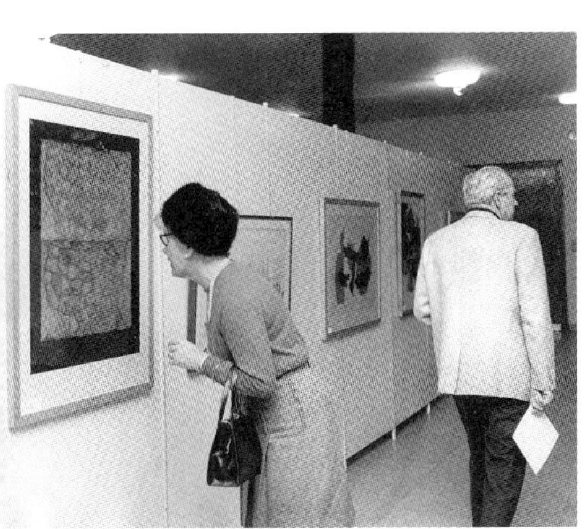

Abb. 7
Blick in die Ausstellung Amerikanische Druckgraphik *im Frankfurter Amerika-Haus, 1968*
Foto: Mychalzik-Liesfeld, Institut für Stadtgeschichte Frankfurt

Wichtige Impulse für die zeitgenössische Rezeption amerikanischer Kunst, sicher auch für das Städel Museum, waren dabei zunächst von den Bespielungen des US-amerikanischen Pavillons auf der Biennale in Venedig ab 1948 ausgegangen[26] sowie von den Ausstellungen, die im Auftrag der *United States Information Agency (USIA)* oder des *International Program at The Museum of Modern Art,* New York, in den Jahren nach dem Zweiten Weltkrieg in verschiedenen westdeutschen Städten gezeigt wurden.[27] Auf Interesse stieß vor allem der Abstrakte Expressionismus. Bereits 1955 zeigte Arnold Rüdlinger in der dritten Schau seiner *Tendences actuelles* in der Kunsthalle Bern neben Werken von Wols, Georges Mathieu und Henri Michaux Gemälde von Jackson Pollock, Sam Francis und Mark Tobey.[28] Es folgten 1958/59 die beiden Wanderausstellungen des New Yorker Museum of Modern Art, *Die Neue Amerikanische Malerei* sowie *Jackson Pollock,*[29] die gleichfalls von Rüdlinger mitkonzipiert wurden und die europäische Lesart des Abstrakten Expressionismus als ‚transatlantisches Informel' weiter förderten. 1959, auf der zweiten *documenta,* wurde der Abstrakte Expressionismus schließlich als wichtigste Entwicklung der Gegenwartskunst vorgestellt.[30]

Knapp eine Dekade später, 1967/68, bot in Frankfurt die Ausstellung *Kompass New York* ⁄ Abb. 6, die Jean Leering kuratiert und der damalige Direktor Ewald Rathke an den hiesigen Kunstverein geholt hatte,[31] einen eindrucksvollen Überblick über die pluralistische Kunst in New York. Neben Werken von Jackson Pollock waren dort Gemälde von Mark Rothko, Robert Rauschenberg, Roy Lichtenstein, Andy Warhol, Frank Stella oder Donald Judd zu sehen. Parallel dazu zeigte das Frankfurter Amerika-Haus Druckgrafiken amerikanischer Künstlerinnen und Künstler ⁄ Abb. 7 und trug damit auch dem „Graphic Boom" Rechnung.[32] Gleiches gilt für die im Frühjahr 1968 auf eine Idee des Galeristen Hein Stünke hin im Kölner Wallraf-Richartz-Museum organisierte Sonderschau *Ars Multiplicata,* die den Blick auf Druckgrafiken und Multiples internationaler zeitgenössischer Künstlerinnen und Künstler richtete.[33] Auf der vierten *documenta*[34] – die nicht ohne Grund den Beinamen „documenta americana"[35] erhielt – waren schließlich Werke der Pop- und Minimal Art, auch Druckgrafik und Multiples, in großem Umfang zu sehen. Die nordamerikanische Kunst war nun endgültig im westeuropäischen Kunst- und Ausstellungsbetrieb etabliert.

Gerade die Pop-Art fand in den folgenden Jahren, unter anderem durch den Einsatz mehrerer Galeristen und befördert durch Sammler wie Peter Ludwig oder Karl Ströher, Eingang in westdeutsche Museen.[36] Dies spiegelt sich auch in der Erhebung der Kunsthalle Kiel wieder, die 1974 im Zusammenhang einer Ausstellung mit der (West-)Berliner Neuen Nationalgalerie alle westdeutschen Museen bat, Auskunft über ihre Bestände zu geben: Neben Josef Albers waren gerade die Künstler der Pop-Art und ihrer ‚Vorläufer' am stärksten in den Sammlungen vertreten,[37] allen voran Andy Warhol, gefolgt von Robert Rauschenberg, Jim Dine und Roy Lichtenstein, dann Jasper Johns, Robert Indiana und James Rosenquist. Druckgrafiken des Abstrakten Expressionismus (abgesehen von Sam Francis)[38] oder der Hard Edge Abstraction waren dagegen bis dahin noch eher zurückhaltend erworben worden, gleiches gilt für Werke von Künstlerinnen.[39]

Im Frankfurter Städel Museum sah die Situation etwas anders aus: Eine Arbeit von Warhol gelangte erst in den 1980er Jahren in die Sammlung,[40] Indiana und Rosenquist sind bis heute nicht vertreten. Allerdings war, als Kurt Schwarzweller im März 1973 überraschend starb, die amerikanische Druckgrafik als festes Sammlungsgebiet etabliert. Margret Stuffmann (1936–2020), seit 1974 Leiterin der Graphischen Sammlung, baute den Bestand in den folgenden Jahren konsequent aus. „Wenn es in Amerika den Künstlern gelang, mit ihren druckgraphischen Arbeiten Andersartiges, aber dabei Gleichwertiges neben Gemälde, Skulptur und Zeichnung zu setzen, so ist dieser Erfolg von einem besonderen Umstand geprägt", begründete Stuffmann diesen Schritt 1996 in der Überblicksschau *Amerikanische Druckgraphik 1960 bis 1990* im Städel Museum. „In bewußter Kenntnis der europäischen Tradition, vor allem jener der französischen Künstlergraphik des 19. Jahrhunderts, wurden hier ‚Orte' geschaffen, wo künstlerische Vorstellungskraft, handwerkliches Können professioneller Drucker und die Umsicht und Erfahrung von Verlegern zusammenwirken."[41] Dieser Auseinandersetzung mit der Tradition auf dem Weg in die Moderne spürte Stuffmann in ihren Ankäufen nach, profilierte die Sammlung nicht nur in Bezug auf die französische Kunst des 19. Jahrhunderts, sondern auch im Bereich der Zeitgenossenschaft. Mit großem Gespür holte sie die ersten Zeichnungen US-amerikanischer Künstler ins Haus – Arbeiten von Jackson Pollock / Kat. 2, S. 45, David Smith / Kat. 3, S. 47, Cy Twombly oder Richard Serra / Abb. 8 – und erwarb bedeutende Druckgrafiken von Dan Flavin, Jasper Johns / Kat. 13, 14, 28, S. 82–83 und 129, Frank Stella, Ellsworth Kelly, Donald Judd, Richard Serra, Bruce Nauman / Kat. 17, 29, 30, S. 93–95 und 132–133 und Louise Bourgeois / Kat. 8, S. 59.

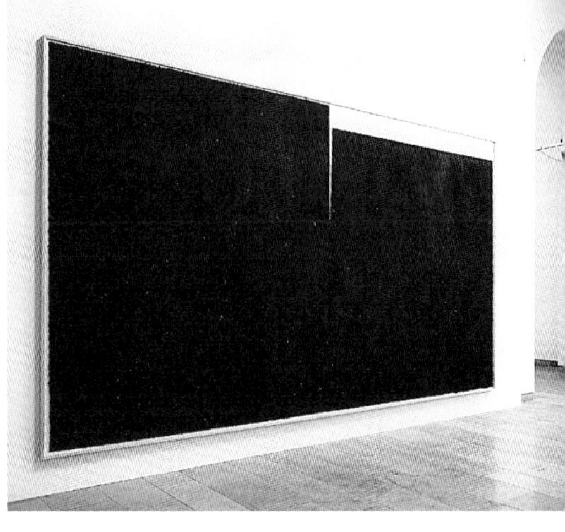

Abb. 8
Blick in die Richard-Serra-Ausstellung der Graphischen Sammlung des Städel Museums, 1990, mit der von Margret Stuffmann angekauften Zeichnung Inca, *1989*
Foto: U. Edelmann

Den hohen Stellenwert der amerikanischen Kunst am Städel Museum verdeutlichen in diesen Jahren zudem mehrere Ausstellungen, die oft in Kooperation mit anderen Museen entstanden, so etwa 1976 zu Claes Oldenburg, 1979 zu den *Working Proofs* von Jasper Johns, 1980 zu Robert Rauschenberg, 1987 zu Barnett Newman, 1990/91 zu drei Zeichnungen Richard Serras / Abb. 8 oder 1991 zu Bruce Naumans Arbeiten auf Papier.[42] 1994 zeigte die Graphische Sammlung aus eigenem Bestand *Konzeptionelle Druckgrafik* von Josef Albers bis Dan Flavin, und 1996/97 wurde, um einige Leihgaben aus dem Hessischen Landesmuseum in Darmstadt ergänzt, erstmals Resümee über den Bestand amerikanischer Druckgrafik nach 1945 am Städel Museum gezogen.[43]

Einzelne Lücken, nicht nur im Bereich der Minimal Art, sondern auch der Pop-Art und des Fotorealismus, schloss seit 2001 in der Nachfolge von Margret Stuffmann Jutta Schütt (1955–2016). Sie erwarb Druckgrafiken von Fred Sandback und Robert Mangold, von Claes Oldenburg, Philip Guston, Richard Diebenkorn, Roy Lichtenstein, Ed Ruscha / Kat. 31, S. 135, John Baldessari, Chuck Close / Kat. 21, S. 103, Vija Celmins, Robert Longo / Kat. 18, 19, S. 98–99 und anderen, die das reiche Spektrum der US-amerikanischen Kunst der zweiten Hälfte des 20. Jahrhunderts innerhalb der eigenen Sammlung immer konsequenter abbildeten.

Großzügig wurde und wird das Städel Museum dabei vom Städelschen Museums-Verein und insbesondere durch die Heinz und Gisela Friederichs Stiftung unterstützt. Der aus einer alten Frankfurter Handwerksfamilie stammende Heinz Friederichs war selbst ein kenntnisreicher Grafiksammler, der sich zunächst auf Arbeiten des Expressionismus, von Edvard Munch und Pablo Picasso spezialisiert hatte[44] – bis ihn Ewald Rathke auf Jasper Johns aufmerksam machte. Begeistert erwarb Friederichs dessen Folge *Black and White Numerals* (1968), aber auch andere frühe Lithografien wie *Decoy* (1971) oder *Decoy II* (1971–1973). Kurz vor seinem Tod 1991 gründete Heinz Friederichs zusammen mit seiner Frau Gisela, geborene Mayen, die Heinz und Gisela Friederichs Stiftung, die in beispielhaftem mäzenatischen Engagement neben sozialen Belangen den Ankauf amerikanischer Druckgrafik für das Städel Museum fördert und so seit mehr als dreißig Jahren einen kontinuierlichen Ausbau dieses Sammlungsbereichs ermöglicht.

Menschsein in der US-amerikanischen Kunst auf Papier

Nach knapp sechzig Jahren Sammeltätigkeit und einem reichlichen Vierteljahrhundert, in dem diese Sammlung nicht mehr gezeigt wurde, lohnt ein neuer Blick auf die eigenen Bestände. Es bietet sich dabei zunächst an, dem kreativen Impuls der US-amerikanischen Kunst seit den späten 1940er Jahren nachzuspüren, und zwar indem die vielen Entwicklungen in einem Überblick aufgefächert werden, der gleichzeitig das Zusammenspiel aller an der Entstehung einer Druckgrafik Beteiligten untersucht und den schöpferischen Umgang mit der Technik herausarbeitet. Das haben in der jüngsten Vergangenheit unter anderem das Saint Louis Art Museum, das British Museum oder die Staatsgalerie Stuttgart unternommen.[45] Im Städel Museum nimmt die Ausstellung *Into the New* die eigenen Werke – und zwar Druckgrafiken, Zeichnungen und Multiples – daher abweichend unter einer thematischen Fragestellung in den Blick. Ausgehend von der eigenen Sammlung forscht sie der Auseinandersetzung mit der menschlichen Verfasstheit nach, dem Menschsein, und zwar noch bevor sich diese Frage auf die Auslotung einer spezifischen Identität eingrenzt. Das Thema ist nicht gänzlich neu, auch nicht in dieser grundlegenden Ausrichtung, es wurde und wird von Künstlerinnen und Künstlern auf je eigene Weise immer wieder reflektiert und verhandelt, am augenfälligsten über die Darstellung des Menschen, prägt aber entschieden auch die US-amerikanische Kunst.

„Die Geschichte der *Menschendarstellung*“, so Hans Belting, ist seit jeher „*Körperdarstellung* gewesen“,[46] die ihrerseits wiederum der äußeren Erscheinung abgewonnen ist. „Der Mensch ist so, wie er im Körper erscheint“,[47] doch der Körper ist schon, bevor er zum Bild wird, Konstruktion menschlicher Selbstdarstellung. Bereits im 19. Jahrhundert hatte daher die lang tradierte Vorstellung, den Menschen, auch seine Seele, sein Selbst, im naturgetreuen Bildnis wahrhaft beschreiben zu können, an Überzeugungskraft verloren. Der Mensch wurde als von äußeren Faktoren bedingt erfahren; wissenschaftliche Entdeckungen dekonstruierten überdies das traditionelle Körperbild. 1944 veröffentlichte der französische Philosoph Paul Valéry symptomatisch für diese Entwicklung eine „Theorie der drei Körper“. Er unterschied darin einen ersten, ‚unmittelbaren‘ Körper, den man nur selbst – und zwar ausschnitthaft – spüre und empfinde; einen zweiten, physisch konkreten Körper, der auch für andere sichtbar, dabei aber zugleich erkennbar fragil und zeitbestimmt sei; sowie einen dritten Körper, dessen Organismus die Medizin erforscht.[48] Die Sicherheit über den Körper sei verlorengegangen, und infolge dessen „löste auch die Kunst seine Figur in Experimenten, Paraphrasen und Phantomen auf“.[49]

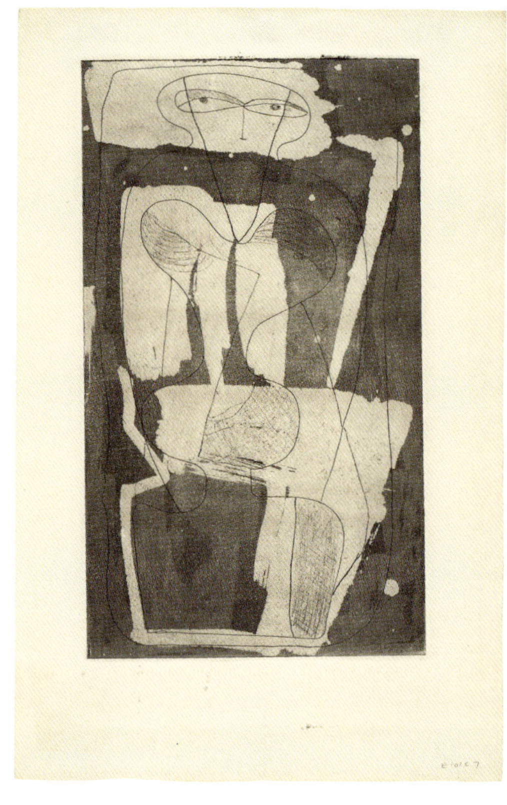

Abb. 9
Louise Nevelson, Figure, *um 1953*
Radierung und Aquatinta, 347 × 200 mm (Platte), Harvard Art Museums/Fogg Museum, Gift of G. W. Einstein Company, Inc.

Das mimetische Abbild der menschlichen Figur, das in der US-amerikanischen Kunst noch selbstverständlich bei Edward Hopper oder George Bellows / Kat. 1, S. 41 begegnet war, rückte daher nach dem Zweiten Weltkrieg zunehmend in den Hintergrund. An seine Stelle trat gerade in den 1960er und 1970er Jahren zeichenhaft Abstrahiertes, das Fragment, der Abdruck, auch die Leerstelle. Heinz Fuchs ging diesem internationalen Phänomen in der zeitgenössischen Kunst bereits 1975/76 in der Ausstellung *Der ausgesparte Mensch* in der Kunsthalle Mannheim nach, Jean Clair 1995 auf der Venedig-Biennale in der Sonderschau *Identità e alterità*.[50] Die ausgewählten Werke aus der Sammlung des Städel Museums, deren zeitlicher Schwerpunkt ebenfalls auf den 1960er und 1970er Jahren liegt, erlauben jene Entwicklung schlaglichtartig, wenn auch nicht umfassend für die US-amerikanische Kunst zu beleuchten. Die im Folgenden skizzierten Aspekte verstehen sich daher nicht als geschlossene Kapitel, sondern greifen ineinander oder bauen aufeinander auf. Manche Kunstwerke können durchaus mehreren Aspekten zugeordnet werden.

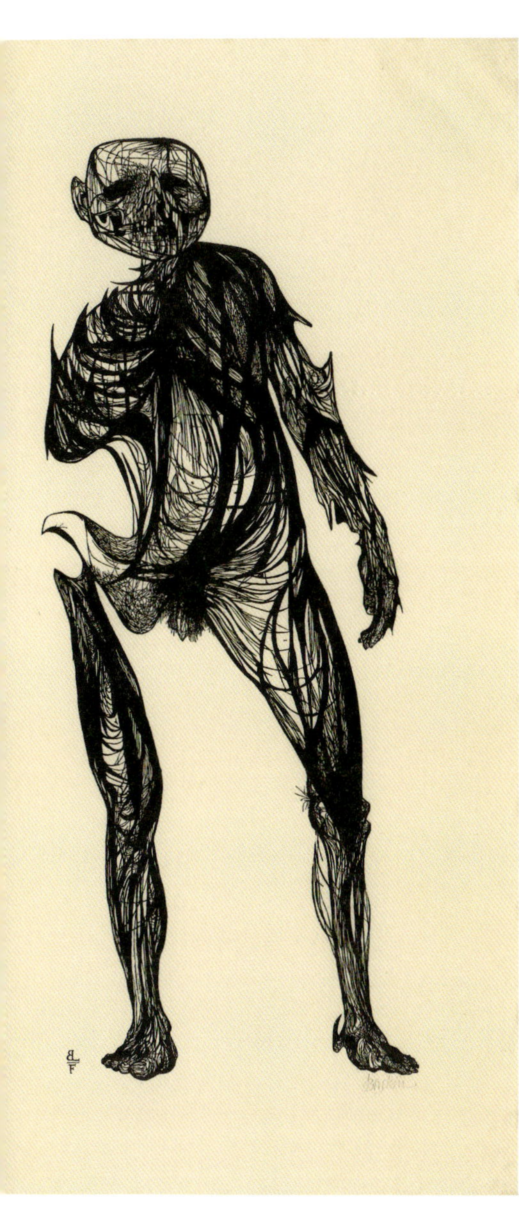

Abb. 10
Leonard Baskin,* The Hydrogen Man, *1954
Holzschnitt, 1565×619 mm (Druckstock),
The British Museum, Department of Prints and Drawings

Zeichenhaft abstrahiert

Mit dem Abstrakten Expressionismus, der sich in den 1940er Jahren in New York etablierte, verbindet sich in erster Linie ein ungegenständliches Formenvokabular, das auf den Prinzipien von Spontaneität und Subjektivität aufbaut. Halbautomatisch, halbkontrolliert notierten Willem de Kooning oder Jackson Pollock gestische Formen auf Papier und Leinwand. Der Werkprozess wird zum Ereignis, das Kunstwerk zur Verlängerung der Bewegung und damit des Körpers des Künstlers. Nichtsdestotrotz kehrten auch die Vertreter des Abstrakten Expressionismus verschiedentlich zur Figur zurück, de Kooning beispielsweise mit der inzwischen ikonischen, zweiten Gruppe der *Woman*-Gemälde.[51] Auch Pollocks abstrakte *Drip Paintings* bergen immer wieder figurative Setzungen,[52] freilich nie im Sinne einer mimetischen Repräsentation. Schon in ihren früheren Werken hatten Pollock, Barnett Newman, Adolph Gottlieb und Mark Rothko in einer eher mythisch-symbolischen Bildsprache Darstellungsformen antiker wie indigener Kulturen reflektiert.[53] Archaisch abstrahierte Gestalten bevölkern die *Pictographs* von Gottlieb, die frühen Druckgrafiken von Louise Nevelson / Abb. 9, von Rothko oder Dorothy Dehner oder die Zeichnungen von David Smith / Kat. 3, S. 47. Selbst in Pollocks getropfter Figur von 1948 / Kat. 2, S. 45 klingen diese Archetypen nach – und entwerfen den Menschen als universelles (Bild-)Zeichen.

Dies gilt in gewisser Weise auch für Leonard Baskin, der als „Ausnahmeerscheinung im Stil- und Richtungsspektrum der zeitgenössischen Kunst“[54] seit den 1940er Jahren entgegen allen Tendenzen zur Abstraktion den Menschen in eine geschwungene Linienschrift zerlegte / Abb. 10; Kat. 4, S. 49. Den Körper zeigt er dabei deformiert, verwesend, fragmentiert und legt darin seine physische wie psychische Fragilität offen. Die Figur des Menschen ist bei Baskin eine Chiffre des Menschseins schlechthin. „Unsere menschliche Gestalt, unser ausgeweidetes Haus, der uns umgebende Sack aus Fleisch und Asche hat trotzdem etwas Herrliches“, so Baskin. „Die menschliche Erscheinung liefert ein Bild von allen Menschen und vom einzelnen Menschen. Sie birgt alles und kann alles ausdrücken.“[55]

Fragment

Seit dem späten 18. Jahrhundert werden Welt und Selbst als fragmentiert erfahren.[56] Diese Verlusterfahrung ist der Generalbass der Moderne[57] – das Fragment wird zu einer zentralen künstlerischen Strategie. Das Absolute, ‚Ganzheit' als solche erscheint nicht länger darstellbar. „Ganzheit ist kompromittiert; das Fragment ist alles",[58] brachte es Helaine Posner auf den Punkt. Seit der Romantik begegnet in der Kunst daher die Zersplitterung, das Bruchstück, das Fragment, auch der in Einzelteile – in „disjecta membra"[59] („versprengte Glieder") – zerlegte menschliche Körper. Jasper Johns, der in seinen Werken immer wieder mit Fragmenten arbeitete, reizte daran das Offene, dass jedes isolierte Teil autonom und gleichzeitig in neuem Kontext wiederum Teil eines Ganzen sein kann.[60]

In den hier ausgestellten Werken umkreist das Fragment Verschiedenes: Es kann das Subjektive und Ausschnitthafte der persönlichen Erfahrung und Wahrnehmung reflektieren, wie es bei Jim Dine und Lee Friedlander / Kat. 9, S. 62–71, George Segal / Kat. 11, S. 77, aber auch bei Kara Walker / Kat. 24, S. 114–119 verhandelt wird. Es kann dekonstruierend wirken, wenn Larry Rivers in seiner Werkgruppe *Parts of the Body* / Kat. 6, S. 55 den menschlichen Körper sprachlich zerlegt. Es kann physisch-psychische Empfindung beschreiben wie bei Louise Bourgeois / Kat. 8, S. 59 oder zum Stellvertreter eines individuellen Menschen werden wie bei Jim Dine / Kat. 10, S. 73 – selbst wenn es sich bei den isolierten Teilen ‚nur' um ein paar ausgetretene Stiefel / Kat. 12, S. 79 oder einen ausgebeulten Bademantel / Kat. 9, S. 64 handelt, um ‚Dinge' also, in denen sich allerdings Spuren menschlichen Daseins verfangen haben. Fragmentierte Körper und vereinzelte Körperteile unterstreichen dabei die Verletzlichkeit des Menschen, eine Erfahrung, die nicht zuletzt durch den Holocaust und den Einsatz von Massenvernichtungswaffen im Zweiten Weltkrieg entschieden bestärkt wurde. Der zerlegte Körper impliziert einen endgültigen Verlust, der umso spürbarer wird, wenn das Kunstwerk nur noch Markierungen und Vertiefungen zeigt, die der Körper zurückgelassen hat.

Abdruck und Leerstelle

Abdrücke können vom Körper hinterlassene Verformungen / Kat. 9, 12, S. 64 und 79 sein oder Abformungen in Gips / Kat. 11, S. 77. Hier wie dort ist der Mensch bruchstückhaft, vor allem aber nur noch als Leerstelle präsent, als negative Form und indexikalische[61] Spur, die „blind im unzugänglichen Innern der Berührung"[62] zweier Materialien entsteht. Dies hatte schon Dadaisten und Surrealisten gereizt, die Abgüsse der unterschiedlichsten Gegenstände in ihre Assemblagen integrierten. Ironisch setzte Marcel Duchamp 1959 in *With My Tongue in My Cheek* / Abb. 11 gar einen Gipsabguss seiner Wangenpartie (durch die Zunge ausgebeult) in und über ein gezeichnetes Selbstbildnis im Profil.[63]

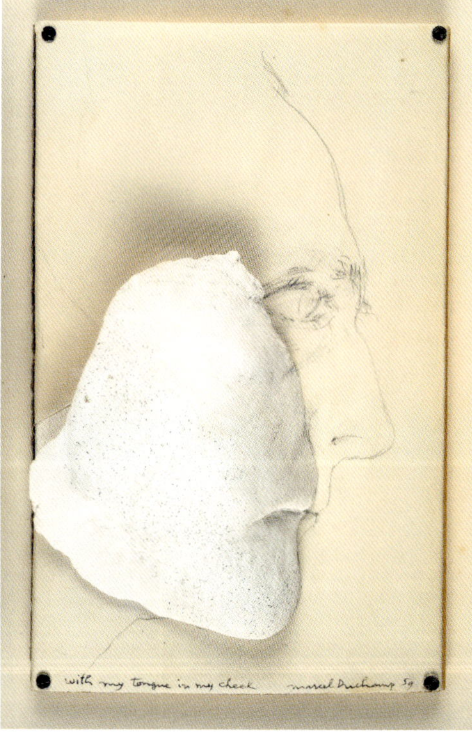

Abb. 11
Marcel Duchamp, With My Tongue in My Cheek, *1959*
Gips und Bleistift auf Papier,
montiert auf Holz, 250 × 150 × 51 mm,
Centre Georges Pompidou, Paris

Dabei verzeichnet die Gipsabformung (als erster Schritt des Gipsabgusses) in ihrer ‚Innenhaut' deutlich mehr Informationen über das, den oder die Abgeformten, als von außen wahrnehmbar ist, ein Spannungsverhältnis, das insbesondere George Segal / Kat. 11, S. 77 interessierte, der auch jenen Spuren Wert zumaß, die er selbst beim Abformen auf der Oberfläche mit seinen Händen hinterlassen hatte. Erst ab 1971 holte er bei einzelnen Skulpturen im zweiten Schritt des Abgusses die bis dahin verborgene innere Seite als Positiv nach außen.[64] Solche ‚positiven' Teilabgüsse von Nase, Mund, Hand oder Knie werden im Werk von Jasper Johns[65] zu eigenständigen Zeichen, die in seiner druckgrafischen Arbeit in die Fläche übersetzt wiederkehren / Kat. 15, S. 86–87. Der Prozess des Abformens hat dabei das Potenzial, das Abgeformte aus seiner Vorgeschichte zu befreien und zu etwas anderem, neuem werden zu lassen. Segals Gipskörper verlieren die Individualität ihrer Modelle; Louise Nevelsons Fundstücke des menschlichen Alltags verwandeln sich, monochrom gefasst oder in Papier gegossen, gleichsam zu einem abstrakten Alphabet aus Licht und Schatten / Kat. 27, S. 127.

Indexikalisch funktionieren auch die Abdrücke von Fingern, Hand oder Fuß, die beispielsweise Yves Klein, Antoni Tàpies, Joan Miró, Robert Rauschenberg, Jasper Johns / Abb. 12; Kat. 15, S. 86–87, Jim Dine / Kat. 9, S. 67, David Hammons oder Kiki Smith / Kat. 16, S. 89 insbesondere seit den 1960er Jahren in ihren Gemälden, Zeichnungen oder – dann zweifach ‚gedruckt' – in Druckgrafiken einsetzten. Sie sind als authentische Spur des Menschen eindeutig in ihrer Individualität und, wenn sie von der Künstlerin oder dem Künstler stammen, darin der Signatur verwandt. Im Gegensatz zum Autografen verzeichnet der Abdruck allerdings relativ neutral nur die rein ‚körperliche Identität', während die Handschrift nach der Grafologie auch Seelisches, Emotionales bindet. Der Mensch, oder besser: sein Körper, ist im Abdruck gleichzeitig Motiv (allerdings nicht im Sinne einer mimetischen Abbildung) und ‚Stempel', also künstlerisches Werkzeug. Der Mensch ist dadurch im Abdruck wie im Abguss auch Material und zugleich an- wie abwesend.

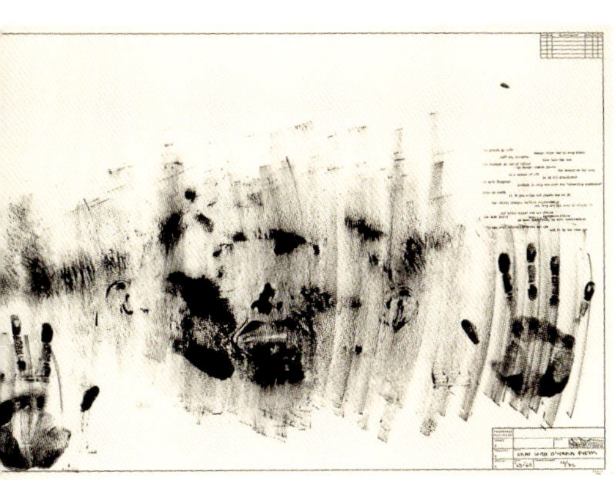

Abb. 12
Jasper Johns, Skin with O'Hara Poem, *1963*
Lithografie, 535 × 840 mm (Darstellung), Kunstmuseum Basel

Anwesend abwesend

Der menschliche Körper, der, als Material genutzt, in den Werken von Jasper Johns und Kiki Smith dennoch metaphysischen Gehalt behält, wird für Bruce Nauman schließlich zum Werkstoff. Angesichts von Naumans Videoarbeit *Making Faces* (1969) und anderen „body works"[66] berichtete Willoughby Sharp 1970 in der Zeitschrift *Avalanche* über den Einsatz des menschlichen Körpers als letztlich bildhauerischem Material. Der Mensch (und sein Körper), so Sharp, sei in diesen Werken zugleich Subjekt wie Objekt.[67] Es gehe nicht um eine Rückkehr zur Figuration, schon gar nicht um das Autobiografische; die Person, zu der der Körper gehöre, die Persönlichkeit werde aus dem Werk herausgearbeitet.[68] Die Person hinter dem Gesicht, das Nauman in eine neue, gewünschte Form zieht, ist austauschbar und ohne relevante Identität / Kat. 17, S. 93–95.

Ähnliches, aber auf gänzlich andere Weise passiert in der Pop-Art: Es ist letztlich gleichgültig, ob Andy Warhol Bildnisse von Marilyn Monroe, Elvis Presley, Mao oder Goethe in implizit endloser Wiederholung und farblicher Variation im Siebdruckverfahren druckt. Das Thema ist nicht der Mensch, nicht die individuelle Person Marilyn Monroe, auch nur bedingt ihr öffentliches ‚Image', das schon an sich eine Fiktion ist, vielmehr geht es um ihre Verfügbarkeit als Konsumobjekt. Dies wird durch den seriellen Aspekt der Arbeiten noch verstärkt, auch durch den Verzicht auf eine persönliche und erkennbare Handschrift.

Selbst bei Chuck Close / Kat. 20, 21, S. 102–103 oder Robert Longo / Kat. 18, 19, S. 98–99 ist die zumeist befreundete Person, die fotografiert und deren Foto dann in ein Kunstwerk übersetzt wird, am Ende nur ‚Material'. Das Motiv steht nicht mehr im Vordergrund, es geht nicht um die individuelle Person. Chuck Close interessierte vielmehr die Konstruktion menschlicher Repräsentation, Longo der Rhythmus der Körper in nicht länger eindeutig kodifizierten Gesten. Der in ihren Werken gezeigte Mensch ist dadurch so an- wie abwesend, seine Identität löst sich zeichenhaft auf.

Gedächtnis und Erinnerung

Erinnerungen und Erfahrungen verbinden *und* unterscheiden Menschen.[69] Sie profilieren die individuelle Identität und geben dem Handeln Orientierung. Dabei ist nach der Gedächtnisforschung das, was wir erinnern und vergessen, von aktuellen Gemütserregungen bestimmt. Äußere Reize können spontan und ungefragt Erinnerungen auslösen, aber nie steht uns der „Erinnerungsfundus“[70] als Ganzes zur Verfügung. Während uns manche Erinnerungen und Erfahrungen unmittelbar zugänglich sind, hinterfangen andere – vergessen oder verdrängt – das menschliche Bewusstsein. Sie können zumindest zum Teil mithilfe psychotherapeutischer Methoden zutage gefördert werden und so das eigene Selbstbild und Handeln neu justieren. Louise Bourgeois, die sicherlich auch geprägt vom Surrealismus ein großes Interesse am Unbewussten und an psychoanalytischer Theorie zeigte, reflektierte ihre Erfahrungen und Erinnerungen immer wieder in ihrer Kunst / Kat. 8, 22, S. 59 und 107. Auch Jim Dine begleiteten die Erinnerungen an die Eisenwarenhandlung seines Großvaters zeitlebens und äußerten sich in den vielfach gestalteten Schraubenschlüsseln, Zangen, Scheren oder Pinseln / Kat. 9, S. 69–70.

Dabei sind Menschen, nach Aleida Assmann, nicht nur vom eigenen biografischen Gedächtnis geprägt, sondern auch von jenen sozialen oder kollektiven Gedächtnissen, die sie in einer Gruppe von Menschen verankern: sei es über das „kommunikative“[71] Gedächtnis, das in der Regel drei Generationen über mündlich weitergegebene Erinnerungen verbindet, oder über das epochenübergreifende „kulturelle“[72] Gedächtnis. „Während im Individuum Erinnerungsprozesse weitgehend spontan ablaufen und den allgemeinen Gesetzen physischer Mechanismen folgen, werden auf kollektiver und institutioneller Ebene diese Prozesse durch eine gezielte Erinnerungs- bzw. Vergessenspolitik gesteuert“, so Assmann.[73] Durch Sprache, Bilder und rituelle Wiederholungen wird ein epochenübergreifendes Gedächtnis aufgebaut, das beispielsweise die Geschichte[74] einer Nation zum Thema hat. Strukturelle Gewalt oder ungleiche Machtverhältnisse können allerdings dafür sorgen, „dass immer nur einige Stimmen gehört werden und andere nicht“.[75] Heute stehen dieser „abstrakten Synthese einer Geschichte im Singular“[76] viele, teils widerstreitende Gedächtnisse gegenüber. Auch Künstler arbeiten an der kritischen Befragung solcher Gedächtnisrahmen, wenn sie in ihrer Kunst Ausgegrenztes, Verdrängtes und Überschriebenes oder auch die Prozesse von Erinnern und Vergessen selbst zum Thema machen: Willie Cole oder Kara Walker / Kat. 23, 24, S. 109 und 114–119 richten ihren Blick beispielsweise auf den „Leidschatz“[77] des transatlantischen Menschenhandels und der Sklaverei in den Vereinigten Staaten, deren Folgen bis heute wirkmächtig und spürbar sind. Sich des eigenen kollektiven Gedächtnisses bewusst zu werden, es zu hinterfragen, zu verifizieren oder zu justieren gehört zu ihren künstlerischen Anliegen.

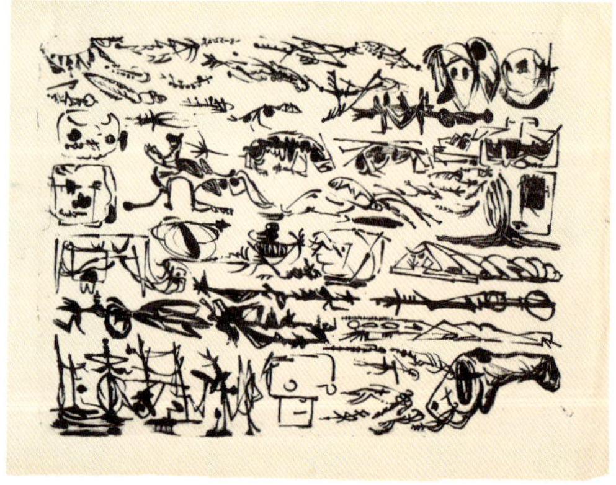

Abb. 13
David Smith,* A Letter, *1952
Lithografie, 431 × 594 mm (Darstellung),
The Associates Fund, The Museum of Modern Art,
New York

Text und Sprache

Sprache definiert das Verhältnis des Selbst zur Welt. Sie erlaubt dem Menschen, das zu beschreiben, zu erkennen und zu verstehen, was ihn umgibt, was er fühlt, sie ermöglicht Austausch und Kommunikation. „Da wir nicht anders als im Medium unserer Sprache denken können, bewegen wir uns immer schon in den Kategorien und Bedeutungsbeziehungen, die uns die Worte vorgeben.“[78] Wie sehr der Mensch ein sprachliches Wesen ist, wird in der Kunst immer wieder reflektiert, nicht nur in den Figurenhieroglyphen von David Smith / Abb. 13; Kat. 3, S. 47, sondern auch über Schriftzeichen, echte wie in Larry Rivers Zeichnung / Kat. 6, S. 55, in der einzelne Körperteile wie in einem Lehrbuch mit einer Legende beschriftet sind, oder scheinbare. Die gleichsam kalligrafischen Linien in den abstrakten Kompositionen von Brice Marden sind zwar von asiatischer Schriftkunst inspiriert, aber aus einer gestischen Handlung heraus entstanden. Bei Mark Tobey / Kat. 26, S. 125, letztlich auch bei Louise Nevelson / Kat. 27, S. 127 ist Zivilisatorisches oder die Erfahrung desselben in ein zeichenhaftes Bildvokabular übersetzt, das gleichfalls an Sprache und Schrift denken lässt. Doch jene Formen und Linien, die wie Schriftzeichen anmuten, definieren keinen Text, sondern ein bildnerisches Gefüge. Sie sind im Gegensatz zur Schrift nicht als Text lesbar.

Schrift aber, die wir entziffern können, lesen wir als Wort, ohne zunächst die formalen Qualitäten des Geschriebenen zu registrieren. Lesen wiederum bedeutet, das Wort – zumindest im Kopf – auszusprechen. „Wenn wir uns vorstellen, ein chinesisches oder arabisches Wort zu sehen oder anzuschauen, das wir nicht aussprechen können, geschweige denn verstehen oder befolgen (wenn es sich beispielsweise um einen Befehl handelt), verstehen wir, wie sehr das Sehen des Wortes ‚NEIN‘ durch die innere Handlung des Aussprechens vollendet wird.“[79] Beim Aussprechen erhält das Wort seine eigentliche Bedeutung, die je nach Betonung und emotionaler Färbung durchaus verschieden ausfallen kann. Ferdinand de Saussure differenzierte daher zwischen der menschlichen Sprache allgemein, konkreten, regionalspezifischen Sprachen aus Lauten oder aus Gebärden und dem Akt des Sprechens.[80] Unter anderem angeregt durch den *linguistic turn*[81] wird Sprache als wirklichkeitstragendes und -produzierendes System, auch in ihrer Bedingtheit in Schrift- und Lautform, seit den 1960er Jahren unter anderem von Jasper Johns / Kat. 28, S. 129, Bruce Nauman / Kat. 29, 30, S. 132–133 und Ed Ruscha / Kat. 31, S. 135 intensiv reflektiert.

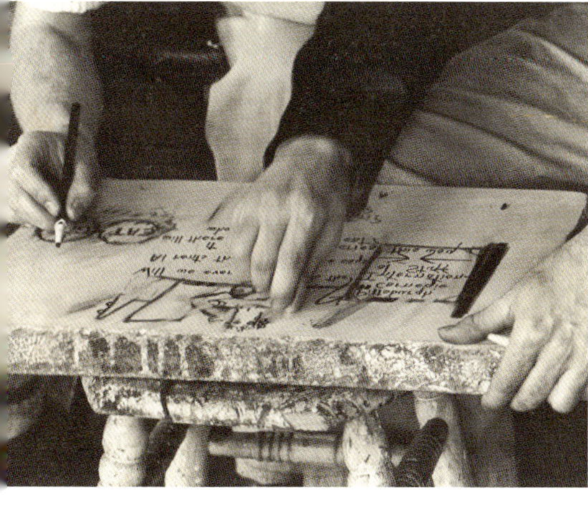

Angesichts dieser immer wieder spürbar werdenden Auseinandersetzung mit Schriftlichkeit, Text und Sprache verwundert es nicht, dass die Beziehungen zwischen Kunst und Literatur in der US-amerikanischen Kultur nach dem Zweiten Weltkrieg vielfältige waren. Die vielleicht intensivste Verbindung bestand zwischen jenen, die von der zeitgenössischen Kritik unter dem Begriff der New York School gefasst wurden. Der für die bildende Kunst wichtigste Vertreter war Frank O'Hara, der neben seiner schriftstellerischen Tätigkeit auch als Kurator am New Yorker Museum of Modern Art in Erscheinung trat. Zusammen mit Larry Rivers schuf O'Hara Lithografien, die bei *ULAE* gedruckt wurden / Abb. 14 und das Verhältnis von Bild und Sprache verhandeln. In seinem Essay *Sardines and Oranges* spürt Marius Henderson diesen Beziehungen zwischen Kunst und Dichtung der New York School nach und zeigt dabei ähnliche Gestaltungsprinzipien in der Lyrik auf, die auch in der bildenden Kunst begegnen.

Abb. 14
Frank O'Hara und Larry Rivers bei der Arbeit an Stones, 1958
Foto: Hans Namuth, Silbergelatineabzug, 195 × 244 mm, Photographic Archive, Artists and Personalities, The Museum of Modern Art Archives, New York

1 Zu der US-amerikanischen Kunst nach 1945 vgl. unter anderem die Publikationen Haskell 1984; Ausst.-Kat. Berlin 1993; Joselit 2003; Foster 2009; Baum 2017.

2 Baum 2017, S. 9.

3 Zur US-amerikanischen Druckgrafik nach 1945 und dem „Graphic Boom" vgl. Johnson 1980, S. 166–250; Farmer 1982, S. 12; Goldman 1982, S. 57–63; Watrous 1984, S. 172–284; Castleman 1985; Weitman 1999, S. 9–24; Breuer 2000, S. 160–177; Acton 2001, S. 9–17; Wye 2004, S. 22–29; Ausst.-Kat. Washington 2016, S. 240–279; Ausst.-Kat. London 2017, S. 10–33; Ustvedt 2017, S. 14–23; Wyckoff/Wagner 2018, S. 24–37.

4 Zur US-amerikanischen Druckgrafik vor 1945 vgl. Johnson 1980, S. 1–71; Goldman 1982, S. 39–53; Watrous 1984, S. 44–125; Coppel 2008, S. 10–38; Ausst.-Kat. Washington 2016, S. 142–215.

5 Zum *Atelier 17* vgl. Moser 1977; Johnson 1980, S. 72–78; Goldman 1982, S. 50–53; Moser 1995, S. 27; Coppel 2008, S. 32–34; Weyl 2019, S. 7–13.

6 Zu *ULAE* vgl. Johnson 1980, S. 168–169; Towles 1982; Sparks 1989, S. 17–47; Ausst.-Kat. London 2017, S. 21–22.

7 „I thought the second half of the twentieth century was no time to begin writing on rocks", Robert Rauschenberg, zit. nach Goldman 1982, S. 57.

8 Tatyana Grosman, zit. in: Ausst.-Kat. Berlin/Kiel 1976, S. 58.

9 Zu *Tamarind* vgl. Johnson 1980, S. 169–170; Adams 1997; Devon 2000, S. 1–4; Devon 2010, S. 1–7; Ausst.-Kat. London 2017, S. 22–23. – Die zunächst von der Ford Foundation geförderte Werkstatt verlegte 1970 ihren Sitz nach Albuquerque; als *Tamarind Institute* gehört sie zum College of Fine Arts der Universität von New Mexico.

10 „A handful of creative people is all that is needed for a renaissance in the art if that handful comes together at the right time, in the right place. Half a dozen master printers scattered around the United States with a cluster of artists revolving around each, could cause a resurgence and a blossoming forth of the art of the lithograph that would attract the interest of the world", June Wayne, zit. nach Goldman 1982, S. 61.

11 Zu *Gemini* vgl. Johnson 1980, S. 170–171; Fine 1984, S. 17–33, 37–43, 73–77, 209–213; Rosenthal 1993, S. 9–12; Ausst.-Kat. London 2017, S. 24–26.

12 Rosenthal 1993, S. 9.

13 Zur *Crown Point Press* vgl. Ausst.-Kat. Washington 1997, S. 1–53; Ausst.-Kat. London 2017, S. 23–24.

14 Zu *Brooke Alexander Editions* vgl. Weitman 1994.

15 Robert Rauschenberg, zit. nach Ausst.-Kat. Berlin/Kiel 1976, S. 60.

16 Zit. nach ebd.

17 Zur Entwicklung der Papierherstellung in Amerika vgl. Clark 1979, S. 80–83; Ausst.-Kat. New York 1982, S. 13, 22–27; Farmer 1982, S. 13; Glaubinger 1986, S. 3–11.

18 Zu Garner Tullis vgl. Clark 1979, S. 81; Glaubinger 1986, S. 5; Millard 1989; Carrier 1998, S. 40–52.

19 „[...] paper is skin, it's a membrane; works on paper are like ‚the skin of consciousness'", Garner Tullis, zit. nach Carrier 1998, S. 44; ins Deutsche übersetzt von Jan Röhnert.

20 Vgl. Meyer 2020, S. 166–167.

21 Bereits 1955 hatte der US-amerikanische Künstler Werner Drewes dem Städelschen Kunstinstitut einen Farbholzschnitt geschenkt, *The Cove* (1954, Inv.-Nr. 66686), der aber zunächst singulär blieb. Gemälde von Künstlerinnen und Künstlern aus den Vereinigten Staaten wurden für die Sammlung des Städel Museums erst in den letzten Jahren erworben, darunter Philip Gustons *Ride* von 1969 (Inv.-Nr. 2446) oder Frank Stellas *Cieszowa III* von 1973 (Inv.-Nr. 2486).

22 Schwarzweller, der seit Juli 1936 Volontär am Städelschen Kunstinstitut gewesen war, trug seit Juli 1937 zunächst als Assistent, später als Direktorial-Assistent in der Graphischen Sammlung die kuratorische Leitung; vgl. die Personalakte zu ihm im Institut für Stadtgeschichte Frankfurt, Sign. PA 159.949.

23 Bei den Galerien A. et G. de May in Lausanne und Der Spiegel in Köln erwarb Schwarzweller nahezu alle Druckgrafiken amerikanischer Künstler während seiner Amtszeit.

24 Beaucamp 1973.

25 Ankaufsbegründungen durch Schwarzweller haben sich bedauerlicherweise nicht erhalten, weder im Archiv des Museums noch in Publikationen, seien es Jahresberichte oder Ausstellungskataloge.

26 Vgl. dazu Ausst.-Kat. Berlin/Kiel 1976, S. 62–66; Ustvedt 2017, S. 12.

27 Vgl. die Untersuchung von Ruby 1999 über die Rezeption amerikanischer Malerei in Westdeutschland bis etwa 1960. In Frankfurt lassen sich danach folgende Ausstellungen nachweisen: *Zeitgenössische Kunst und Kunstpflege in USA / Gegenstandslose Malerei in Amerika*, Wanderausstellung, 1947–1951 (Station in Frankfurt geplant, aber nicht gesichert), vgl. Ruby 1999, S. 276–280, Kat. 8; *Hundert Jahre Amerikanische Malerei 1800–1900*, Städelsches Kunstinstitut, Frankfurt am Main, 1953, vgl. Ruby 1999, S. 309–312, Kat. 38; *Moderne Kunst aus USA. Auswahl aus den Sammlungen des Museum of Modern Art*, Haus des Deutschen Kunsthandwerks, Frankfurt am Main, 1955 (Wanderausstellung des *International Program at The Museum of Modern Art*, New York), vgl. Ruby 1999, S. 330–345, Kat. 49; *Acht Amerikanische Künstler. Malerei und Plastik, Amerika-Haus*, Frankfurt am Main, 1957 (Wanderausstellung des Seattle Art Museum, zusammengestellt für die USIA), vgl. Ruby 1999, S. 355–356, Kat. 58; *Tachismus in Frankfurt. Quadriga 52*, Historisches Museum Frankfurt am Main, 1959, vgl. Ruby 1999, S. 417–420, Kat. 84.

28 Vgl. Ausst.-Kat. Berlin/Kiel 1976, S. 114–116; Ruby 1999, S. 326–327, Kat. 42.

29 Beide im Rahmen des *International Program at The Museum of Modern Art*, New York, vgl. Ruby 1999, S. 197–203 sowie S. 372–391, Kat. 69, S. 394–402, Kat. 70.

30 Bereits auf der ersten *documenta* 1955 waren unter den ca. 250 ausgestellten unmittelbar zeitgenössischen Werken solche von Josef Albers, Alexander Calder, Lyonel Feininger, Fritz Glarner und Kurt Roesch zu sehen gewesen, vgl. Ausst.-Kat. Kassel 1955; Ruby 1999, S. 328–330, Kat. 48. Auf der *documenta II* bildeten US-amerikanische Künstlerinnen und Künstler dann bereits eine beachtliche Gruppe, allerdings nur im Bereich der Malerei und nicht in der Druckgrafik; der dort gezeigte Stanley William Hayter, der mit seinem *Atelier 17* eine entscheidende Rolle bei der Entwicklung der amerikanischen Druckgrafik spielte, war 1950, nach knapp zehn Jahren Exil in New York, wieder nach Paris zurückgekehrt, vgl. Ausst.-Kat. Kassel 1959; Ruby 1999, S. 406–417, Kat. 82; Jooss 2021, S. 120–122. Noch stärker waren amerikanische Künstlerinnen und Künstler 1964 auf der dritten *documenta* vertreten, vgl. Ausst.-Kat. Kassel 1964. Vgl. zudem Ausst.-Kat. Berlin/Kiel 1976, S. 67–72; Ustvedt 2017, S. 12.

31 *Kompass New York* war von Jean Leering vom Van Abbemuseum in Eindhoven als dritter Teil einer Ausstellungsreihe zur Entwicklung in der Malerei seit 1945 konzipiert worden. Nach den Kunstzentren Paris und London richteten die Kuratoren nun den Blick auf die USA, zuerst auf New York, dann auf die Westküste, vgl. Ausst.-Kat. Frankfurt 1967; Ausst.-Kat. Eindhoven 1969.

32 Zu der Ausstellung *Amerikanische Druckgraphik. Eine neue Formen-Sprache* im Amerika-Haus vgl. FAZ, 30.1.1968, S. 20. Den Archivalien im Institut für Stadtgeschichte zufolge zeigte die Ausstellung „vierzig Blätter von zwanzig amerikanischen Künstlern, wie Robert Rauschenberg, Lee Bontecou, Louise Nevelson, Jasper Johns, Marisol und Kitaj" und war vom *International Art Program der National Collection of Fine Arts* der Smithsonian Institution in Washington, D. C., zusammengestellt worden, vgl. Institut für Stadtgeschichte Frankfurt, Bestand: Amerika Haus Frankfurt, Sign. V113/468.

33 Vgl. Ausst.-Kat. Köln 1968; Herzog 2015, S. 26.

34 Vgl. Ausst.-Kat. Kassel 1968.

35 Herzog 2015, S. 26.

36 Zu nennen sind hier insbesondere die Galerien Rolf Ricke in Kassel, Rudolf Zwirner und Der Spiegel in Köln, Neuendorf in Hamburg, Friedrich & Dahlem in München, vgl. Ricke/Skrobanek 2013; Schalhorn 2020, S. 10–11.

37 Vgl. Ausst.-Kat. Berlin/Kiel 1976, S. 184–198.

38 Sam Francis erhielt als einer der wenigen US-amerikanischen Künstlerinnen und Künstler bereits früh Einzelausstellungen in westeuropäischen Galerien, beispielsweise 1958 in der Galerie Schmela in Düsseldorf, vgl. Ruby 1999, S. 372, Kat. 68, oder 1959 bei Klipstein & Kornfeld, Bern, vgl. ebd., S. 402–403, Kat. 72.

39 Aufgeführt werden in der Aufstellung die Künstlerinnen Lee Bontecou, Helen Frankenthaler, Joan Mitchell, Louise Nevelson, Dorothea Tanning und June Wayne, vgl. Ausst.-Kat. Berlin/Kiel 1976, S. 184–198.

40 Erst 1982 wurde durch den Einsatz von Klaus Gallwitz, damals Direktor des Städel Museums, mit den *Goethe-Siebdrucken* (Inv.-Nr. 67114 A–D) ein Werk von Warhol als Schenkung des Künstlers in die Sammlung des Städelschen Kunstinstituts aufgenommen, vgl. dazu Gallwitz 1986, S. 9.

41 Stuffmann 1996, S. [2].

42 Gezeigt wurden u. a.: 1975/76: *Jim Dine, Lee Friedlander. Grafik, Fotoplastik* (ohne Katalog); 1976: *Claes Oldenburg. Zeichnungen, Objekte, Filme* (wohl eine Übernahme aus Basel; ohne Katalog); 1977: *George Rickey. Kinetische Skulpturen* (mit Katalog); 1979: *Jasper Johns. Working Proofs* (Übernahme aus dem Kunstmuseum Basel; mit Katalog); 1980: *Robert Rauschenberg. Werke, 1950–1980* (weitere Stationen in West-Berlin, Düsseldorf, Humlebæk, München; mit Katalog); 1982: *Jackson Pollock. Bilder* (in Zusammenarbeit mit dem Centre Georges Pompidou, Paris; mit Katalog); 1984: *Willem de Kooning* (anlässlich der Verleihung des Max-Beckmann-Preises; mit Katalog); 1986: *Amerikanische Zeichnungen, 1930–1980* (in Zusammenarbeit mit der Menil Collection, Houston; mit Katalog); 1986: *David Smith. Skulpturen und Zeichnungen* (weitere Stationen in Düsseldorf und London; mit Katalog); 1987: *Barnett Newman. Das druckgrafische Werk* (Übernahme aus Amherst; mit Katalog); 1990/91: *Richard Serra. Drei Zeichnungen* (mit Faltblatt); 1991: *Richard Long. Labyrinth* (mit Katalog); 1991: *Bruce Nauman. Arbeiten auf Papier* (mit Faltblatt) und *Bruce Nauman. Human Nature, Animal Nature* (Übernahme aus Basel; mit Katalog); 1993: *Dan Flavin. Installationen in fluoreszierendem Licht, 1989–1993* (mit Katalog); 1994: *Konzeptionelle Druckgrafik* (mit Faltblatt); 1996/97: *Amerikanische Druckgraphik 1960 bis 1990* (mit Faltblatt).

43 Vgl. Stuffmann 1996, S. [2].

44 Ewald Rathke im Gespräch mit der Autorin, 15.6.2020.

45 Vgl. hierzu Ausst.-Kat. London 2017; Ausst.-Kat. Stuttgart 2017; Wyckoff/Wagner 2018.

46 Belting 2000, S. 7.

47 Ebd., S. 8.

48 Vgl. Paul Valéry, *Réflexions simples sur les trois corps*, deutsche Übersetzung als *Das Problem der drei Körper*, in: Valéry 1989, S. 205–210.

49 Belting 2000, S. 9.

50 Vgl. Fuchs 1975 und Ausst.-Kat. Venedig 1995.

51 Die ersten *Woman*-Bilder, die zum Teil von de Koonings späterer Ehefrau Elaine Fried inspiriert wurden, entstanden um 1940, vgl. Elderfield 2011, S. 99–105.
De Kooning, der sich in den 1940er Jahren einen Ruf als abstrakter Maler erworben hatte, griff diese Bildidee immer wieder auf. Das heute vielleicht bekannteste Gemälde der zweiten Werkgruppe ist *Woman I*, 1950–1952, The Museum of Modern Art, New York; vgl. Elderfield 2011, S. 246–294.

52 Vgl. Karmel 1998, S. 105–131.

53 Vgl. Karmel 1999, S. 89–90; Joselit 2003, S. 18–21.

54 Dückers 1981, S. XII.

55 „Our human frame, our gutted mansion, our enveloping sack of beef and ash is yet a glory. […] The human figure is the image of all men and of one man. It contains all and it can express all“, Baskin 1970, S. 15; ins Deutsche übersetzt von Jan Röhnert.

56 Zum Fragment als Ausdrucksform vgl. Ausst.-Kat. Paris 1990; Ostermann 1991; Nochlin 2001; Fetscher 2006, S. 11–28.

57 Vgl. Nochlin 2001, S. 7–9.

58 „Wholeness is compromised; the fragment is all“, Posner 1992, S. 30; ins Deutsche übersetzt von Jan Röhnert.

59 Strauss 1995.

60 „It interests me that a part can function as a whole, or that a whole can be thrown into a situation in which it is only a part“, Jasper Johns, zit. nach Geelhaar 1979, S. 72.

61 Zum Index-Begriff vgl. Krauss 1977 a; Garrels 2005, S. 38.

62 Didi-Huberman 1999, S. 75.

63 Das gezeichnete Selbstbildnis geht wiederum auf einen Schattenriss zurück, vgl. Didi-Huberman 1999, S. 183–184.

64 Vgl. Schmahmann 1998, S. 12.

65 Vgl. u. a. Jasper Johns, *Target with Plaster Casts,* 1955, Sammlung Mr. und Mrs. Leo Castelli, New York; *Target with Four Faces,* 1955, The Museum of Modern Art, New York; *The Critic Sees,* 1961, 2005 bei Christie's, New York, Sale 1516, Los 40, versteigert; *Untitled,* 1972, Museum Ludwig, Köln.

66 Sharp 1970, S. 14.

67 „The artist's body becomes both the subject and the object of the work. The artist is the subject and the object of the action“, ebd.

68 „But body work does not represent a return to figuration. […] The artist's own body is not as important as the body in general. The work is not a solitary celebration of self. As someone said ‚It's more about using a body than autobiographical.' The personality of the artist refines itself out of the work, impersonalizes itself“, ebd.

69 Vgl. zu diesem Kapitel die Publikationen Assmann 2018 und Assmann 2020 mit weiterführender Literatur.

70 Assmann 2018, S. 64.

71 Ebd., S. 13.

72 Ebd.

73 Ebd., S. 15.

74 Nicht zu verwechseln mit der Geschichtswissenschaft.

75 Assmann 2020, S. 53.

76 Assmann 2018, S. 15.

77 Ebd., S. 22. Der Begriff geht zurück auf Aby Warburg.

78 Assmann 2020, S. 11–12.

79 „If we imagine seeing or looking at a Chinese word or an Arabic word that we cannot say, let alone understand or even obey (if, for example, it were a command), we can see how much our seeing the word ‚NO' is completed by the inner act of saying it“, Fisher 1990, S. 337.

80 Vgl. Garrels 2005, S. 42.

81 Die linguistische oder sprachkritische Wende bezeichnet eine Entwicklung im westlichen Denken seit Beginn des 20. Jahrhunderts, die auf der grundsätzlichen Skepsis gründet, dass sich die Wirklichkeit mit Sprache nicht eindeutig erfassen lasse, vgl. hierzu Rorty 1992 mit weiterführender Literatur.

Die sogenannten New York School Poets prägte ein besonders enges Verhältnis zur bildenden Kunst. Zu dieser spezifischen Gruppe von US-amerikanischen Lyrikerinnen und Lyrikern zu Beginn der zweiten Hälfte des 20. Jahrhunderts zählten insbesondere John Ashbery, Barbara Guest, Kenneth Koch, Frank O'Hara und James Schuyler. Sie waren befreundet, formierten sich aber nicht als eine poetische ‚Schule' oder Bewegung im Sinne einer dogmatisch eingeschworenen Gemeinschaft mit festen Zielen und ideologischem Überbau. Sie veröffentlichten keine gemeinsamen Manifeste, worin sie sich von anderen nordamerikanischen Lyrik-Bewegungen unterscheiden, die sich mitunter eindeutiger an bestimmten Programmatiken orientierten.[1]

Sardines and Oranges

Zum Verhältnis von Sprache, Bild und Menschsein in der Lyrik der New York School nach 1945

Marius Henderson

Die New York School of Poetry verdankt ihren Namen John Bernard Myers, einem der Gründer der Tibor-de-Nagy-Galerie in New York.[2] Er wies damit auf die künstlerische und persönliche Nähe der Gruppe zu den Künstlerinnen und Künstlern der New York School of Painting hin, zu der unter anderem Helen Frankenthaler, Jane Freilicher, Grace Hartigan, Jackson Pollock, Fairfield Porter oder Larry Rivers gerechnet werden, deren Schaffen zum Teil mit dem Abstrakten Expressionismus verbunden wird.

Sardines and Oranges: *Frank O'Haras* Why I Am Not a Painter

Vielleicht die intensivste Beziehung zur bildenden Kunst hatte unter den Dichterinnen und Dichtern der New York School Frank O'Hara. Nicht ohne Grund trägt eine der einschlägigen literaturwissenschaftlichen Monografien zu ihm den Titel *Frank O'Hara. Poet Among Painters* (1977),[3] also „Frank O'Hara, Dichter unter Malerinnen und Malern". O'Hara verdiente sich seinen Lebensunterhalt vornehmlich im Kunstkontext, arbeitete sich zum Kurator des New Yorker Museum of Modern Art hoch und war zudem als Kunstkritiker tätig, hauptsächlich für die Zeitschrift *ARTnews*. In vielen seiner Gedichte finden sich Referenzen auf zentrale Akteurinnen und Akteure der US-amerikanischen Kunstszene der 1950er und 1960er Jahre, sei es durch Widmungen, durch lyrisch-apostrophische Adressierung oder durch die schlichte Erwähnung ihrer Namen im Text. Zudem arbeitete O'Hara häufig mit bildenden Künstlerinnen und Künstlern zusammen, insbesondere mit Joe Brainard und Larry Rivers ⁄ Abb. 15. Umgekehrt finden sich in Werken der bildenden Kunst wiederholt Verweise auf O'Hara und seine Arbeit, zum Beispiel in Jasper Johns' Lithografie *Skin with O'Hara Poem* ⁄ Abb. 12, S. 19.

In dem Gedicht *Why I Am Not a Painter* (1957; *Warum ich kein Maler bin*) von Frank O'Hara werden die Arbeitsprozesse eines Dichters und eines Malers nebeneinander, untereinander sowie letztlich miteinander in Beziehung gesetzt, als parallel verlaufende und sich dann immer wieder kreuzende, aber keineswegs gegenläufige Bewegungen ⁄ vgl. hierzu auch Abb. 16, Folgeseite. „I am not a painter, I am a poet" beginnt das Gedicht, und die Parallelsetzung von Maler und Dichter erzeugt trotz der Verneinung des einen den Eindruck der Nähe von Malerei und Dichtung. Noch nicht einmal eine Konjunktion trennt beide Begriffe voneinander.

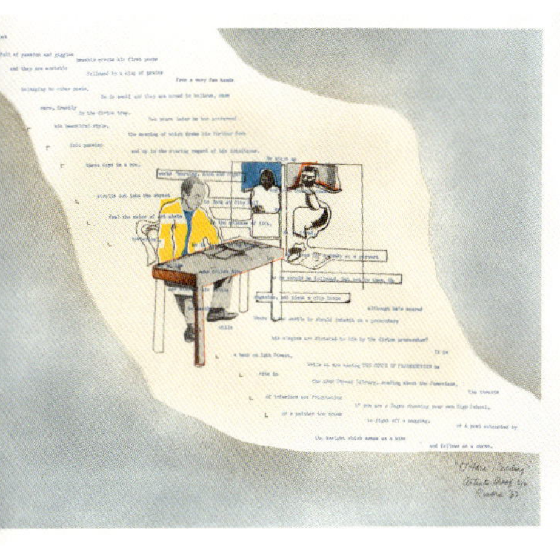

Abb. 15
Larry Rivers, **O'Hara Reading,** ***1967***
Zwei Farblithografien, zerschnitten und collagiert, 702×832 mm (Darstellung), The Art Institute of Chicago

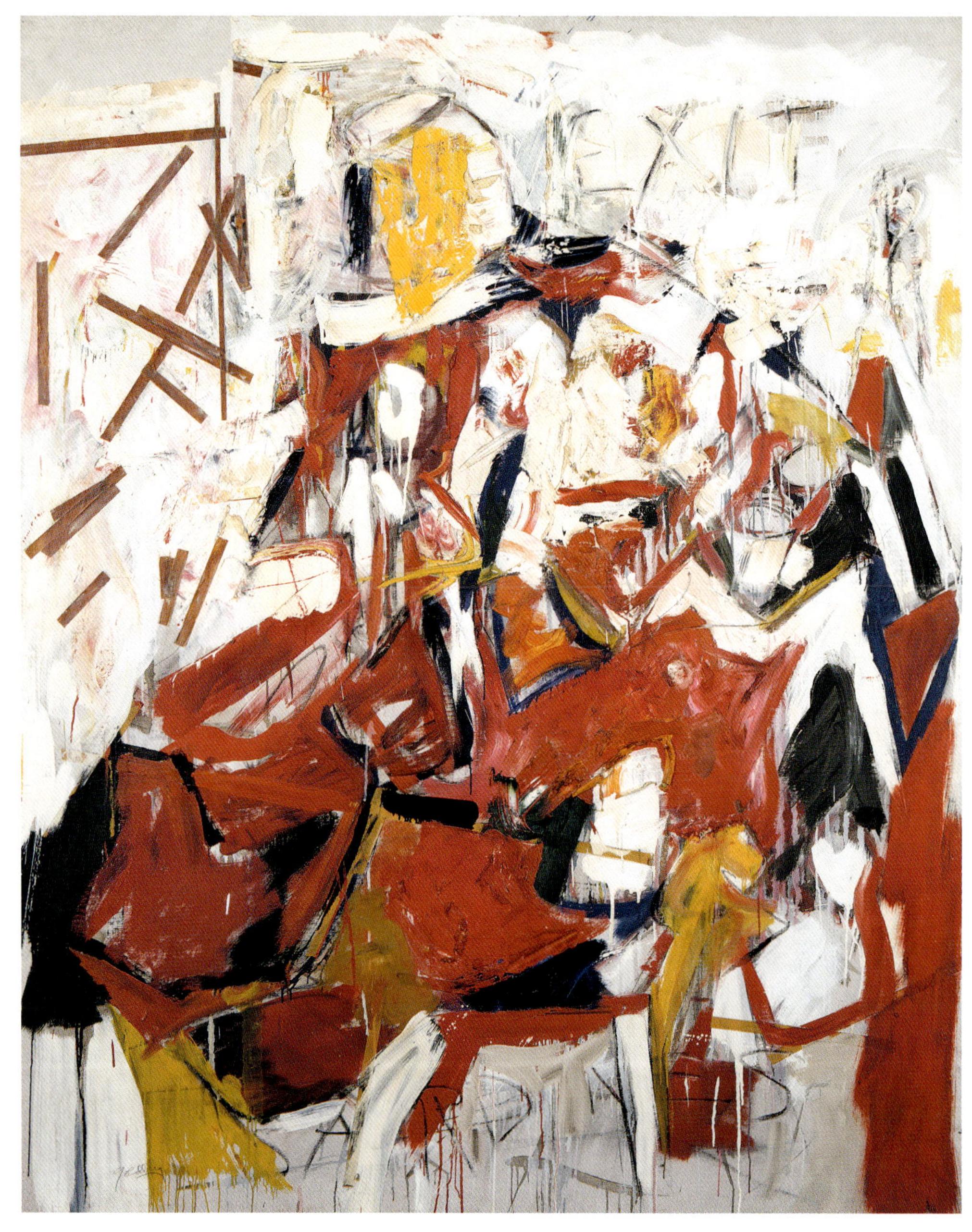

Abb. 16
Michael Goldberg,* Sardines, *1955
Öl und Klebestreifen auf Leinwand, 205,1×167,7 cm,
Smithsonian American Art Museum,
Gift of Mr. and Mrs. David K. Anderson,
Martha Jackson Memorial Collection

Why I Am Not a Painter

I am not a painter, I am a poet.
Why? I think I would rather be
a painter, but I am not. Well,

for instance, Mike Goldberg
is starting a painting. I drop in.
"Sit down and have a drink" he
says. I drink; we drink. I look
up. "You have SARDINES in it."
"Yes, it needed something there."
"Oh." I go and the days go by
and I drop in again. The painting
is going on, and I go, and the days
go by. I drop in. The painting is
finished. "Where's SARDINES?"
All that's left is just
letters, "It was too much," Mike says.

But me? One day I am thinking of
a color: orange. I write a line
about orange. Pretty soon it is a
whole page of words, not lines.
Then another page. There should be
so much more, not of orange, of
words, of how terrible orange is
and life. Days go by. It is even in
prose, I am a real poet. My poem
is finished and I haven't mentioned
orange yet. It's twelve poems, I call
it ORANGES. And one day in a gallery
I see Mike's painting, called SARDINES.[4]

Warum ich kein Maler bin

Ich bin kein Maler, ich bin ein Dichter.
Warum? Ich glaube ich würde viel lieber
ein Maler sein aber ich bin es nicht. Nun gut

Mike Goldberg fängt zum Beispiel
ein Bild an. Ich komme zufällig rein.
„Setz dich und nimm einen Schluck," sagt
er. Ich trinke; wir trinken. Ich blicke
auf. „Du hast ja SARDINEN dadrin."
„Ja, irgend was mußte dahin."
„Oh." Ich gehe und die Tage vergehen
und ich komme wieder zufällig rein. Am Bild
ist weitergemacht, und ich gehe und Tage
vergehen. Ich komme zufällig rein. Das Bild ist
fertig. „Wo sind die SARDINEN?"
Alles, was geblieben ist, sind nur
Buchstaben. „Die waren zuviel," sagt Mike.

Und wie geht's mir? Eines Tages denke ich an
eine Farbe: Orange. Ich schreibe eine Zeile
über Orange. Kurz darauf ist es eine
ganze Seite voll Wörter, nicht nur Zeilen.
Dann eine andere Seite. Es sollten noch
viel mehr sein, nicht über Orange, über
Wörter, darüber wie schrecklich Orange ist
und das Leben. Tage vergehen. Es ist sogar in
Prosa, ich bin ein richtiger Dichter. Mein Gedicht
ist fertig und ich habe noch nicht einmal
Orange erwähnt. Es sind zwölf Gedichte, ich nenne
sie ORANGEN. Und eines Tages in einer Galerie
seh ich Mikes Bild, betitelt SARDINEN.[5]

Das Gedicht ist im *free verse,* also im freien Rhythmus gehalten und hat somit weder ein festes Metrum noch ein Reimschema. Dies gilt für die meisten Gedichte O'Haras sowie der New York School Poets. Dennoch erfreuten sich bei manchen von ihnen gelegentliche spielerische Experimente mit etablierten lyrischen Formen wie der Sestine großer Beliebtheit. Nichtsdestotrotz zeichnet sich O'Haras *Why I Am Not a Painter* durch eine klare formale Strukturierung aus. Es gibt viele Assonanzen, insbesondere die ebenfalls meist parallel verlaufende Wiederholung von „i"- und „o"-Lauten. Diese Lautwiederholungen sind nicht nur akustisch wahrnehmbar, sondern stechen auch beim Lesen des Gedichtes ins Auge: durch die Häufung von Wörtern mit den Buchstaben „i" und „o" wie „*i*nstance", „start*i*ng", „paint*i*ng", „*i*n" sowie „poet", „drop", „Goldberg" und immer wieder „go". Während die Differenz zwischen Malerei und Dichtung in der ersten Strophe noch klarer markiert zu sein scheint, werden in den darauffolgenden Strophen zunehmend die Überlappungen und Überschneidungen deutlich. Die zunächst eher syntaktischen Parallelismen werden zunehmend inhaltlich gefüllt. Eine verbindende Funktion hat das wiederholte, unterschiedlich flektierte Verb „go", das jedoch, mit der englischen Grammatik konform gehend, oftmals nicht seine Form ändert: „I *go* and the days *go* by / [...]. The painting / is *go*ing on, and I *go*, and the days / *go* by".

Die Prozesse lyrischer beziehungsweise malerischer Arbeit gehen weiter, Tage verstreichen, und das Malen des Bildes schreitet voran. Die Prozesshaftigkeit ästhetischer Arbeit ist hier zentral. Auch wenn auf bestimmte Momente verwiesen wird, in denen das Bild und das Gedicht „fertig" sind („The painting is / finished"; „My poem / is finished"), wird ein Zustand abschließender Vollkommenheit künstlerischer und dichterischer Arbeit nicht erreicht. Denn durch Einschübe verdeutlicht O'Hara, dass selbst der augenscheinlich „fertige" Zustand von Bild und Gedicht noch aufgehoben werden könnte. Selbst in ihrer vermeintlich abgeschlossenen Form sind Gedicht und Malerei noch Trägerinnen von Potenzialität: Die Tilgung des Wortes „SARDINES" aus Goldbergs Gemälde und das Auslassen des Wortes „orange" aus O'Haras Gedicht könnten rückgängig gemacht werden. In dieser Möglichkeit liegt eine weitere Parallelität von Bild und Gedicht, und beide verbale Versatzstücke – „SARDINES" und „ORANGES" – tauchen am Ende des Gedichts wieder auf, und zwar im jeweiligen Titel der künstlerischen und dichterischen Arbeit.

„All that's left is just / letters" heißt es in *Why I Am Not a Painter,* und in dem Gedicht *Having a Coke with You* (1960) von Frank O'Hara steht: „and the portrait show seems to have no faces in it at all, just paint"[6] („und die Porträt-Ausstellung scheint überhaupt kein Gesicht zu enthalten, nur Farben"[7]). Dies sind Verweise auf das grundlegende Material von Dichtung und Malerei: Buchstaben und Farbe, die in *Why I Am Not a Painter* allerdings jeweils im anderen Medium erscheinen: Buchstaben finden sich in Goldbergs Gemälde, und die Farbe Orange bildet die Inspiration für O'Haras Gedichtserie. Die Schnittstelle dieser Überkreuzung wird wiederum von dem sich wiederholenden Verb „go" getragen und erhält dadurch ein Moment der Bewegung. Malerei und Dichtung, Sprache und Bild treffen sich in dieser Bewegung und sind in ihrer Prozesshaftigkeit verwandt.

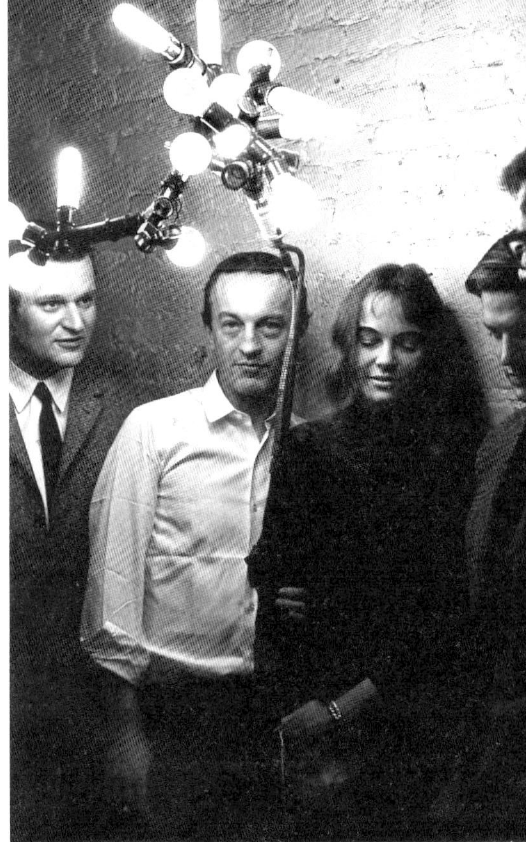

Abb. 17
John Ashbery, Frank O'Hara, Patsy Southgate, Bill Berkson und Kenneth Koch, 1964
Foto: Mario Schifano

Diese in Bezug auf *Why I Am Not a Painter* beschriebene Überkreuzung strukturiert auch viele der anderen Beziehungsgeflechte, welche die Lyrik O'Haras und weiterer New York School Poets prägen. Das Verb „go“ als Schnittstelle beziehungsweise verbindender Überkreuzungspunkt drückt dabei stets eine eher bewegliche Intensität als einen fixen Punkt aus. Aus diesem Grund wurden einzelne Gedichte der New York School Poets auch des Öfteren mit der Praktik des Action-Painting des Abstrakten Expressionismus verglichen.

Viele von O'Haras Gedichten wurden zudem als „I do this, I do that“-(„Ich tue dies, ich tue das“)-Gedichte[8] charakterisiert, also als Gedichte, die einzelne, alltägliche Aktivitäten syntaktisch aneinanderreihen, ohne auf einen Kulminationspunkt hinzuarbeiten. Im Zentrum stehen auch hier wieder die Prozesshaftigkeit und die Immanenz einzelner Momenteindrücke ohne übergeordnetes Ziel. Passenderweise trägt O'Haras berühmtester Gedichtband den Titel *Lunch Poems* (1964), da er die darin enthaltenen Gedichte, so will es die Überlieferung, während seiner Mittagspausen im Museum of Modern Art schrieb, während einer transitorischen Zeit also, einer Zeit der Übergänge. Genau diese Übergangshaftigkeit eines jeden Moments schwingt in den besagten Gedichten mit, wenn beispielsweise einzelne Eindrücke des Fußwegs von seinem Arbeitsplatz zu einem Meeting oder Restaurant eingefangen oder genaue Uhrzeit- oder Ortsangaben eingestreut werden, welche die konkreten Mittagspausenmomente zeitlich und räumlich verankern.

Zeichenhaft abstrahiert

Die Beziehungen zwischen den Künstlerinnen und Künstlern, die dem Abstrakten Expressionismus zugeordnet werden, und den Lyrikerinnen und Lyrikern der New York School waren, wie erwähnt, recht eng /Abb. 17, 18. John Ashbery vermerkte dazu Folgendes: „Ich versuche, Worte abstrakt zu benutzen, so wie ein abstrakter Maler Farbe benutzen würde. (Vielleicht haben mich moderne Malerei und Musik mehr inspiriert als Dichtung.) ... Wie bei abstrakten Malern ist meine Malerei ein Versuch, eine größere, umfassendere Art von Realismus hervorzubringen“.[9] Wenn sich die Koppelung von Abstraktion und Expressionismus in der Malerei unter anderem durch eine Tendenz zur Ungegenständlichkeit bei gleichzeitiger gestisch-verkörperlichter Prozesshaftigkeit wie beim Action-Painting ausdrückt, was wären dann entsprechende Abstraktionsstrategien in der Lyrik?

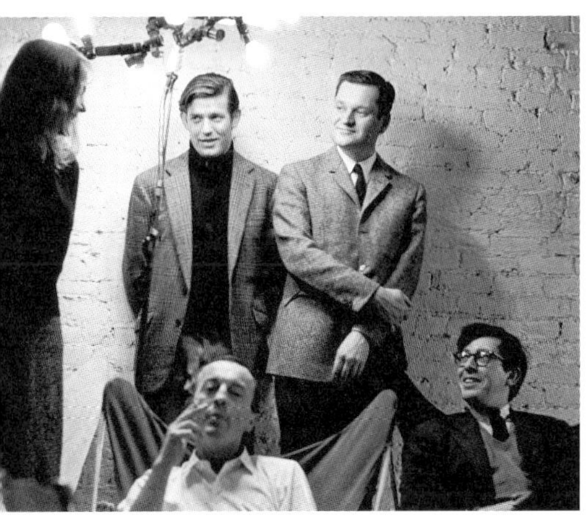

Abb. 18
Patsy Southgate, Bill Berkson, John Ashbery, Frank O'Hara und Kenneth Koch, 1964
Foto: Mario Schifano

Lyrik ist per se schon allein aufgrund ihres Mediums, der Sprache, „zeichenhaft abstrahiert“, da die Verbal- und Schriftsprache ein abstraktes, letztlich auf Beliebigkeit und Konvention beruhendes Zeichensystem darstellt. Eine gewisse Ungegenständlichkeit wird in der Lyrik noch dadurch verstärkt, dass ein eindeutig bestimmbares Verhältnis zwischen sprachlichen Zeichen, einzelnen Wörtern beispielsweise, und dem, was sie zu bezeichnen vorgeben, unterlaufen wird. So deutet auch O'Haras Gedicht *Why I Am Not a Painter* auf diverse Abweichungen zwischen Bezeichnendem und Bezeichnetem hin, etwa in der erwähnten Gedichtserie „ORANGES“, in der, laut O'Hara, weder Orangen noch die Farbe Orange noch das Wort „orange“ direkt auftauchen. Die reduzierende Konzentration auf die reine Materialität von Sprache, auf „words“ oder gar „letters“, löst die Sprache aus ihrem Bezug zu einem konkret Bezeichneten. Dies kann als sprachliche Abstraktion aufgefasst werden. Das Gestische der visuellen künstlerischen Abstraktionstendenzen, denen durch eben dieses Gestische die menschliche Körperlichkeit eingeschrieben ist und in denen sich auch wieder Formen der Figuration bemerkbar machen, kommt in O'Haras Gedicht ebenfalls zum Tragen, einerseits durch die deutlich spürbare Präsenz der Figur eines menschlichen lyrischen Ichs, des „I“. Andererseits wird die Prozesshaftigkeit dichterischer Arbeit, in Analogie zur Malerei, durch die konsequente Verwendung des Präsens und der bereits erwähnten prominenten Stellung des Verbs „go“ ausgedrückt.

Fragment

Eng verwoben mit der zeichenhaften Abstraktion sind in der Lyrik der New York School Phänomene der Fragmentierung. So unterschiedlich die einzelnen Dichterinnen und Dichter auch schreiben und so verschieden ihre poetologischen Ansätze auch sein mögen, es eint sie doch das Bestreben, geschlossene, Ganzheit und Kohärenz suggerierende lyrische Formen zu vermeiden und zugleich auf grammatikalischer und syntaktischer Ebene die Texte fragmentierend zu unterbrechen.

Inhaltlich findet ebenfalls eine Auseinandersetzung mit Fragmenthaftigkeit statt. Ähnlich den „disjecta membra“[10] („versprengten Gliedern“) etwa in den Arbeiten Jasper Johns' werden auch in der Lyrik isolierte Körperteile sowie einzelne Gesten und Bewegungsabläufe beschrieben. Zudem werden bestimmte Empfindungen einzelnen körperlichen Funktionen zugeordnet, die sich wiederum temporär mit ihrer Umwelt verbinden. So bewegt sich das lyrische Ich in Frank O'Haras *Lunch Poems* in den besagten Mittagspausen durch den urbanen Raum, verzeichnet momenthafte Sinneseindrücke, aufgeschnappte Zeitungsschlagzeilen, einzelne Gerüche und Geräusche sowie zufällige Begegnungen. Diese sinnlichen Eindrücke summieren sich jedoch nicht zu einem übergeordneten Ganzen, etwa in Gestalt eines das Geschehen meisterhaft kontrolliert überblickenden lyrischen Ichs. Eher scheint es so, als ob sich einzelne sinnliche Eindrücke und Begebenheiten fast aus der verdichteten Vermittlung durch das lyrische Ich herauslösen und quasi ein ‚Eigenleben‘ entwickeln, sich verselbstständigen. Somit werden einzelne Tageszeiten oder momentane raum-zeitliche Konfigurationen zu fragmentierten ‚Diesheiten‘, zu aufblitzenden Intensitäten, von denen das lyrische Ich Zeugnis ablegt.

Das Material, aus dem diese Arrangements und Konfigurationen zusammengesetzt sind, ist Sprache. Während in vielen von O'Haras Gedichten das urbane ‚Driften' einem gewissen versprachlichten Fluss folgt, der durch die erlebende, subjektive Wahrnehmung des lyrischen Ichs Bruchstücke aus Empfindungen miteinander verbindet, ist in zahlreichen Gedichten John Ashberys, insbesondere in seinem Gedichtband *The Tennis Court Oath* (1962), keine (über-)geordnete vermittelnde Instanz, keine einheitliche subjektive Perspektive mehr zu bestimmen. Es entsteht eine gewisse Undurchsichtigkeit.

In der Sprache stellen für gewöhnlich Grammatik und die Regeln der Syntax eine in sich geschlossene Ganzheit her. In Ashberys experimentellsten Gedichten wird Sprache – Syntax und Grammatik ebenso wie die Materialität der Sprache als gedruckte Buchstaben auf dem Papier – selbst fragmentiert. Die bedruckte Seite wird zum Experimentierfeld, in dem konventionalisierte Lyrikformen aufgesprengt werden. Diese experimentellen Strategien kommen ebenso wie ähnliche Phänomene aus der bildenden Kunst nicht aus dem Nichts, sondern sie sind historisch gewachsen und bauen beispielsweise auf die dadaistische Collage oder die *cadavres exquis* des Surrealismus auf. Die am stärksten fragmenthaften Gedichte Ashberys ergießen sich über die Seiten, werden unterbrochen von elliptischen Auslassungen, Einschüben und unregelmäßigen Leerzeilen. Eines der Gedichte aus *The Tennis Court Oath,* in dem diese Fragmentierungen besonders deutlich zutage treten, ist *Leaving the Atocha Station.*[11] Der Titel verweist auf den Fernbahnhof Atocha in Madrid, und das Gedicht ist offenbar von einem Madridbesuch Ashberys im Jahre 1960 inspiriert, während dessen er auch Frank O'Hara traf, der wiederum in Spanien weilte, um zeitgenössische spanische Kunstwerke für eine Ausstellung auszuwählen. John Shoptaw merkt an, dass Ashbery in dem besagten Gedicht die Erfahrung einzufangen gesucht habe, als Passagier eines Zuges einen großstädtischen Bahnhof zu verlassen. Es zählt nach Shoptaw zu den undurchdringlichsten Gedichten des Autors. Gerade dies machte es besonders anziehend für spätere Generationen avantgardistischer Lyrikerinnen und Lyriker, zum Beispiel für die sogenannten L=A=N=G=U=A=G=E Poets.[12] Es beginnt wie folgt:

The arctic honey blabbed over the report causing darkness
And pulling us out of there experiencing it
he meanwhile ... And the fried bats they sell there
dropping from sticks, so that the menace of your prayer folds ...
Other people ... flash
the garden are you boning
and defunct covering ... Blind dog expressed royalties ...
comfort of your perfect tar grams nuclear world bank tulip
Favorable to near the night pin
loading formaldehyde. the table torn from you
Suddenly and we are close
Mouthing the root when you think
generator homes enjoy leered[13]

Der Arktishonig quarkte über dem Bericht Dunkelheit verursachend
Und zog uns dort raus wo wir es erlebten
er unterdessen ... Und die gedünsteten Fledermäuse, die man da vertreibt
an Stöcken hängend, sodass die Drohung deines Gebets sich vervielfacht ...
Andre Leute ... flackern
der Garten den du knochend
und kaputt bedeckst ... Blinder Hund zeigt untertänigst ...
Komfort deines vollendeten Teergramms Atom Welt Bank Tulpe
Günstig um die Nachtnadel zu nähern
Formaldehyd tankend. der Tisch von dir gerückt
Mit einem Mal und wir sind uns nah
Auf der Wurzel kauend wenn du denkst
Generator Häuser mögens angegrinst[14]

Es gibt plötzliche Perspektivwechsel, angedeutet durch den Wechsel der Personalpronomen, von „us“ zu „he“ zu „your“, ohne dass präzisiert wird, wer – welche Person(en) beispielswiese – damit gemeint sein könnte(n). Das Gedicht vermittelt nicht die Erfahrung *eines* menschlichen Bewusstseins, sondern abgerissene Erlebnis- und Bewusstseinssplitter. Damit verweigert sich Ashbery dem, was Shoptaw als lang tradierte Funktion der Lyrik sowie ästhetischer Produktion überhaupt definierte: nämlich Universelles (beispielswiese eine universelle Vorstellung des Menschseins) exemplarisch in einem Gedicht zu verhandeln, sodass einzelne künstlerische oder lyrische Aussagen schlussendlich repräsentativ für diese universelle Wahrheit (also das Menschsein an sich) stehen können.[15] Ashberys „missrepräsentative Poetik“[16] unterläuft diese Funktion. Die bruchstückhaft auftauchenden Eindrücke und Objekte, aus denen das Gedicht collagiert ist – wie „arctic honey“, „fried bats“ oder „nuclear world bank tulip“ – muten wie surrealistische Erfindungen an und nicht wie reale Dinge, die vor Ort am Bahnhof Atocha anzutreffen sind. Was diese fragmentierten und unzusammenhängenden Formulierungen allerdings vermitteln, ist eine Erfahrung, die sich letztlich vielleicht doch ein Stück weit verallgemeinern lässt, nämlich als Erfahrung von Fremdheit und Entfremdung. Dies schließt Entfremdung innerhalb der eigenen Sprache wie auch sinnliche Befremdung ein, zum Beispiel beim erstmaligen Verlassen eines bislang unbekannten Bahnhofs in einem ‚fremden Land‘. Der Bahnhof sowie das Bahnwesen könnten dabei auch stellvertretend für die Industrialisierung, die Moderne und deren psychische und physische Entfremdungseffekte stehen.

Abdruck und Leerstelle

Ähnlich der bildenden Kunst fungieren Körper in der Lyrik der New York School Poets sowohl als Motiv als auch als Werkzeuge lyrischer Produktion. In den lyrischen und poetologischen Schriften Barbara Guests ⁄ Abb. 19 finden sich so zum Beispiel viele Verweise auf die spezifische Haptik von beschreibbarem Papier sowie auf den händischen Akt des Schreibens. Lyrik entsteht für Guest aus Berührungen, im konkreten körperlichen sowie auch im übertragenen Sinn, wenn Lyrik uns als Lesende so sehr bewegt und berührt, dass sie quasi den Einflussraum der bedruckten Seite verlässt: „Das Entscheidende an einem Gedicht ist es, über die Seite hinaus zu gelangen, damit wir uns eines anderen Aspekts der Kunst bewusst werden“.[17] In Guests Poetik, ihrer Konzeption dessen, was Lyrik vermag, kommt es zu einer simultanen Doppelbewegung aus konkreter körperlicher Präsenz, den händischen ‚Abdrücken‘ der Schreibenden und Lesenden auf Papier, sowie den offenen Leerstellen, welche die Imagination eröffnet. Idealerweise sind Gedichte für Guest, in Anlehnung an Samuel Taylor Coleridge, *„obscure and clear“*[18] („undurchdringlich und klar“), greifbar und sich ein Stück weit entziehend zugleich.[19]

In ihrer Poetik stellt Guest zudem immer wieder explizit Ähnlichkeiten zwischen Lyrik und bildender Kunst, insbesondere des Abstrakten Expressionismus, heraus, auch in Bezug auf die Verschränkung von körperlicher Präsenz, Plastizität sowie imaginativen Leerstellen: „Stellen Sie sich das Gedicht plastisch vor. Es ist beweglich, begreifbar. Es ist eine lebendig atmende Substanz. [...] Ein Gedicht hat nicht nur eine Stimme, sondern auch einen Mund, und der Mund muss sich ebenso bewegen, wie die Stimme sprechen muss, und es darf nicht achtlos in seinem Sprechen sein. Und die Körperlichkeit eines Gedichts. Ebenso wie ein Gemälde eine Körperlichkeit besitzt. Den Resonanzboden seiner Haut“.[20] Da Sprache das wesentliche Material von Lyrik ist, stehen die Formen verkörperlichter Plastizität oder Abdruckhaftigkeit, auf die in der Lyrik rekurriert wird, auch in Bezug zum Sprachgebrauch. So finden sich neben den Referenzen auf die haptische Seite des Schreibens und die Materialität der Schriftsprache („All that's left is just / letters“, wie es in O'Haras *Why I Am Not a Painter* heißt) auch Verweise auf die körperlichen Komponenten des gesprochenen Worts: auf Stimme und Atmung, wie in obigem Zitat von Guest. „Breathing“, den Akt des Atmens, erwähnt auch O'Hara vielfach prominent in seiner Lyrik (etwa in *The Day Lady Died* oder *Having a Coke with You*). Anspielungen auf Atem und Stimme ⁄ siehe auch Jasper Johns' visuelle Repräsentation einer Stimme in *Voice,* Kat. 28, S. 129 bilden sinnliche ‚Abdrücke‘ menschlichen Präsentseins in den lyrischen Texten.

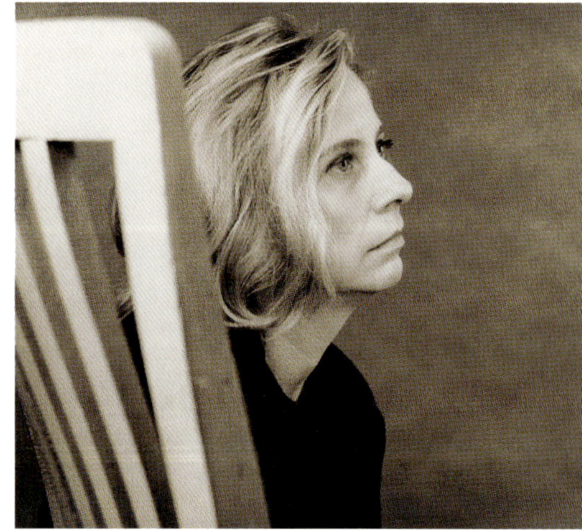

Abb. 19
Barbara Guest, um 1960
Foto: Devva Dennis (?), Yale University, Beinecke Rare Book and Manuscript Library, Barbara Guest Papers

Gleichzeitig sind versprachlichte Verweise auf die Präsenz von Atem und Stimme immer auch ein Ausdruck gewisser Leerstellen beziehungsweise Abwesenheiten. So kann die sprachliche Materialität nicht über den Zeichencharakter von Sprache hinwegtäuschen, die Tatsache, dass sprachliche Zeichen gerade dadurch zum Zeichen werden, dass sie für etwas in der Sprache Abwesendes einstehen, als Bezeichnungen für außersprachliche Referenten. Die Suggestion menschlicher, greifbarer körperlicher Präsenz in der Lyrik wird somit immer wieder gebrochen und von Momenten einer befremdlichen Abwesenheit unterlaufen, zum Beispiel durch die zuvor erwähnten Fragmentarisierungen, Einschübe und schwer nachzuvollziehenden Wechsel von Personalpronomen. Da Personalpronomen eigentlich für *(pro)* bestimmbare Personen stehen, sind sie zugleich ein Indiz für die Abwesenheit der Person im Moment ihres Gebrauchs. Durch die rapiden Wechsel der Pronomen in vielen Gedichten der New York School Poets wird dies zusätzlich verkompliziert.

Eine offensichtliche Parallele zwischen der Lyrik der New York School und Strategien der bildenden Kunst besteht auch darin, dass menschliche Individuen und deren Körper in Lyrik und visueller Kunst Subjekt und Objekt zugleich sein können. In einem Gedicht O'Haras *(A Whitman's Birthday Broadcast with Static)* heißt es zum Beispiel treffenderweise: „Da, ich bin der Komponist, und ich bin komponiert".[21] Gerade Frank O'Haras Lyrik ist zudem durchzogen von direkten Nennungen und Verweisen auf konkrete Personen, vielfach auf befreundete oder bekannte Künstlerinnen und Künstler wie Rivers und Pollock sowie auf andere prominente Persönlichkeiten. Zum einen sind diese Nennungen, auch in Form von Widmungen, als Gesten der Annäherung des „Mit-seins"[22] und der gemeinschaftlichen „Ko-Existenz"[23] zu verstehen. Manche von O'Haras Gedichten wirken daher fast wie intime Briefe an Freundinnen und Freunde. Zum anderen werden die derart in die Gedichte inkludierten Personen auch stets ein Stück weit zu Objekten und zu Material und verschwinden hinter den sprachlichen Zeichen.

Nach dem Philosophen Jean-Luc Nancy kann die malerisch-zeichnerische Annäherung an menschliche Personen, und ich würde hinzufügen auch die lyrische, strukturelle Bezüglichkeit, an die Praxis des Porträts geknüpft werden: als „nachbildende Vergegenwärtigung"[24] einer anderen Person. Diese Vergegenwärtigung ist laut Nancy jedoch fundamental mit Formen der Abwesenheit verknüpft, denn jedes Porträt vergegenwärtige zugleich die Abwesenheit der oder des Porträtierten wie eine Art Totenmaske: „Daraus folgt [...], dass jedes Porträt einer Totenmaske gleicht, indem es die Abwesenheit der gegenwärtigen Person zur Gegenwärtigkeit der abwesenden macht".[25] Der Zusammenhang zwischen Totenmaske und präsentischem Porträt lässt sich zum Beispiel auch in Frank O'Haras Gedicht *The Day Lady Died*[26] wahrnehmen, das im kontinuierlichen Präsens aus der Sicht von O'Haras lyrischem Ich den Tag schildert, an dem Billie Holiday („Lady Day") starb, und zugleich, wenn auch mit einer gewissen Beiläufigkeit, eine Art lyrische Totenmaske von Billie Holiday und deren konsumierbarer Ikonisierung erstellt.

Ein geschärftes Bewusstsein für die Zeichenhaftigkeit von Sprache ist ein fundamentaler Bestandteil der Poetik der New York School Poets ebenso wie – daran anschließend – eine Sprachskepsis bei gleichzeitiger Faszination von den performativen, also Wirklichkeit stiftenden, sowie sinnlichen Qualitäten von Sprache. Die grundlegende Rolle, die sprachliche Prozesse bei der Konstruktion von Konzeptualisierungen des Menschseins spielen, wird in der Lyrik mitreflektiert. Da Sprache selbstverständlich das primäre Werkzeug lyrischer Praxis ist, wird sie in ihrer kommunikativen und Zwischenmenschlichkeit herstellenden Funktion gebraucht. So ließe sich auch wieder an die Widmungen und Adressierungen anderer Gefährten und Gefährtinnen oder Geliebter in O'Haras Gedichten denken, die häufigen „yous". Daneben wird Sprache losgelöst von ihrer kommunikativen oder Bedeutung schaffenden Funktionalität in ihrer materiellen Gegebenheit betrachtet, bis hin zu ihrer ‚reinen' Materialität, als sinnlich wahrnehmbare, ‚reine' Buchstaben („just / letters") oder Laute. Versatzstücke anderer Texte werden von Lyrikern und Lyrikerinnen der New York School angeeignet und collagehaft zu neuen Texten montiert.

In dem Gedicht *Freely Espousing* (1969) von James Schuyler kommen viele der oben geschilderten Auffassungen von Sprache zusammen und werden explizit thematisiert. So nennt das Gedicht die sinnlich erfahrbare Materialität von Sprache: „die schräge Schönheit von Wörtern wie ‚Allergie'".[27] Auch wird eine Skepsis gegenüber jeglicher mimetischer Auffassung oder dem vermeintlich mimetischen Gebrauch von Sprache direkt geäußert, obgleich in bewusst übertrieben parodistischer Form: „Nein, es ist Wörtern absolut verboten / ein Echo des beschriebenen Vorgangs zu sein, oder es zu wollen. Höchstens sehr direkt / wie in / Bong".[28] Im letzten Teil des Gedichts wird der Ton zunehmend gesprächig, und sogar ein Füllwort wie „Hmm"[29] findet Eingang in das Gedicht. Versatzstücke mitgehörter Konversationen, insbesondere von Ausdrücken und Sprechweisen typisch US-amerikanischer Sprachvarietäten wie „wow", speisten die New York School Poets wiederholt in ihre Gedichte ein. Somit kommt es zu Überlappungen verschiedener sprachlicher Register, Tonalitäten und Jargons in einzelnen Gedichten. Sprache dient auch in diesem Sinne als kombinierbares und dynamisch formbares Material, ähnlich wie Farbe. Wie zuvor erwähnt pressten die New York School Poets das sprachliche Material ihrer Gedichte selten in vorgefertigte, traditionelle lyrische Formen, zum Beispiel bestimmte Reimschemata oder feste metrische Muster, und wenn doch, dann eher spielerisch. Neben Bezugspunkten avantgardistischer, primär europäischer moderner Lyrik diente auch Walt Whitmans *free verse* den New York School Poets als Inspiration, nicht zuletzt vermutlich wegen der starken Körperlichkeit, Homoerotik sowie Gemeinschaft stiftenden Visionen in dessen Dichtung.

Angesichts der Frage nach dem Verhältnis von Menschsein und Sprache lässt sich immer wieder die Körperlichkeit als Bindeglied begreifen und anführen. Sprache stiftet menschliche Gemeinschaft als „Mit-sein", als verkörperlichte Zwischenmenschlichkeit. Der Lyrik kommt dabei eine vermittelnde Scharnierfunktion zu, mit der die New York School Poets immer wieder aufs Neue experimentierten.

1 Perloff 1998, S. 9–18.
2 Shoptaw 1994, S. 47.
3 Perloff 1998.
4 O'Hara 1995, S. 261–262.
5 Übersetzung von Rolf Dieter Brinkmann, in: O'Hara 1969, S. 40.
6 O'Hara 1995, S. 360.
7 *Eine Cola mit dir zu trinken,* Übersetzung von Rolf Dieter Brinkmann, in: O'Hara 1969, S. 42.
8 Perloff 1998, S. xiii.
9 „I attempt to use words abstractly, as an abstract painter would use paint. (I have perhaps been more influenced by modern painting and music than by poetry.) ... As with the abstract painters, my abstraction is an attempt to get a greater, more complete kind of realism", John Ashbery, zit. nach Shoptaw 1994, S. 45; ins Deutsche übersetzt von Jan Röhnert.
10 Strauss 1995.
11 Ashbery 1962, S. 33–34.
12 Vgl. Shoptaw 1994, S. 42–46.
13 *Leaving the Atocha Station,* 1. Strophe, in: Ashbery 1962, S. 33.
14 *Aus dem Bahnhof Atocha tretend,* 1. Strophe; ins Deutsche übersetzt von Jan Röhnert.
15 Vgl. Shoptaw 1994, S. 43.
16 Ebd.
17 „The most important act of a poem is to reach further than the page so that we are aware of another aspect of art", Guest 2003 a, S. 100; ins Deutsche übersetzt von Jan Röhnert.
18 Ebd.
19 Vgl. ebd.
20 „Regard the poem as plastic. It is moveable, touchable. It is a viable breathing substance. [...] A poem has not only a voice, but a mouth and the mouth must move just as much as the voice must speak and it must not be careless in its speech. And flesh of a poem. Even as a painting has flesh. The vibrancy of its skin", Guest 2003 b, S. 30; ins Deutsche übersetzt von Jan Röhnert.
21 O'Hara 1995, S. 224, im Original in deutscher Sprache.
22 Nancy 2004, S. 59.
23 Ebd., S. 73.
24 Nancy 2015, S. 11.
25 Ebd., S. 14.
26 Vgl. O'Hara 1995, S. 325; *Der Tag an dem Lady starb,* Übersetzung von Rolf Dieter Brinkmann, in: O'Hara 1969, S. 25.
27 „[T]he sinuous beauty of words like allergy", Schuyler 1993, S. 3; ins Deutsche übersetzt von Jan Röhnert.
28 „No, it is absolutely forbidden / for words to echo the act described; or try to. Except very directly / as in / bong", ebd.; ins Deutsche übersetzt von Jan Röhnert.
29 Ebd., S. 4.

Katalog

George Bellows

Columbus, Ohio, 1882–1925 New York

Als George Bellows im Winter 1915/16 in die Lithografie eingeführt wurde, war er bereits ein angesehener Maler und Illustrator.[1] Seinem eher freien, lockeren Mal- und Zeichenduktus entsprach die Technik der Lithografie, bei der er mit dem Pinsel oder der Kreide direkt auf den Stein arbeiten konnte. Er besaß in seinem Studio eine eigene Werkstatt für diese Arbeiten sowie sechs Lithografiesteine, die er immer wieder neu bezeichnete und anschließend abschliff.[2] Seit 1919 druckte er gemeinsam mit Bolton Brown, dem seine Lithografien ihre feinkörnige, samtene Oberflächenstruktur verdanken. Als Bellows 1925 an einem Blinddarmdurchbruch unerwartet starb, hinterließ er ein Œuvre mit 193 Druckgrafiken, darunter zahlreiche Darstellungen von Boxkämpfen, die wie *Dempsey and Firpo* auf letztlich reale Ereignisse zurückgehen.

1923 hatte der Schwergewichtsboxer Jack Dempsey in nur vier Minuten seinen argentinischen Kontrahenten Luis Ángel Firpo besiegt. George Bellows zeigt jedoch nicht den Moment des Triumphs, sondern jenen überraschenden Augenblick, in dem Firpo seinen Gegner mit einem gezielten Schlag aus dem Ring beförderte; rücklings fällt Dempsey durch die Seile in die Menge der erschrockenen Zuschauer. Bellows, der als Bildberichterstatter für das *New York Evening Journal* den Boxkampf miterlebte, schuf für seine Auftraggeber eine Zeichnung (The Metropolitan Museum of Art, New York), danach die hochformatige Lithografie *Dempsey through the Ropes,* die vorliegende, verbreiterte Lithografie *Dempsey and Firpo* sowie ein Gemälde (Whitney Museum of American Art, New York). Nahsichtig und aus niedriger Perspektive verfolgen wir wie Zuschauer den Kampf.[3] Starke Helldunkelkontraste steigern die Dramatik. Für ein besonders sattes Schwarz färbte Bellows den Hintergrund der Komposition mit dem Pinsel ein, die eigentliche Zeichnung dürfte er mit Lithokreide direkt auf den Stein ausgeführt haben. Sie zeigt in reicher Differenzierung die Boxer, den Ring und die Zuschauer, während der dunkle Hintergrund nur durch wenige Lichtflecken erhellt wird. Die drei Oberlichter sowie einzelne Lichtreflexe auf den Körpern und Gesichtern der Dargestellten kratzte der Künstler später wieder frei.

„Eine Boxszene, besonders im Nachtlicht, ist unter allen Sportarten die im klassischen Sinn malerischste. Im Alltagsleben bietet sie die einzige Gelegenheit, einen nackten Körper auszustellen“,[4] so Bellows. Der reale Kampf war dem Künstler eher der äußere Anlass, vor allem interessierte ihn die kraftvolle, athletische Körperlichkeit. „Wen kümmert schon das Aussehen eines Preisboxers?“, soll er gesagt haben. „Was zählt, sind seine Muskeln.“[5]

1 Zur Biografie und seinem Schaffen sowie den ‚Boxbildern‘ vgl. Mason 1977, S. 21–29, 63–67, 88, 134–140, 186, 222–223; Ausst.-Kat. Washington 1982; Haywood 1988; Jennifer L. Roberts in: Wye 2004, S. 116; Coppel 2008, S. 54–60; Conway 2012; Corbett 2012.

2 Vgl. hierzu den Brief, den George Bellows am 15. März 1917 an Joseph Taylor schrieb, abgedruckt in: Mason 1977, S. 21.

3 Unter den Zuschauern soll sich Bellows selbst dargestellt haben; nicht einig ist sich die Forschung allerdings darüber, ob es sich dabei um den kahlköpfigen Betrachter ganz links handelt oder um den Mann in der Mitte, der seine Hand gegen den Rücken des stürzenden Dempsey stemmt, vgl. Ausst.-Kat. Washington 1982, S. 43.

4 „A fight, particularly under the night light, is of all sports the most classically picturesque. It is the only instance in everyday life where the nude figure is displayed“, George Bellows, zit. nach Haywood 1988, S. 8; ins Deutsche übersetzt von Jan Röhnert.

5 „Who cares what a prize fighter looks like? It's his muscles that count“, George Bellows, zit. nach Ausst.-Kat. Washington 1982, S. 30; ins Deutsche übersetzt von Jan Röhnert.

Dempsey and Firpo

1923/24

Lithografie in Schwarz auf Basingwerk-Parchment-Velinpapier
542 × 656 mm (Blatt), 459 × 568 mm (Stein)

1

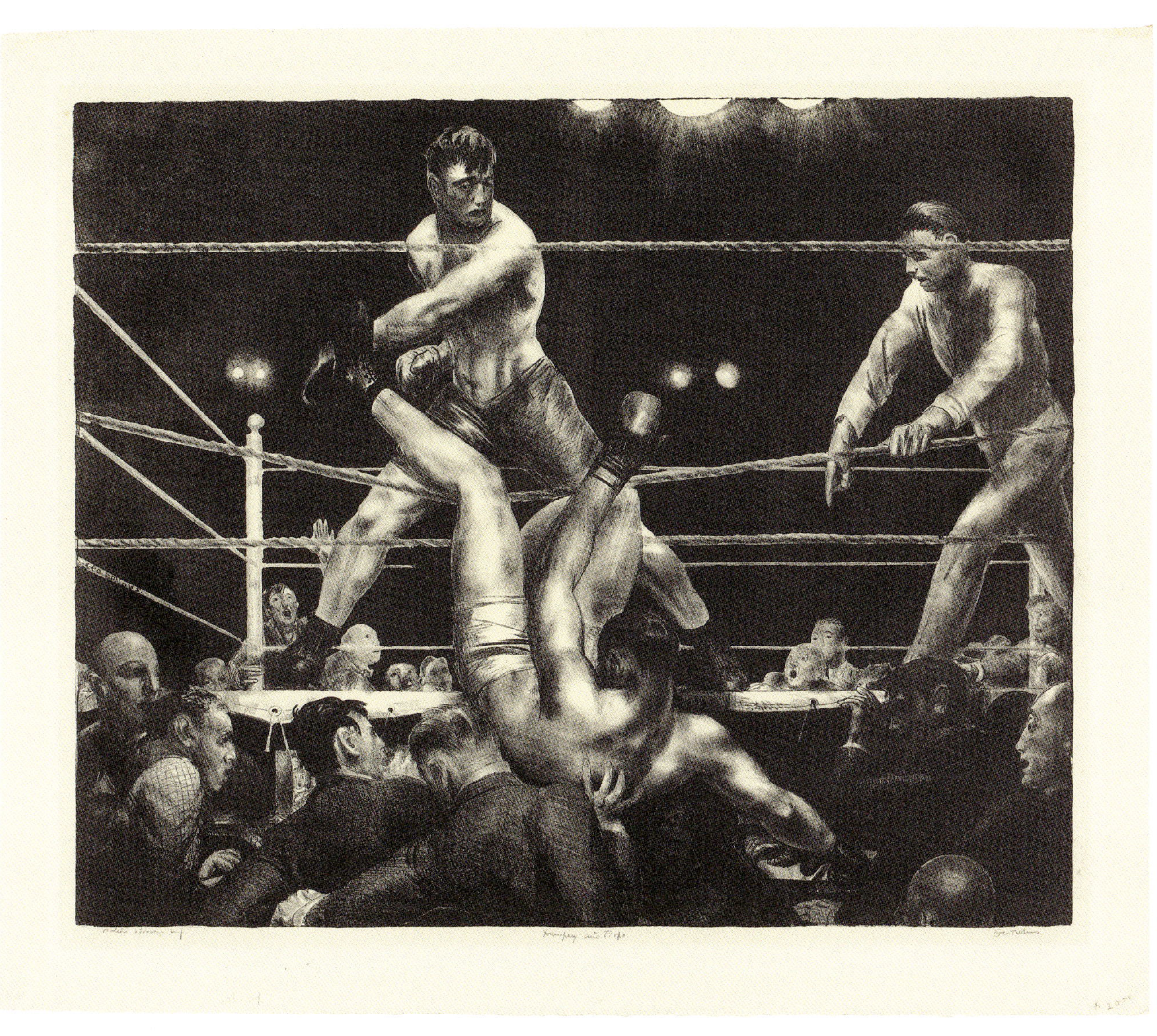

Jackson Pollock

Cody, Wyoming, 1912–1956 Springs, New York

Die Kunst Jackson Pollocks lebt von dem dynamischen Zusammenspiel von Abstraktion und Repräsentation.[1] „Ich bin bisweilen sehr gegenständlich, stets aber ein bisschen",[2] sagte er über sich selbst. In der Tat enthalten auch die in ihrer Zeit so radikalen *Drip Paintings*, bei denen er die Farbe direkt auf die Leinwand goss oder sie mithilfe von Pinseln oder Stöcken auf den Bildgrund tröpfelte, figurative Elemente, sei es, dass er von ihnen ausgehend ins Gegenstandslose arbeitete, oder bei abstrakten Kompositionen zuletzt Figuratives ergänzte.[3]

Für die außergewöhnliche Zeichnung *Figure* von 1948 träufelte Pollock schwarze Emaillefarbe in einer ebenso absichtsvollen wie impulsiven Linie auf einen Bogen raues, handgeschöpftes Papier. Aufgrund der vergleichsweise raschen Aushärtung der zähflüssigen Farbe musste der Künstler zügig arbeiten – und mit sehr viel sichererer Hand, als die Leichtigkeit der Zeichnung vermuten lässt. Aus der spilligen, gewundenen Linie aber, die keinen Anfang und kein Ende zu kennen scheint, entsteht zuletzt „ein organisch wirkendes Gebilde. Fast schwerelos, aber mit beachtlicher Präsenz erobert die bewegte Figuration auf der weiß belassenen Fläche des Papiers ihren unendlichen Raum."[4] Sie wirkt tänzerisch und archaisch und erinnert darin noch entfernt an jene mythischen Figuren, die, von prähistorischen, antiken wie indigenen Kulturen inspiriert, in den wenig früher entstandenen Werken Pollocks unter anderem individuelle Gefühle und Empfindungen symbolhaft ins Universelle übersetzt hatten.[5] Gleichzeitig ist sie Figuration an der Grenze zur Abstraktion, ist gestische Form aus halb-automatistischer Motorik und reflektierter, konzentrierter Bewegung, in die nicht nur der Rhythmus der Hand und damit der Körper des Künstlers eingeschrieben ist, sondern auch der Künstler selbst. „Malen ist eine Daseinsform", erklärte Pollock. „Malen ist eine Entdeckungsreise zu sich selbst."[6]

1 Vgl. den Aufsatz von Michael Leya in: Ausst.-Kat. Basel 2016, S. 24–37.
2 „I'm very representational some of the time, and a little all of the time", Jackson Pollock, zit. nach Rodman 1957, S. 82; ins Deutsche übersetzt von Jan Röhnert.
3 Vgl. Karmel 1998, S. 105–131; zusammengefasst in: Ausst.-Kat. Basel 2016, S. 31.
4 Jutta Schütt in: Ausst.-Kat. Frankfurt 2008, S. 164.
5 Vgl. Joselit 2003, S. 18–21.
6 „Painting is a state of being. ... Painting is selfdiscovery", Jackson Pollock, zit. nach Garrels 2005, S. 19; ins Deutsche übersetzt von Jan Röhnert.

Figure

1948

Schwarze Emaillefarbe auf handgeschöpftem Whatman-Velinpapier
785 × 575 mm

2

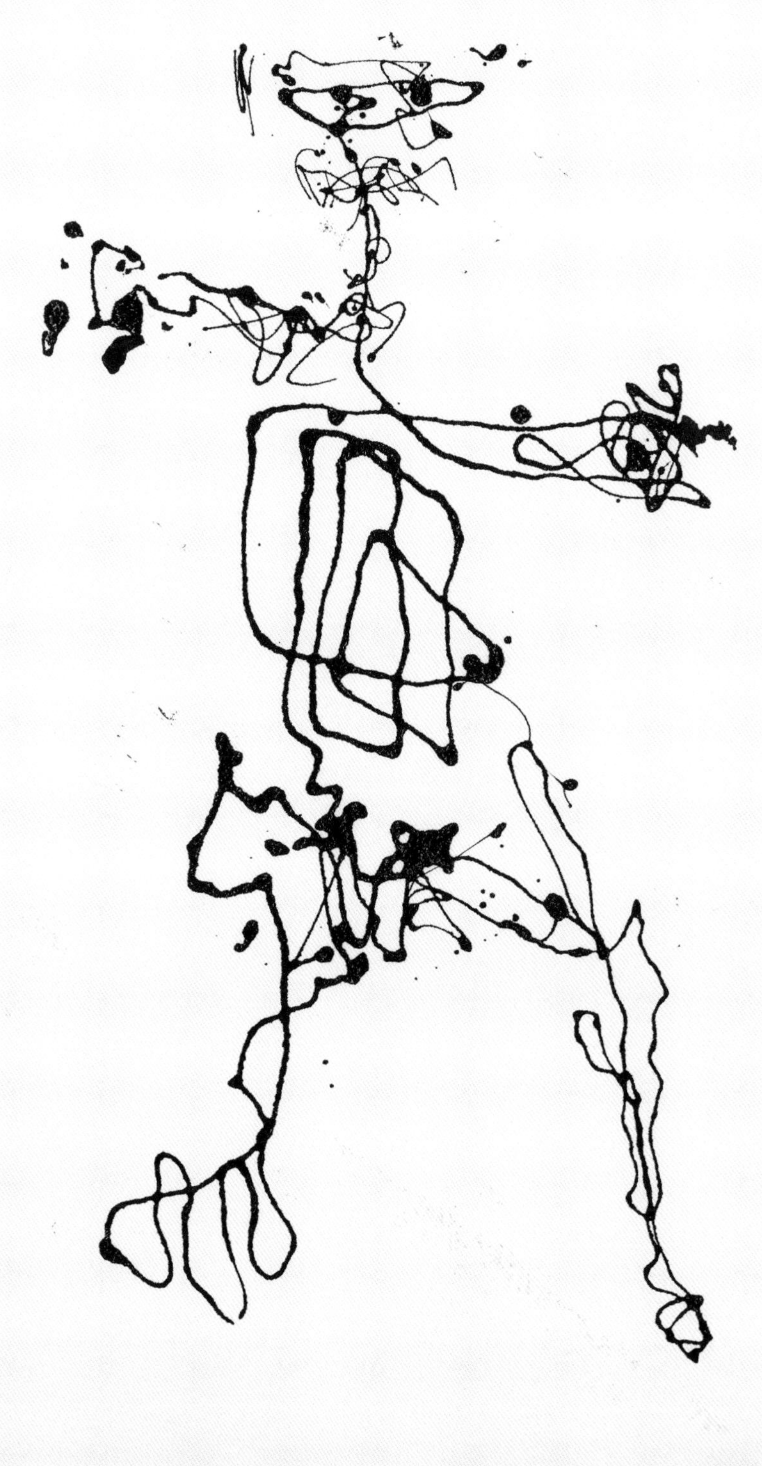

David Smith

Decatur, Indiana, 1906–1965 South Shaftsbury, Vermont

David Smith, der bis heute vor allem für seine Skulpturen aus Stahl bekannt ist, hinterließ ein reiches zeichnerisches Œuvre. „Zeichnen“, erklärte er in einem Vortrag an der Tulane University in New Orleans im März 1955, „ist am direktesten, am nächsten dran am wahren Selbst, es ist der natürlichste Befreiungsakt des Menschen – und wenn ich über das Handeln des sehr frühen Menschen mutmaßen darf, so könnte [das Zeichnen] die erste Feier des Menschen mit seinem geheimen Selbst gewesen sein – noch vor dem Gesang.“[1] Smiths nahezu dreitausend Zeichnungen sind in ihrer Ausdrucksweise so verschieden wie die Skulpturen. Neben der Auseinandersetzung mit dem Kubismus und Konstruktivismus, mit Pablo Picasso und Julio González, wurde Smith seit den 1930er/40er Jahren durch das Formenvokabular prähistorischer und indigener Kulturen geprägt,[2] ein Einfluss, der gerade auch in den Papierarbeiten der 1950er Jahre mit ihren suggestiv-abstrakten und doch figurativen Elementen spürbar wird.

Wie in der Zeichnung von 1952 gruppierte er dort immer wieder mehrere zeichenhaft verkürzte, archaisch wirkende Gestalten in ein großes Querformat. Die gestreckten, schlanken Figuren beschrieb er dabei je unterschiedlich: mit kurvig geschwungenen Linien, mit kubischen Formen oder wie hier eher kalligrafisch und malerisch-silhouettenhaft. Jeder einzelnen Figur gab er dabei ein individuelles Gepräge. So umkreisen seine Zeichnungen den Menschen als „fremdes Wesen“.[3] Daneben experimentierte Smith mit wechselnden Papieren und selbst zusammengemischten Pigmenten, die in ihrer je eigenen Materialität mit dem lockeren Pinselstrich gerade in dieser Zeichnung äußerst reizvoll haptisch zusammenspielen.

Den Gesamteindruck bestimmt dennoch zunächst die Reihe der so subtil variierten und teils durchaus humoristischen Figurenstelen, die gemeinsam zu sehen sind und doch vereinzelt stehen. In ihrer zeilenhaften Anordnung erinnern sie an Piktogramme eines rätselhaften Alphabets und sind in dieser Engführung von Körper – Piktogramm – Text für Smiths Verständnis von Welt und von Sprache äußerst charakteristisch: Denn nicht das Wort, das nur durch gelebte Erfahrung und somit Erinnerung Bedeutung erhalte, sondern das Bildzeichen kann nach Smith die Welt in ihrer Vieldeutigkeit vermitteln.[4]

1 „Drawing is the most direct, closest to the true self, the most natural liberation of man – and if I may guess back to the action of very early man, it may have been the first celebration of man with his secret self – even before song“, David Smith, zit. nach McCoy 1973, S. 120; ins Deutsche übersetzt von Jan Röhnert.

2 Zu den Einflüssen auf Smiths Schaffen vgl. Cummings 1979, S. 12; Pfeiffer 2009, S. 186.

3 Pfeiffer 2009, S. 188.

4 Vgl. David Smith, „The Language is Image“, in: *Arts and Architecture*, Februar 1952, in: McCoy 1973, S. 79.

Untitled

1952

Pinsel in Eitusche auf Fabriano-Vergépapier
503 × 655 mm

3

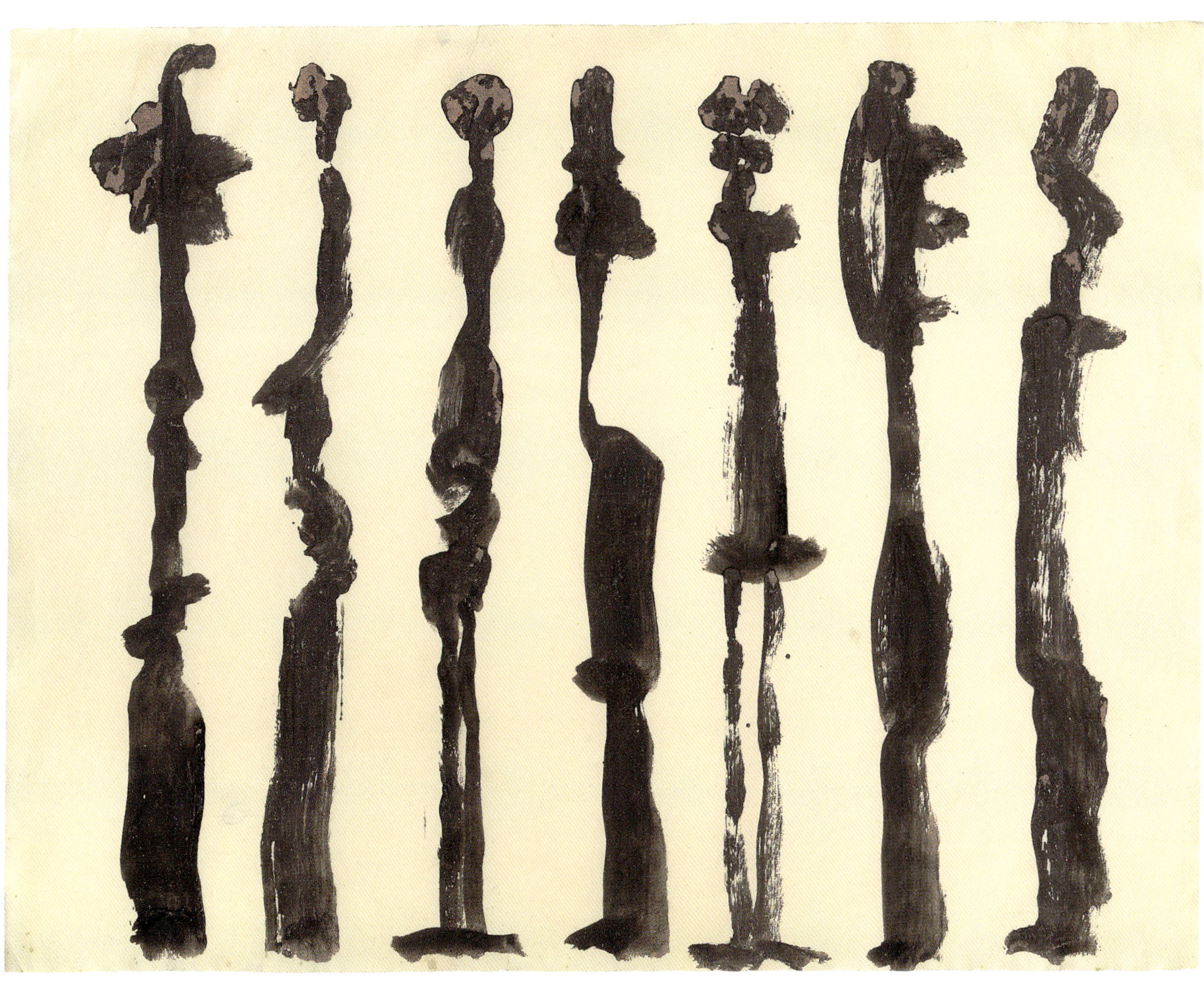

Leonard Baskin

New Brunswick, New Jersey, 1922–2000 Northampton, Massachusetts

Zwischen 1952 und 1970 schuf der Grafiker und Bildhauer Leonard Baskin zwölf monumentale Holzschnitte. Sie konzentrieren sich auf einzelne, gepeinigte Gestalten, Sinnbilder existenzieller Ängste und Bedrohungen. Dazu passend signierte der Künstler im vorliegenden Holzschnitt im Druckstock mit einem Monogramm, das sich durch das gespiegelte „L" und die Knospe nicht nur als Initialen, sondern ebenso als „JOB" lesen lässt und damit auf den von Gott schwer geprüften Hiob anspielt, der für Baskin eine ähnlich große Bedeutung besaß wie für den von ihm hochgeschätzten Künstler William Blake.

Angel of Death zeigt ein menschenähnliches, geflügeltes Wesen. Es ist frontal gegeben, dabei ganz ausschnitthaft und aus leichter Untersicht, wodurch seine schier unermessliche Größe angedeutet wird. Das hohlwangige Gesicht, ohne erkennbaren mimischen Ausdruck, wirkt unnahbar, und auch der voluminöse, nackte männliche Körper ist kaum zu fassen. Er ist von einem „Geäder"[1] geschwungener Linien überzogen, das von der Mitte des Körpers über dem angedeuteten Geschlecht aufsteigt, ja geradezu auflodert, bevor es in die sanfteren Formen des Gefieders übergeht.

Die mäandernden Liniengeflechte, mit denen Baskin die nackte menschliche Gestalt in nahezu allen seinen Holzschnitten konturiert und formt, erreichen in anderen Werken einen deutlicher kalligrafischen Charakter, als bestünde der Mensch ebenso aus Muskeln und Sehnen wie aus Schrift und damit aus Sprache / ***Abb. 10, S. 17***. Nicht ohne Grund fühlte sich der englische Schriftsteller Ted Hughes bei diesen Linien an hebräische Schriftzeichen erinnert und verglich die vereinzelten Gestalten des jüdisch-orthodox erzogenen Baskin mit der sagenhaften Figur des Golem, der durch Buchstabenmystik zum Leben erwacht.[2]

Gleichzeitig bilden die Linien die menschlichen Gestalten aber nicht nur aus, sie zerfasern sie auch, lösen sie auf und höhlen sie aus. Ihre Körper wirken geschunden, zerfallen, fragil; ihnen ist schon im Leben der Tod eingeschrieben. Dies gilt in gewisser Weise auch für den „Todesengel", bei dem die Linien aber zudem Spannung und Kraft suggerieren, eine unbändige, verstörende Kraft allerdings, die Baskin nach zwei Weltkriegen, dem Holocaust und angesichts atomarer Aufrüstung durchaus mahnend heraufbeschwor. Wenn man so will, klingt im Engel, dessen Gesicht gewiss nicht von ungefähr Baskins drei Jahre später geschaffenem Porträt von William Blake / ***Kat. 5, S. 51*** ähnelt,[3] auch eine Zeile aus Blakes *Songs of Innocence and Experience* (1794) an: Der Schrecken, heißt es in den Versen von *A Divine Image,* erscheine in der „Human Form Divine" („göttlichen Menschengestalt").[4] Der Mensch, spinnt man diesen Gedanken weiter, ist bei Baskin sein eigener Todesengel.

1 Jutta Schütt in: Ausst.-Kat. Frankfurt 1997, S. 100.
2 Ted Hughes in: Fern/O'Sullivan 1984, S. 11–12.
3 Vgl. Fern/O'Sullivan 1984, S. 370.
4 William Blake, *A Divine Image,* in: *The Complete Poetry and Prose of William Blake,* hrsg. von David V. Erdman, neue, überarb. Aufl. New York 1988, S. 32; vgl. die gleichlautende Formulierung im dritten Vers des Gedichts *The Divine Image,* in: William Blake, *Lieder der Unschuld und Erfahrung, nach einem handkolorierten Exemplar des British Museum,* übersetzt von W. Wilhelm, hrsg. von Werner Hofmann, Frankfurt am Main 1975, S. 74.

Angel of Death

1959

Holzschnitt in Schwarz auf Japanpapier
1856 × 873 mm (Blatt), 1562 × 780 mm (Stock)

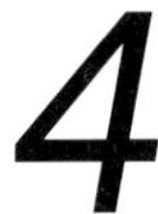

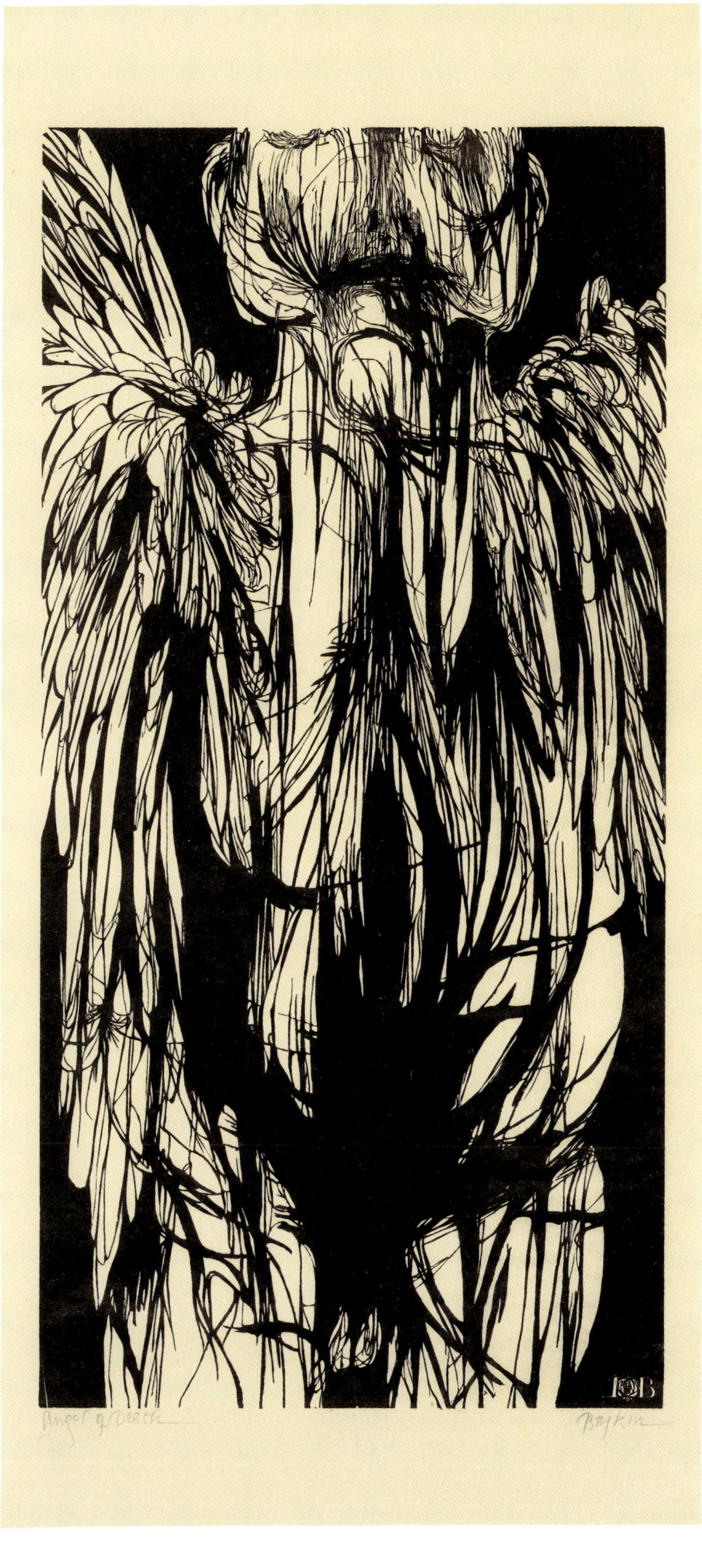
Angel of Death
Baskin

Leonard Baskin

New Brunswick, New Jersey, 1922–2000 Northampton, Massachusetts

Wohl kein Künstler inspirierte Leonard Baskin stärker als der englische Dichter, Maler und Grafiker William Blake (1757–1827).[1] Zwei Bronzebüsten, mehrere Zeichnungen, Radierungen und Holzschnitte Baskins legen davon beredtes Zeugnis ab. Von Blake angeregt gründete Baskin 1942 die private *Gehenna Press,* mit der er in etwa fünfzig Jahren über einhundert illustrierte Bücher herausgab, darunter 1956 *Blake and the Youthful Ancients* sowie 1959 Blakes *The Auguries of Innocence,* die er selbst mit Holzstichen beziehungsweise -schnitten versah. Wie Blake war Baskin vom Menschen, von der „Human Form Divine", aber auch vom alttestamentarischen Buch Hiob fasziniert.[2]

Die Bildnisse, die er von Blake schuf, gehen dabei zumeist von der Lebendmaske aus, die der Amateurphrenologe James Deville um 1823 dem Künstler abgenommen hatte (heute in der National Portrait Gallery, London). Dies gilt auch für die Radierung von 1962, die für die Folge *Etchings of ten Favorite Artists* entstand, eine Zusammenstellung überraschend unterschiedlicher Künstler, die unter anderem Ernst Barlach, Rodolphe Bresdin, Jacques de Gheyn (II), Matthias Grünewald, Francisco de Goya und Andrea Mantegna einschließt. Das Bildnis Blakes ist davon das radikalste, kompromissloseste. Es zeigt den Künstler frontal vor schwarzem Hintergrund, den Kopf im Vergleich zur Lebendmaske allerdings sehr viel gedrungener, deutlich asymmetrischer und zerfurchter. Über die wenigen Konturen, die das Antlitz beschreiben, hat Baskin eine Vielzahl feiner Schraffen und breiter Ritzungen radiert, die das verbeulte Gesicht wie Schrammen zerpflügen. Nahezu mittig verdichtet sich auf der Stirn ein Linienbündel wie zu einer Wunde, die Falten unter dem linken Auge zerrinnen wie Tränen, und obgleich beide Augen geschlossen sind, hat Baskin das rechte so aufgehellt und derart mit runden Linien in die Platte geritzt, dass es im Druck wie sehend erscheint. Es zeigt Blake, den Visionär, zerschunden von der Welt, und darin vielleicht auch eine Spur von Baskins Selbst.

1 Vgl. Baskin 1970, S. 18.
2 Vgl. Ted Hughes in: Fern/O'Sullivan 1984, S. 18, sowie im vorliegenden Buch den Text zu Kat. 4, S. 48.

Blake

1962

Radierung und Aquatinta in Schwarz auf BFK-Rives-Velinpapier
747×521 mm (Blatt), 447×369 mm (Platte)

5

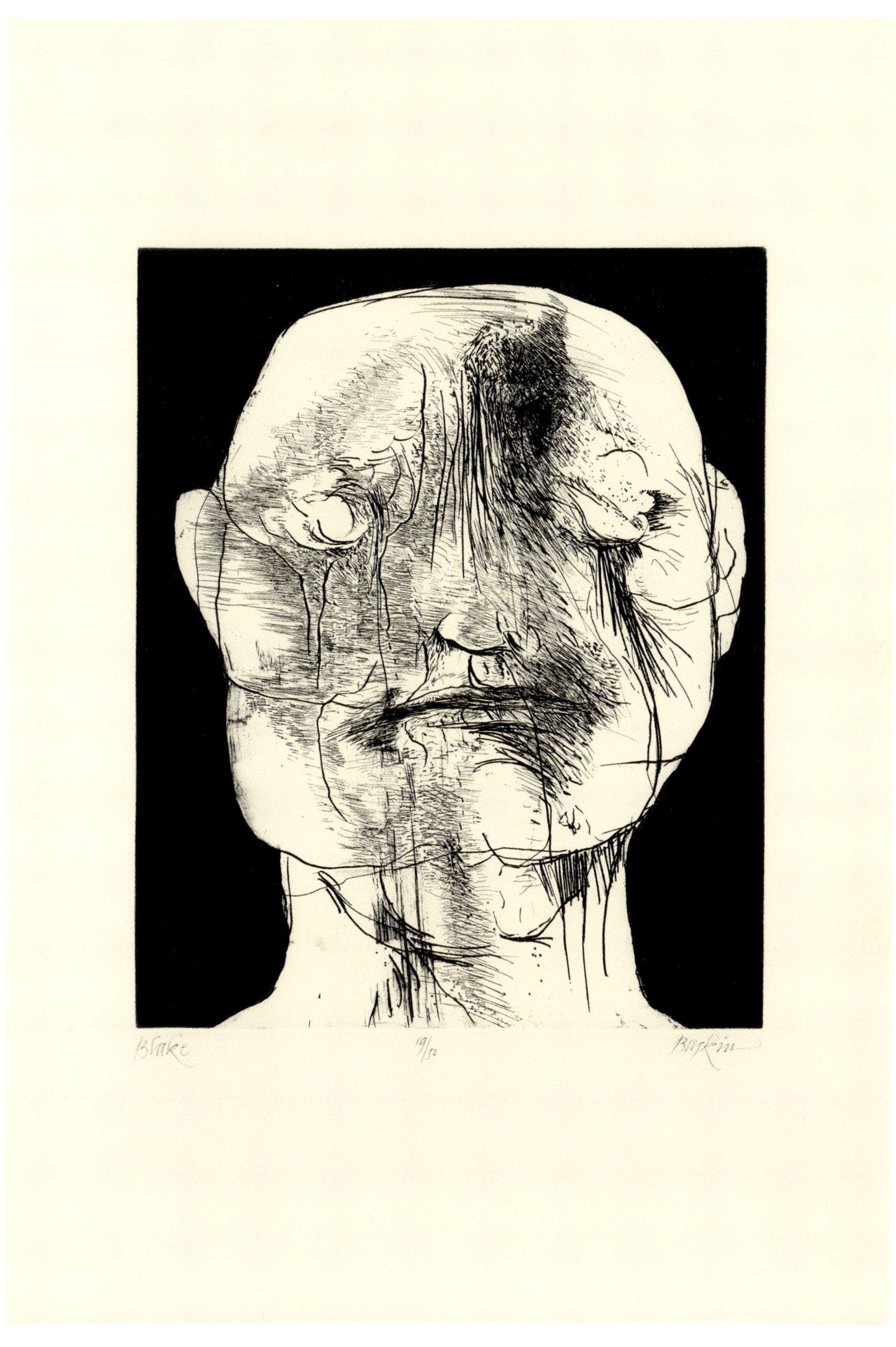
Blake
19/50
Baskin

Larry Rivers

New York 1923–2002 Southampton, New York

Während seines zweiten Parisaufenthalts schuf Larry Rivers zwischen 1962 und 1965 mehrere Zeichnungen und Gemälde der sogenannten *Vocabulary Lesson.*[1] Sie zeigen Porträts verschiedener Modelle, hier eines unbekannten jungen Mannes, den Rivers 1962 mit freier Hand frontal sitzend auf ein von feinen Farbspritzern bunt gesprenkeltes Blatt seines Skizzenblocks notierte. Wie in vielen seiner Werke beließ Rivers dabei ein Auge als unausgeführte Leerstelle. Die einzelnen Körperteile beschriftete er mithilfe von Schablonen mit anatomischen Begriffen, hier in französischer, sonst auch in englischer, italienischer oder polnischer Sprache, was die alternativen, zusammenfassenden Titel der Werke – *Parts of the Face* oder *Parts of the Body* – erklärt.

Der kräftige Grafitauftrag der Buchstaben, ihr „manufactured look"[2] und die mit dem Lineal gezogenen Linien, die Begriff und bezeichnetes Körperteil verbinden, stehen zu dem geschwungenen, lockeren Strich des Porträts in Kontrast. Viel mehr noch, sie verleihen der Zeichnung auf den ersten Blick die Anmutung eines Schaubilds aus Lehrbüchern, eine augenzwinkernd gewollte Assoziation, welche die Funktion des Porträts dekonstruiert, was Rivers durch die freie Figurenzeichnung allerdings sofort wieder unterläuft. Jener Eindruck hat nichtsdestotrotz einiges mit der Genese der Bildidee gemein: „Ich ging zur Alliance Française, um Französisch zu lernen", erzählte Larry Rivers dem Schriftsteller Arnold Weinstein. „Dort fand ich das Quellenmaterial für meine Serie ‚Vocabulary Lesson' mit Clarice [seiner Ehefrau, Anm. der Autorin] als Modell. Ich ging oft in Läden für Künstlerbedarf am Quai d'Orsay. Die speziellen Regale für Hobbykünstler mit Anleitungen zum Malen des Körpers, der Nasen, Ohren, Augen, von Landschaften und Pferden boten ebenso anregenden Stoff."[3]

Rivers' *Vocabulary Lesson* mäandert spielerisch zwischen individuellem Porträt und didaktisch beschrifteter Illustration, zwischen persönlicher Handschrift und unpersönlicher, collageartiger Schrift, zwischen Bild und Text. Für Rivers, der als Musiker begonnen hatte und während seiner ersten Parisreise 1950 noch überlegte, ob er nicht die Kunst zugunsten der Dichtung aufgeben sollte, war dieses „genrehopping"[4] charakteristisch. In seiner *Vocabulary Lesson* geht es daher auch um die Beziehung von Sprache und Bild: Die Begriffe wiederholen, was das Bild zeigt, und umgekehrt ‚illustriert' das Bild, was die Begriffe bezeichnen. Die Frage, ob menschliches Wissen und menschliche Erfahrung dabei zunächst über das Sehen oder über die sprachliche Benennung gewonnen werden, beantwortet Rivers in der *Vocabulary Lesson* überraschend mit einer Gleichrangigkeit von Bild und Text[5] – zumindest auf den ersten Blick. Gleichzeitig klaffen das bei aller Reduktion differenzierte Porträt und die so grundlegenden anatomischen Begriffe weit auseinander: Die Sprache wird dem Individuellen nicht gerecht, und umgekehrt verliert sich das Individuelle in der allgemeinen sprachlichen Beschreibung des Körpers, als ob die grundlegende Beschriftung nicht zuletzt auch ein Versuch wäre, sich des gleichen ‚Bausatzes' eines jeden menschlichen Körpers, also des Gemeinsamen im Verschiedenen, zumindest sprachlich rückzuversichern.

1 Vgl. zu der Werkgruppe Harrison 1984, S. 77–79; Cras 2016.

2 Rivers/Brightman 1979, S. 139.

3 „I went to L'Alliance Française to learn French. There I found source material for my ‚Vocabulary Lesson' series, using Clarice as a model. I frequented art supply shops on the Quai d'Orsay. The special racks set aside for amateur artists, with manuals on how to paint the figure, noses, ears, eyes, landscapes and horses, also made for inspiring material", Rivers/Weinstein 1992, S. 377; ins Deutsche übersetzt von Jan Röhnert.

4 Nicholas Martin in: Cras 2016.

5 Vgl. zu diesem Aspekt insbesondere den Aufsatz von Christopher Penfield, „Words and Images", in: Cras 2016.

Untitled

1962

Bleistift auf Joynson-Velinpapier mit Perforationskante links
416 × 332 mm

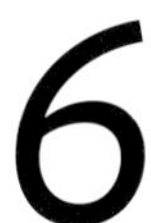

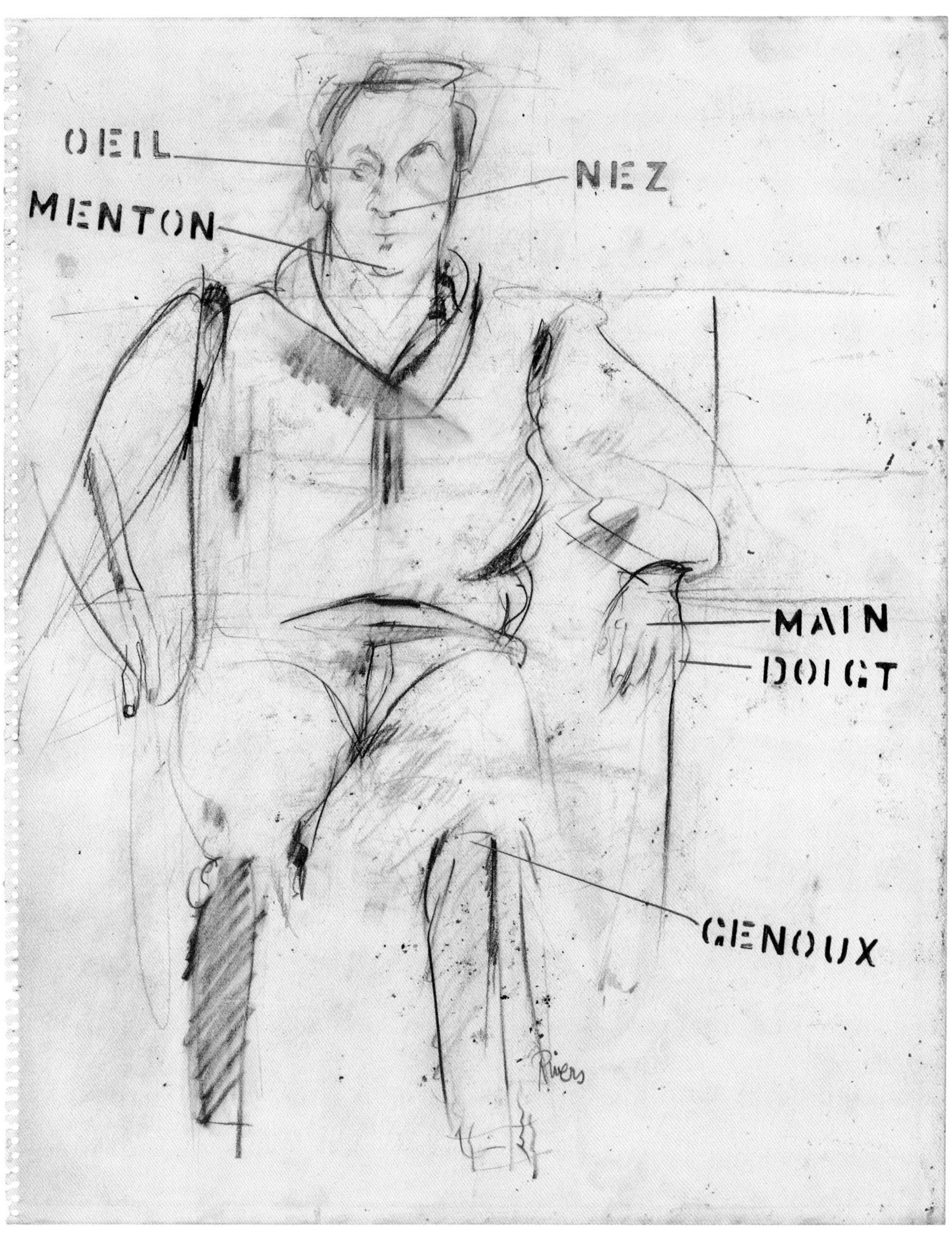
OEIL
NEZ
MENTON
MAIN
DOIGT
GENOUX
Rivers

Larry Rivers

New York 1923–2002 Southampton, New York

Zeichnungen spielten im Schaffen von Larry Rivers eine, wenn nicht *die* zentrale Rolle: Sie entstanden als Studien und Entwürfe, aber auch ganz autonom und teils „monumental“[1] in Öl. Die vielen Bildnisse lesen sich dabei wie ein „intimer Rechenschaftsbericht“[2] befreundeter oder dem Künstler bekannter Personen, die allerdings heute längst nicht immer zweifelsfrei identifiziert werden können.[3] Mitte der 1960er Jahre entwickelte Rivers gerade diese Bildnisse zusätzlich in den Raum: Die Bleistiftlinien, die Gesicht oder Körper beschreiben, wurden nun ins Dreidimensionale erweitert. Sie stehen im Spannungsfeld zwischen Zeichnung und Relief, ähnlich wie Marcel Duchamps *With My Tongue in My Cheek* von 1959 / **Abb. 11, S. 18**. Doch während Duchamp sein Selbstbildnis um den Gipsabguss seiner Wangenpartie (also um eine partielle Lebendmaske) ergänzte und damit sein gezeichnetes Selbstbildnis mit dem ‚unmittelbaren‘ Selbst-Abdruck kombinierte, baute Rivers für *Eliza* ein Relief, bei dem nur einzelne Partien des Gesichts in schrägen, aber immer noch planen Ebenen aus Holz aus der Fläche gehoben sind. Die Zeichnung ist dafür zerschnitten, ausgesparte Partien ergeben mit der darunter kaschierten Metallfolie das Haar. Über das Gesicht wiederum legte Rivers eine grell rosafarbene Neonfolie. Die Nase ist freigeschnitten und die Folie zur Seite geklappt. Weitere Schnitte akzentuieren Mund, Augen und Brauen. Zuletzt versiegelte der Künstler alles mit einem transparenten Kunststoff, der sich wie eine Haut über das ganze Objekt legt. Das Gesicht von *Eliza* wird dadurch keineswegs rundplastisch-mimetisch ausgebildet, vielmehr ist es aus Schichten aufgebaut und dabei gleichzeitig in Einzelformen und Flächen zerlegt. Dieses Wechselspiel von Körper und Fläche, positiven und negativen Formen, realistischem ‚Abbild‘ und abstrahierender Zerlegung reizte Rivers. Gleichzeitig reflektierte er damit über das Medium der Zeichnung an sich und über die menschliche Präsenz im Raum.[4]

1 Haenlein 1981, S. 13.
2 Ebd., S. 14; vgl. zudem Rivers' eigene Aussagen zu seinen Zeichnungen nach ihm bekannten Personen in: Rivers/Brightman 1979.
3 Vgl. im vorliegenden Buch auch Kat. 6, S. 54. „Eliza“ könnte die Tochter des befreundeten Komponisten Lukas Foss darstellen, vgl. das Exposé der Galerie Richard L. Feigen, New York, in den Ankaufsunterlagen der Abteilung Gegenwartskunst des Städel Museums.
4 Gowing 1990, S. 4.

Eliza

1968

Bleistift und Neonfolie auf Velinpapier, teils auf Holz oder Metallfolie montiert, auf Karton, auf Holz, unter transparentem Kunststoff
390 × 501 × 60 mm

7

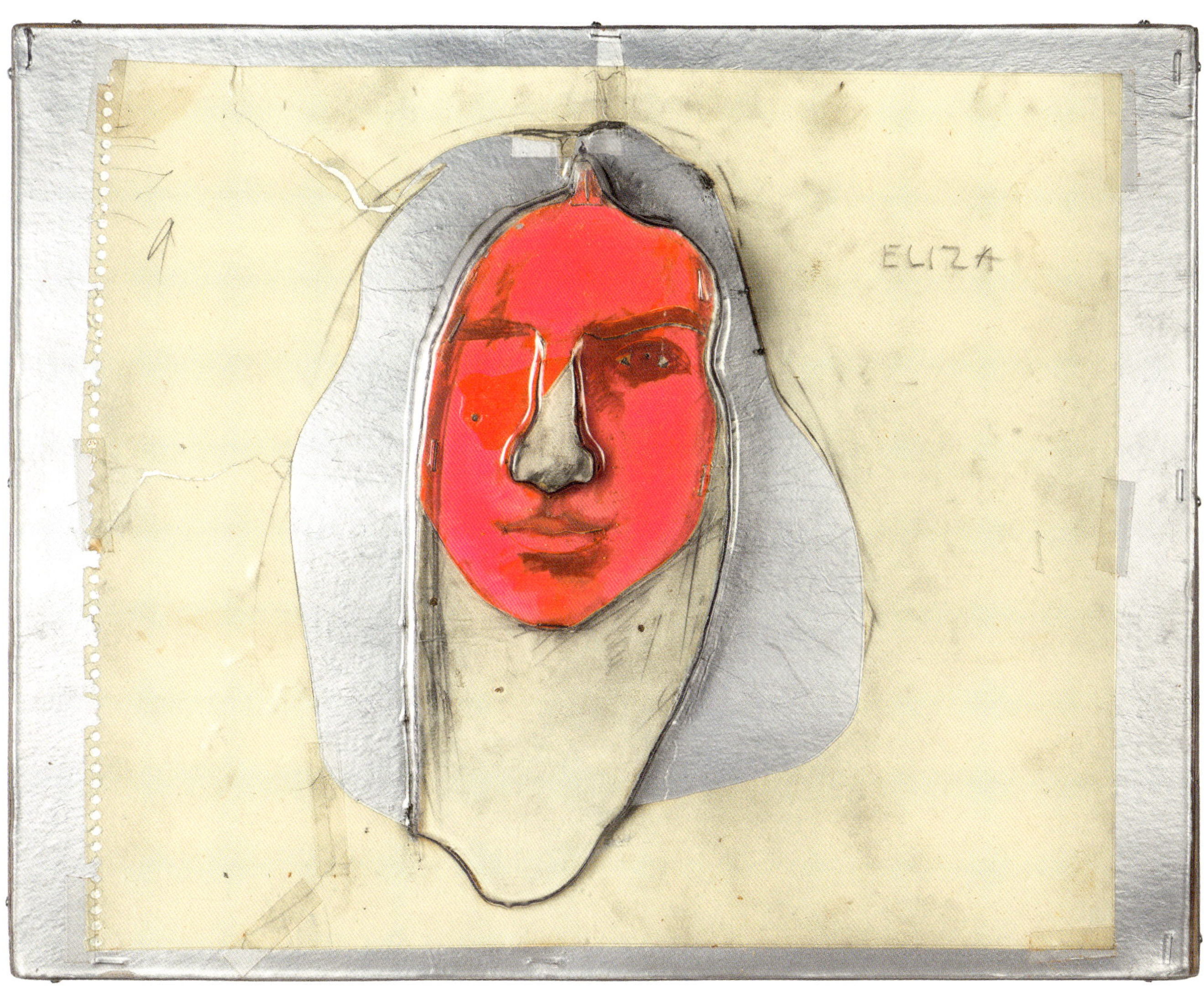
ELIZA

Louise Bourgeois

Paris 1911–2010 New York

Kunst war für Louise Bourgeois „ein Garant, bei Trost zu bleiben“,[1] aber auch Katharsis.[2] Psychischer Schmerz, Eifersucht, Furcht, Abscheu, Ärger waren der Motor hinter ihrem stark autobiografisch geprägten Schaffen.[3] Dem Körper kam dabei eine besondere Rolle zu. „Inhaltlich geht es um den menschlichen Körper“, so Bourgeois, „sein Aussehen, seine Veränderungen, Verwandlungen, alles, was er braucht, will und fühlt – seine Funktionen.“[4] Ihr eigener Körper war, ihrem langjährigen Assistenten Jerry Gorovoy zufolge, von Ängsten gepeinigt, „ein Körper im Belagerungszustand“.[5] Nirgends wird dies deutlicher als in der von Pfeilen durchbohrten *Sainte Sébastienne,* einem Motiv, das Bourgeois über mehrere Dekaden begleitete und das sie auch als Selbstbildnis beschrieben hat.[6]

Eine erste schöpferische Auseinandersetzung mit dem gemarterten, eigentlich männlichen Heiligen findet sich bereits 1947 in einem symbolhaften Aquarell (Privatsammlung); mehr als vier Jahrzehnte später – nach einer fast ebenso langen druckgrafischen Schaffenspause[7] – griff die Künstlerin das Sujet wieder auf:[8] Nach mehreren Studien entstanden zwischen 1990 und 1994 zwei Druckgrafiken in etwa 36 Zuständen und Varianten, wovon die vorliegende Kaltnadelradierung die spätere Arbeit im letzten Zustand ist.[9] *Sainte Sébastienne* zählt dabei zu den ambitioniertesten Arbeiten dieser späten Werkphase und zeigt über ihre Genese eine zunehmende Konzentration der Komposition, aber auch eine gesteigerte Monumentalisierung und Fragmentierung des dargestellten Frauenkörpers. Im letzten Zustand ist nur noch ein weiblicher Torso zu sehen, dessen geschwungene Binnenlinien an die Maserung eines Baumstamms erinnern. Kopflos flieht die von Pfeilen der Kritik getroffene Frau,[10] wird zu einer eindrücklichen, universellen Metapher für „einen Seinszustand unter Angriff“.[11]

1 „[A] guaranty of sanity“, Louise Bourgeois, zit. nach Wye 2017, S. 10; ins Deutsche übersetzt von Jan Röhnert.
2 „[C]atharsis“, Louise Bourgeois, zit. nach Malbert 2016, S. 9.
3 Zu Bourgeois’ Themen vgl. Wye/Smith 1994, S. 12–22; Wye 2017.
4 „Content is a concern with the human body, its aspect, its changes, transformations, what it needs, wants and feels – its functions“, Louise Bourgeois, zit. nach Wye 2017, S. 117; ins Deutsche übersetzt von Jan Röhnert.
5 „[A] body under siege“, Jerry Gorovoy, zit. nach ebd., S. 199; ins Deutsche übersetzt von Jan Röhnert.
6 Vgl. Bourgeois/Rinder 1996, S. 147.
7 Bourgeois’ frühe druckgrafische Arbeiten fallen in die Jahre zwischen 1939 und 1949, in die Zeit nach dem Umzug von Paris nach New York, und entstanden vor allem in Stanley William Hayters *Atelier 17* sowie an der eigenen Druckerpresse. Als sie sich Ende der 1940er Jahre der Skulptur zuwandte, gab sie die Druckgrafik für viele Jahrzehnte nahezu vollständig auf, vgl. Wye/Smith 2017, S. 25–32.
8 Ein den Druckgrafiken kompositorisch sehr ähnliches Aquarell entstand bereits 1987 (Sammlung Jerry Gorovoy, New York), vgl. Bourgeois/Rinder 1996, S. 147.
9 Wye/Smith 1994, S. 175–183. Bourgeois hatte für das größere Format der zweiten Version erstmals mit Fotokopien experimentiert, vgl. Wye 2017, S. 28.
10 Vgl. die Beschreibungen von Louise Bourgeois selbst in: Wye/Smith 1994, S. 175–183, sowie Bourgeois/Rinder 1996, S. 147.
11 Louise Bourgeois, zit. nach Ausst.-Kat. Wien 2003, S. 23.

Sainte Sébastienne

1992

Kaltnadel in Schwarz auf Somerset-Velinpapier
2. Version, IV. Zustand (von IV)
1220 × 941 mm (Blatt), 985 × 782 mm (Platte)

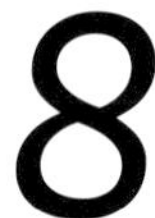

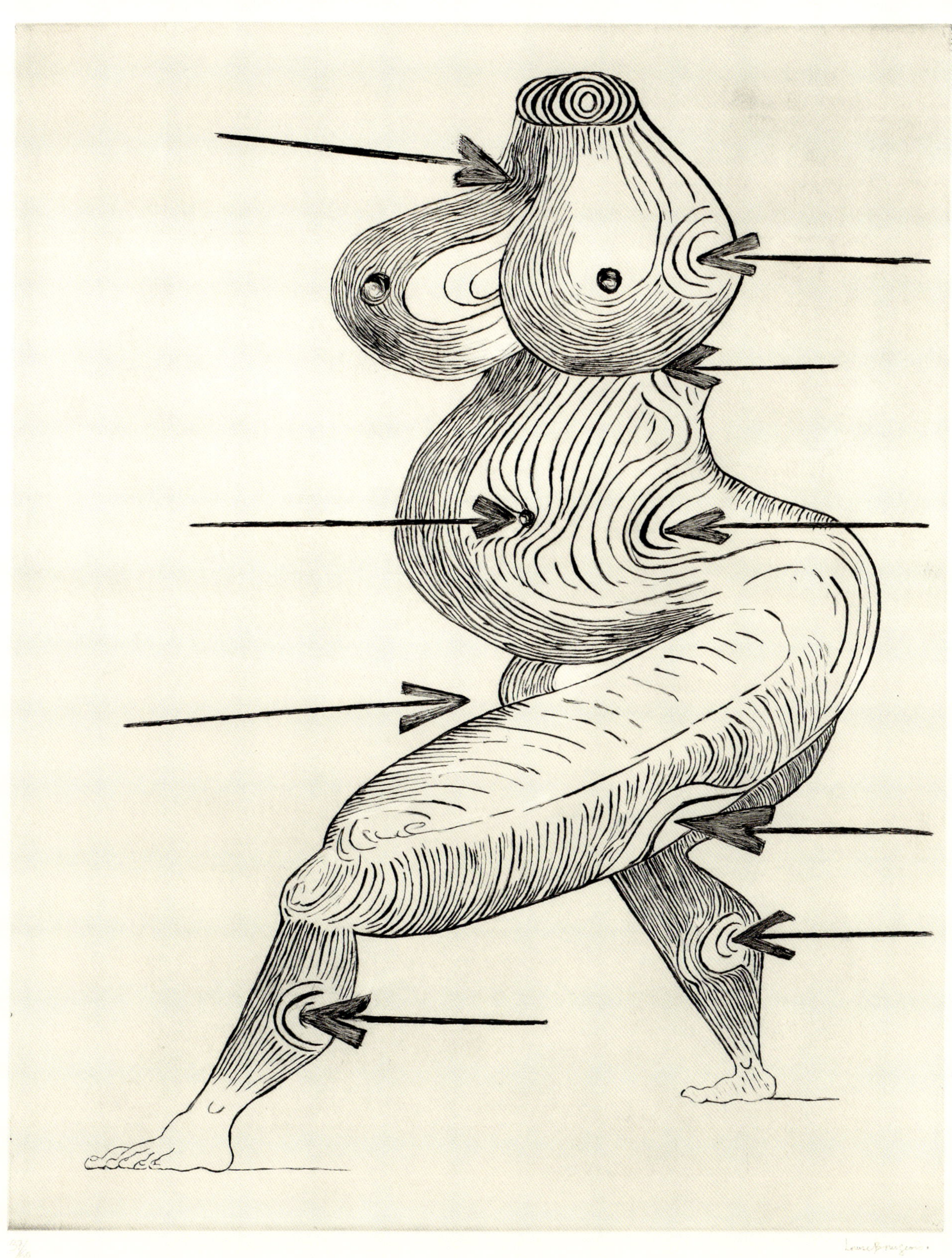

Jim Dine und Lee Friedlander

geboren 1935 in Cincinnati, Ohio, und geboren 1934 in Aberdeen, Washington

1969 veröffentlichten Jim Dine und Lee Friedlander die Mappe *Photographs & Etchings*. Auf 19 Blatt eines eigens handgeschöpften, charaktervollen Papiers sind nach einem handschriftlich wirkenden Titel und einer knappen Einführung je eine Fotografie von Friedlander und eine oder mehrere Radierungen von Dine gruppiert. Neben dem Foto einer Feuerwehrmannschaft vor rauchendem Haus findet sich beispielsweise die Radierung eines ‚haarigen' Sessels, neben dem Blick auf ein Ladengeschäft mit leeren Schaufenstern der geätzte Abdruck zweier seitlicher Handballen. Genüsslich wird Disparates miteinander kombiniert und schließt sich beim Betrachten assoziativ zusammen.

In der Tat hatten sich die beiden Künstler bewusst kein inhaltliches Thema gesetzt, als sie für das Portfolio über den Nordatlantik – Dine lebte damals in England – Fotos und Radierungen austauschten, wie sie es auch sonst gelegentlich zu tun pflegten.[1] Die Mappe ist aber nicht nur das Dokument einer fruchtbaren Künstlerfreundschaft, sie offenbart in den scheinbar so widersinnig zusammengestellten Arbeiten auch einen ähnlich trockenen Humor – und viel mehr noch: einen verwandten Blick auf die Wirklichkeit.

Friedlanders Fotografien entstanden zwischen 1962 und 1968 mit einer Rollfilmkamera auf Reisen durch die Vereinigten Staaten.[2] Die aus der Hand geschossenen Aufnahmen alltäglichen, meist städtischen Lebens dürften auf die Zeitgenossen wie zufällige, etwas ungelenke Schnappschüsse gewirkt haben: Den Feuerwehrmännern schnitt Friedlander die Füße ab, Partygästen die Köpfe, der Blick auf die Straße oder durch Fenster ist häufig verstellt, aus dem lockigen Haar des Nacktmodels Blaze Starr scheinen die Bäume der hinter ihm hängenden Landschaft herauszuwachsen, und immer wieder ist der Fotograf selbst deutlich präsent, nicht nur durch die ungewöhnlichen Ausschnitte und Blickwinkel, durch die gelegentlich seine eigenen Füße ins Bildfeld geraten, sondern vor allem in seinem Schatten und in den Spiegelungen seiner selbst. „Manchmal begegnete ich mir selbst in den Landschaften meiner Fotos. Ich könnte mich als Eindringling bezeichnen",[3] beschrieb Friedlander dieses zu einem Markenzeichen gewordene Element seiner Fotografie. Es integriert ihn gleichzeitig in jene Gesellschaft, die er fotografisch umkreist. Und es unterläuft mit all den anderen absichtsvoll eingesetzten „fotografischen Fehlern"[4] den an das Foto gern gestellten dokumentarischen Anspruch: Friedlander ist kein unbeteiligter Beobachter; sein Blick auf die Welt ist radikal subjektiv; der Künstler ist den Fotografien dadurch entsprechend deutlich eingeschrieben.

Photographs & Etchings

1969

Folge von 6 Heliogravüren, 29 Radierungen, teils mit Aquatinta, sowie 17 Schwarz-Weiß-Silbergelatineabzügen auf 19 Blatt handgeschöpftem Hodgkinson-Waterleaf-Velinpapier, in schwarzer Lederkassette
460 × 760 mm (Blatt)

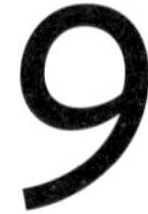

Jim Dines neben diese Fotos radierten Motive von Alltagsgegenständen und Körperteilen haben einen vergleichbaren individualistischen, für den Künstler autobiografischen und/oder emotionalen Gehalt. „Wenn ich Gegenstände verwende, finde ich in ihnen das Vokabular für meine Gefühle“,[5] so Dine. An Werkzeuge wie Schraubenschlüssel oder Schere, die in vielen seiner Arbeiten wiederkehren, knüpfen sich Erinnerungen an die Eisenwarenhandlung seines Großvaters. Vieles davon ist phallisch verfremdet, vieles andere ‚behaart‘ und damit gleichfalls erotisch aufgeladen: Haar sprießt aus Sessel oder Schraubenschlüssel, meint Bart- oder Schamhaar oder nimmt als wildes Liniengeflecht abstrakte Form an. Deutlicher noch weisen der Abdruck und der Umriss der Hand als unmittelbare ‚Spuren‘ auf den Künstler zurück, und sogar der ausgebeulte Bademantel, der seit 1964 als metaphorisches Selbstporträt des Künstlers fungiert, fehlt in dieser Folge nicht.[6] „Von Anfang an stellten jene Werkzeuge oder jene Gegenstände oder jenes Kleidungsstück Metaphern für mich und meinen Zustand dar, je nachdem, wie mein Zustand gerade war. Oder meine Geschichte. Ich malte daraus meine Geschichte.“[7] Dines Radierungen verhalten sich als ‚persönliche Geschichte‘ zu Friedlanders ‚persönlichem Blick‘ erstaunlich komplementär. Sie reflektieren zudem über unsere betont ausschnitthafte Wahrnehmung der Welt. Bei Dine äußert sich diese zunächst in den isolierten Körperteilen, die stellvertretend für die ganze menschliche Figur stehen und gleichzeitig ein per se fragmentarisches Sehen dokumentieren. „Mir zeigt sich nie eine Gestalt als Ganzes“, so der Künstler, „ich sehe stets nur einen Teil davon. Ich versuche dann zu zeigen, wie sie sich zusammensetzt.“[8]

1 Vgl. den einführenden Text in der Mappe. Nach Galassi 2005, S. 39–40, war die Idee für das Portfolio von Jim Dine ausgegangen, und Dine und Friedlander hatten sich, abweichend zu der gedruckten Einführung, auch erst 1963 kennengelernt, nachdem im Februar Friedlanders fotografische Serie *The Little Screens* in *Harper's Bazaar* erschienen war, von der Dine eine Auflage erwerben wollte. Im Oktober 1969 kam das vorliegende Portfolio für 2.500 US-Dollar auf den Markt.

2 Im Einzelnen: *Friedlander and Dine. London,* 1967 (SG 4156B); *Minneapolis, Minnesota,* 1966 (SG 4156D); *New York City,* 1968 (SG 4156E); *Los Angeles,* 1960er Jahre (SG 4156F); *New Orleans, Louisiana,* 1968 (SG 4156G); *South Carolina,* 1968 (SG 4156H); *New York City,* 1968 (SG 4156I); *Syracuse, New York,* 1968 (SG 4156J); *Chicago, Illinois,* 1968 (SG 4156K); *White Plains, New York,* 1966 (SG 4156L); *Baltimore, Maryland,* 1962 (SG 4156M); *Blaze Starr, Baltimore, Maryland,* 1968 (SG 4156N); *New York City,* 1967 (SG 4156O); *Madison, Wisconsin,* 1966 (SG 4156P); *Binghamtpon, New York,* 1967 (SG 4156Q); *Colorado,* 1967 (SG 4156R); *Denver, Colorado,* 1965 (SG 4156S), vgl. Galassi 2005, S. 445. Zur Kamera vgl. ebd., S. 14.

3 „I was finding myself at times in the landscape of my photography. I might call myself an intruder“, Lee Friedlander, zit. nach Ausst.-Kat. Essen 2016, S. 67; ins Deutsche übersetzt von Jan Röhnert.

4 „[P]hotographic errors“, Galassi 2005, S. 42; ins Deutsche übersetzt von Jan Röhnert.

5 „When I use objects, I see them as a vocabulary of feelings“, Jim Dine, zit. nach Livingston 1998, S. 14; ins Deutsche übersetzt von Jan Röhnert.

6 Vgl. ebd., S. 20–21; Wye 2004, S. 160.

7 „From the beginning, those tools, or those objects, or that robe, were metaphors for me and my condition, whatever my condition was at that time. Or my history. It was me painting out my history“, Jim Dine, zit. nach Livingston 1998, S. 20; ins Deutsche übersetzt von Jan Röhnert.

8 „I never see a figure totally; I always see just a part of it. I try to see how it is put together“, Jim Dine, zit. nach ebd., S. 250; ins Deutsche übersetzt von Jan Röhnert.

Photographs & Etchings

LEE FRIEDLANDER, JIM DINE

petersburg press
1969

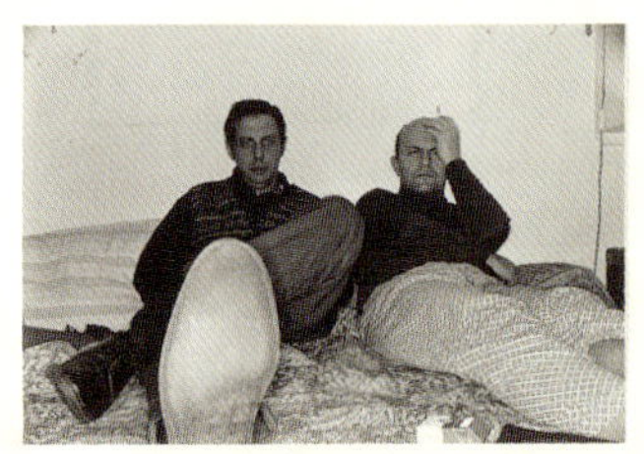

Lee Friedlander and I met in 1962. He gave me a photograph of Cincinnati without knowing that I am from there. We have been exchanging things all the time since then. Friendship and pictures. Our work is from the same house. He always understands my words.

Jim Dine
London 1969

Sixteen loose images of photographs and etchings on paper, 46cm. x 76cm., watermarked & handmade by HODGKINSON for this publication.

The photographs were printed by Lee Friedlander in Feb. & March 1969 in New City, New York. The etchings were printed in July & August 1969 in Amsterdam. The boxes were made by Rudolf Rieser in Cologne, Germany

Each image is numbered and signed by the artists.

Published by the Petersburg Press in an edition of 75 with 15 artists proofs. London 1969.

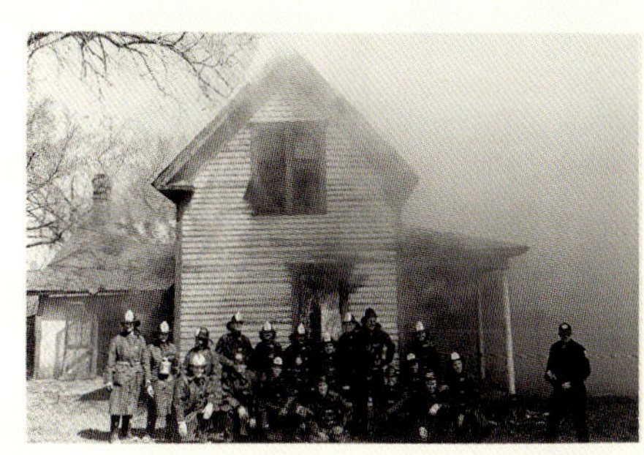

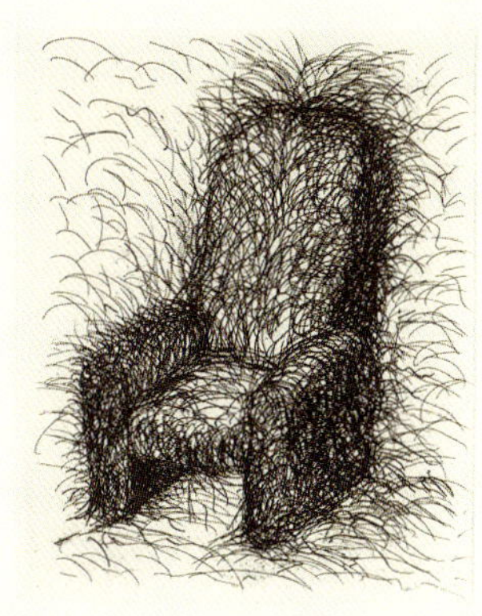

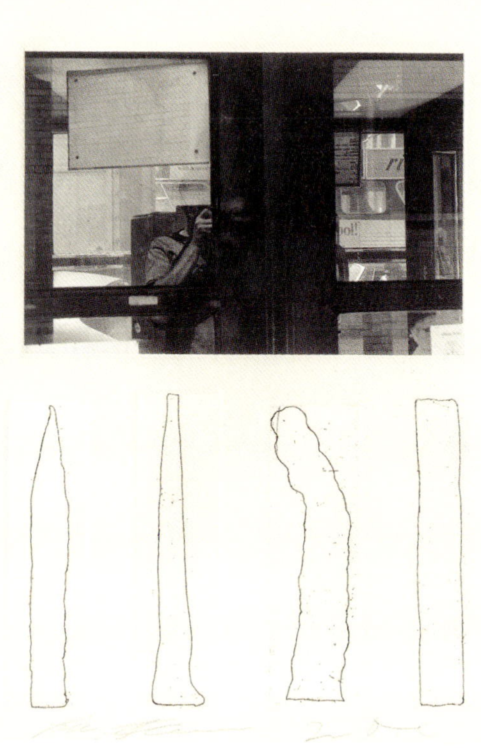

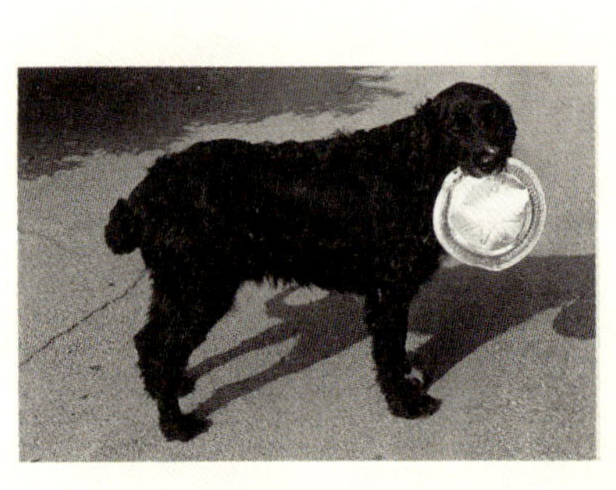

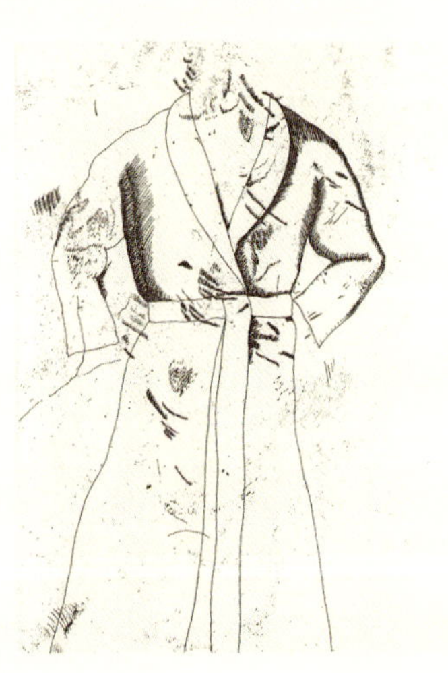

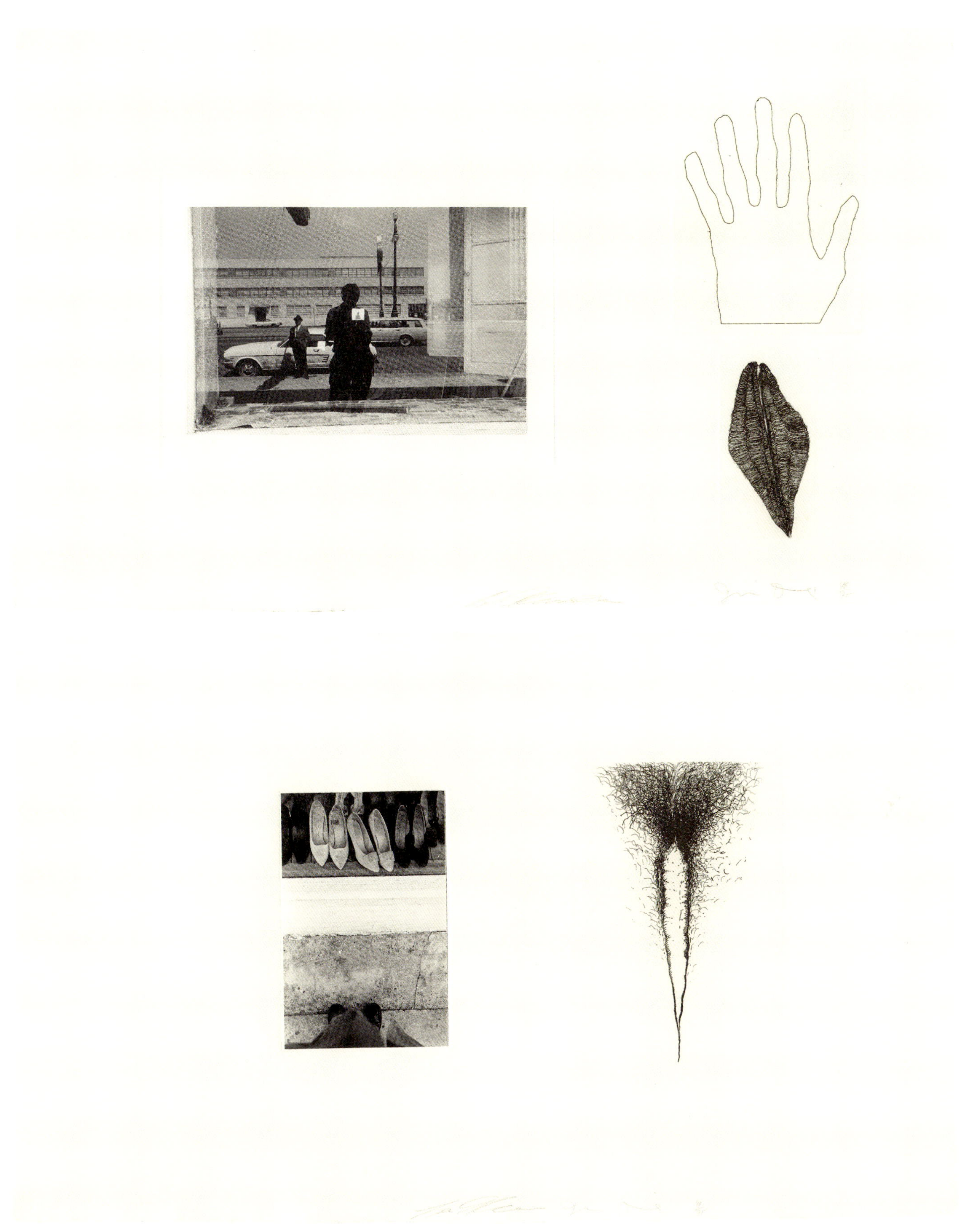

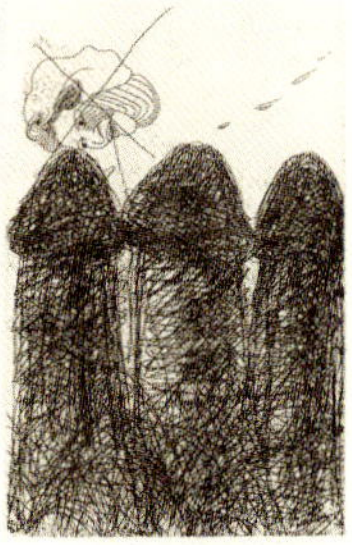

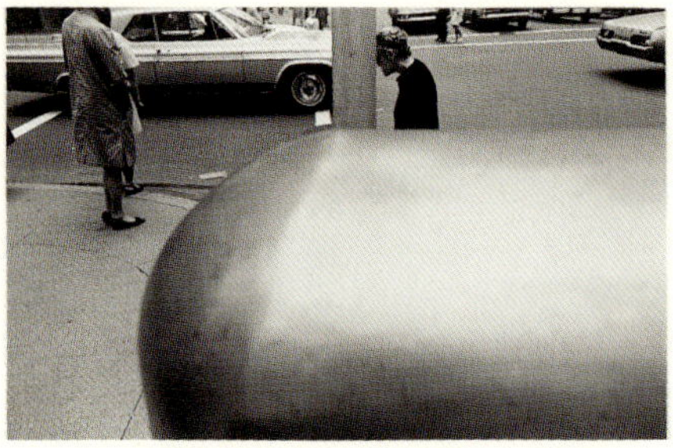

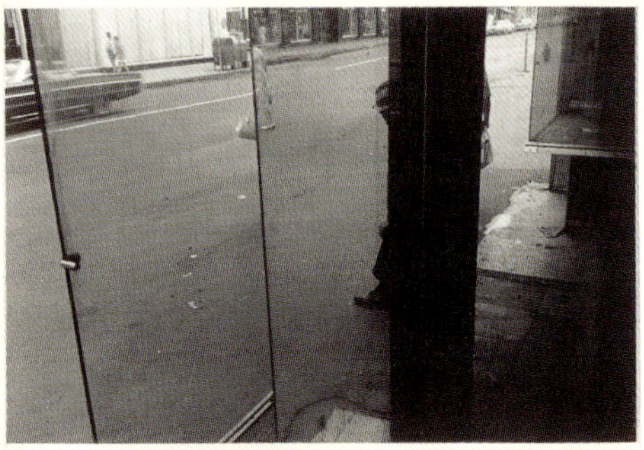

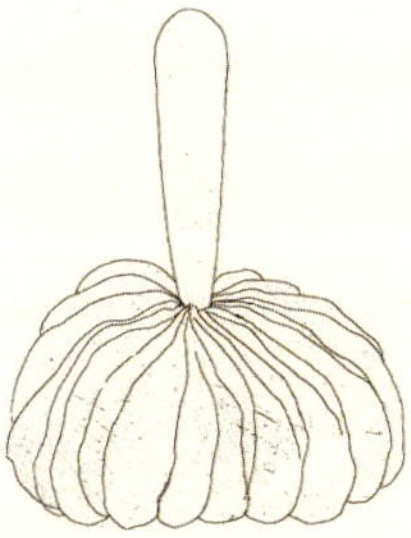

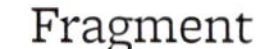

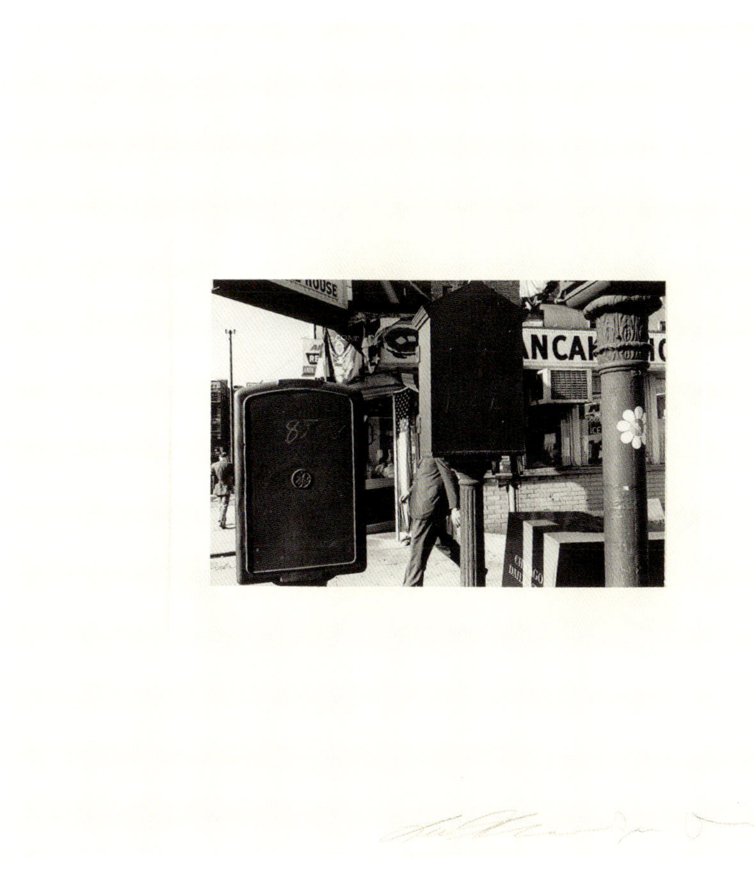
HOUSE

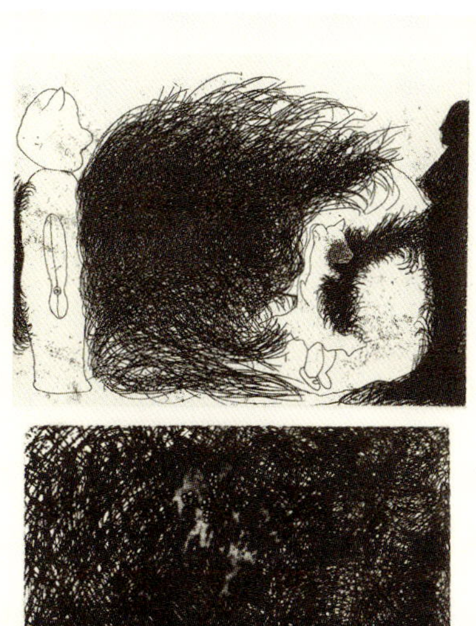

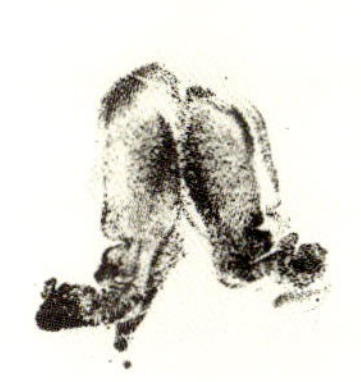

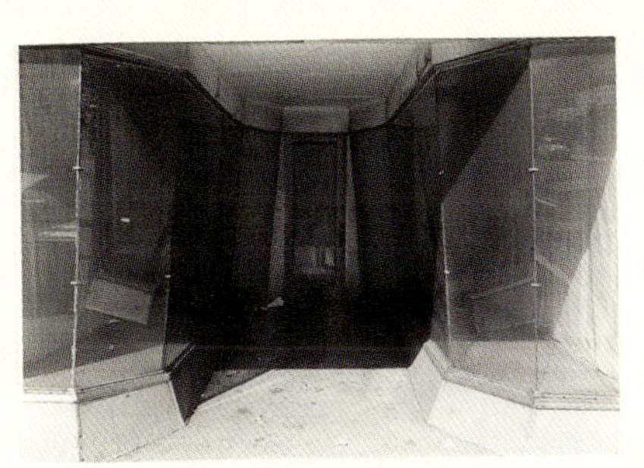

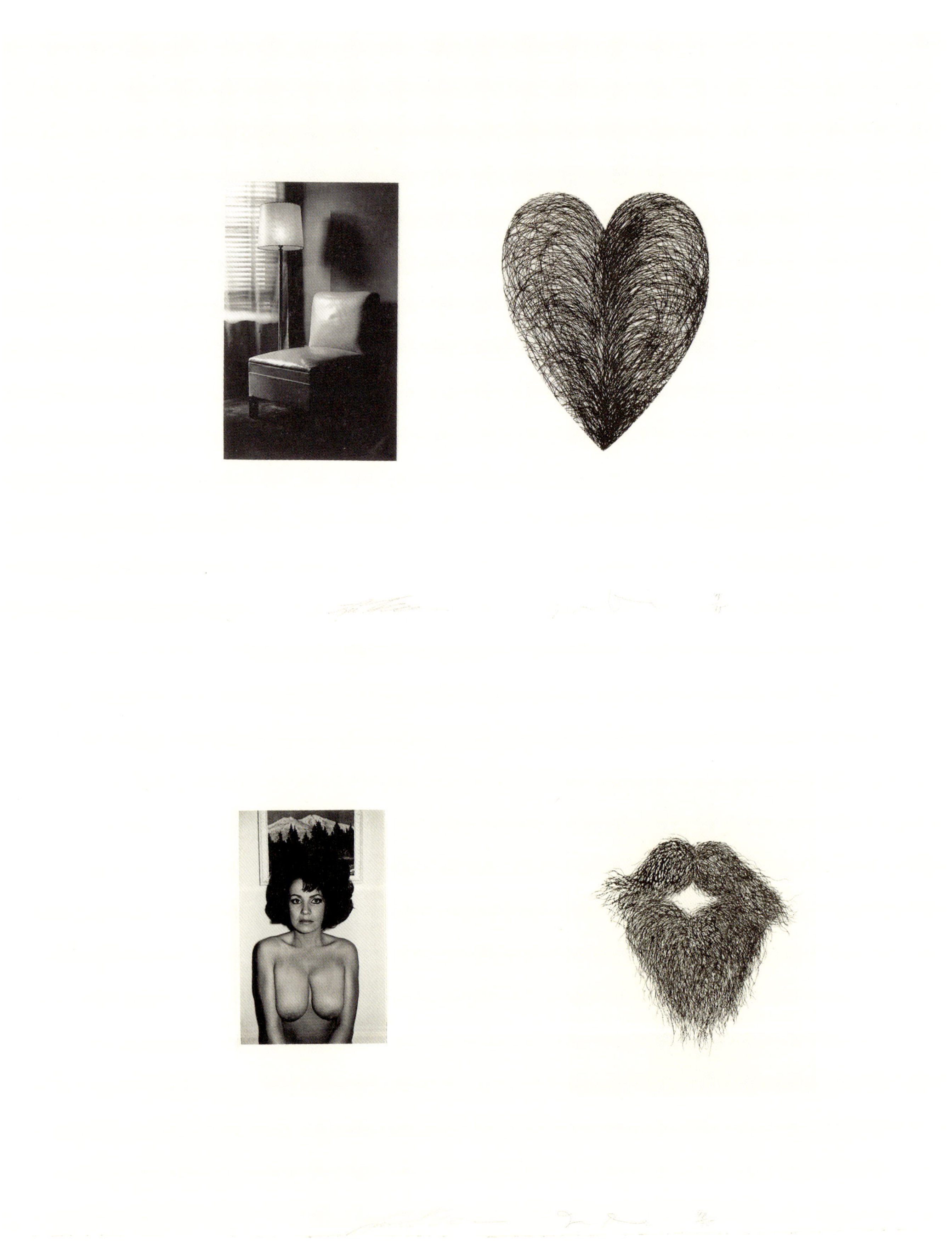

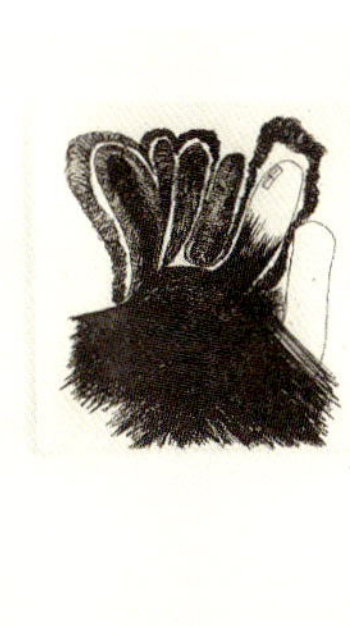
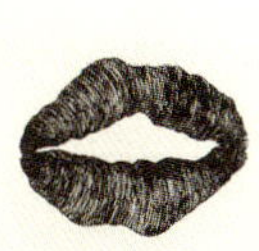
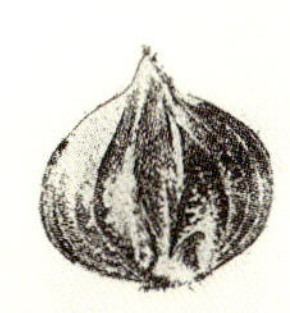
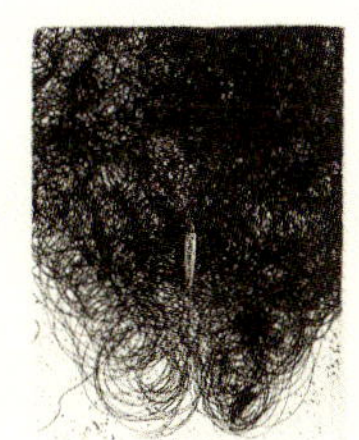
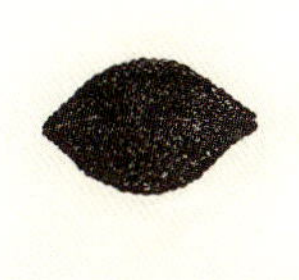
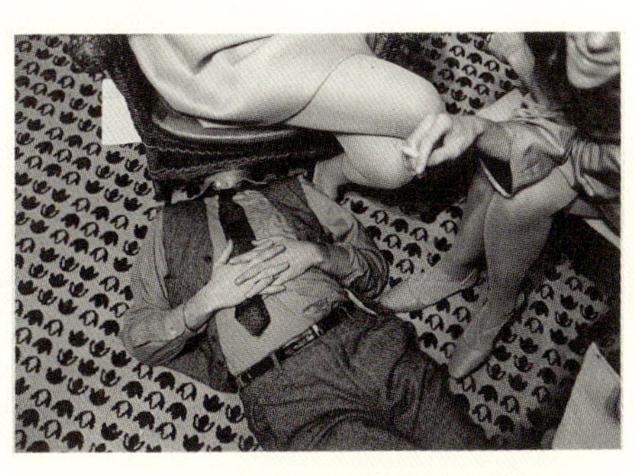
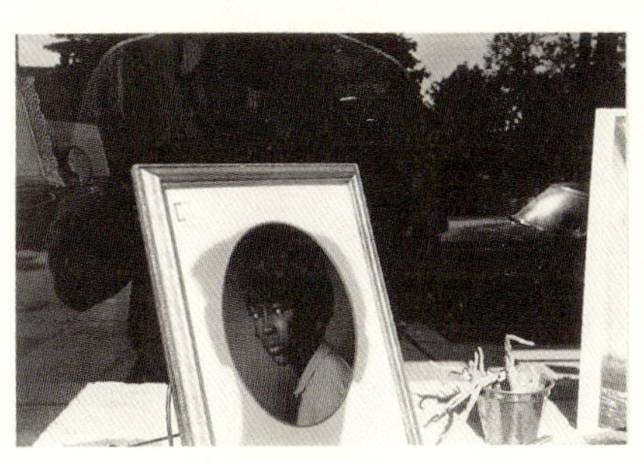
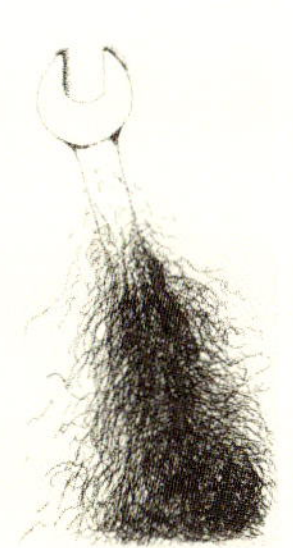
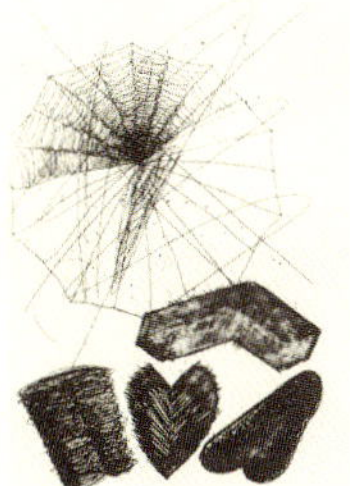

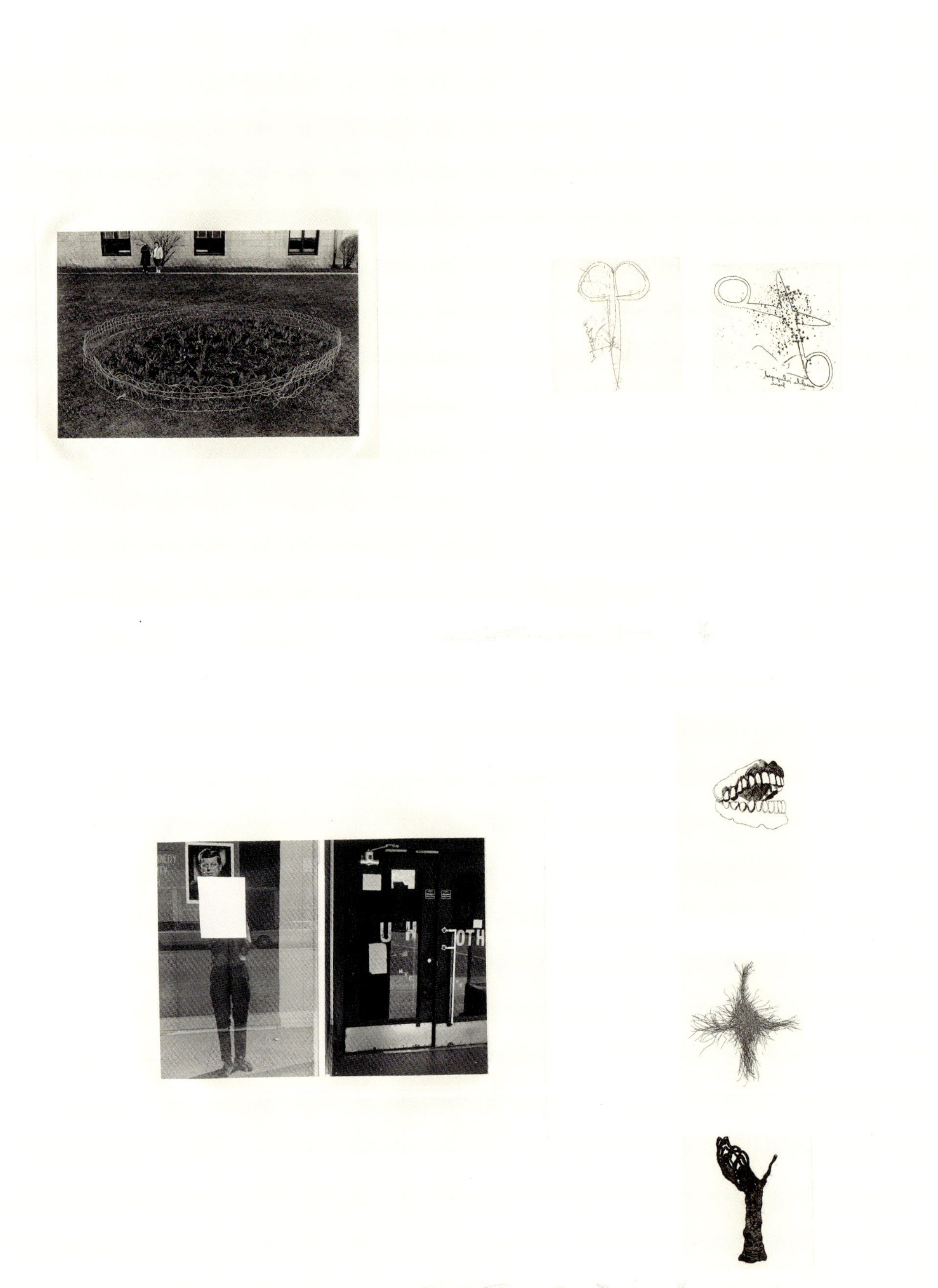

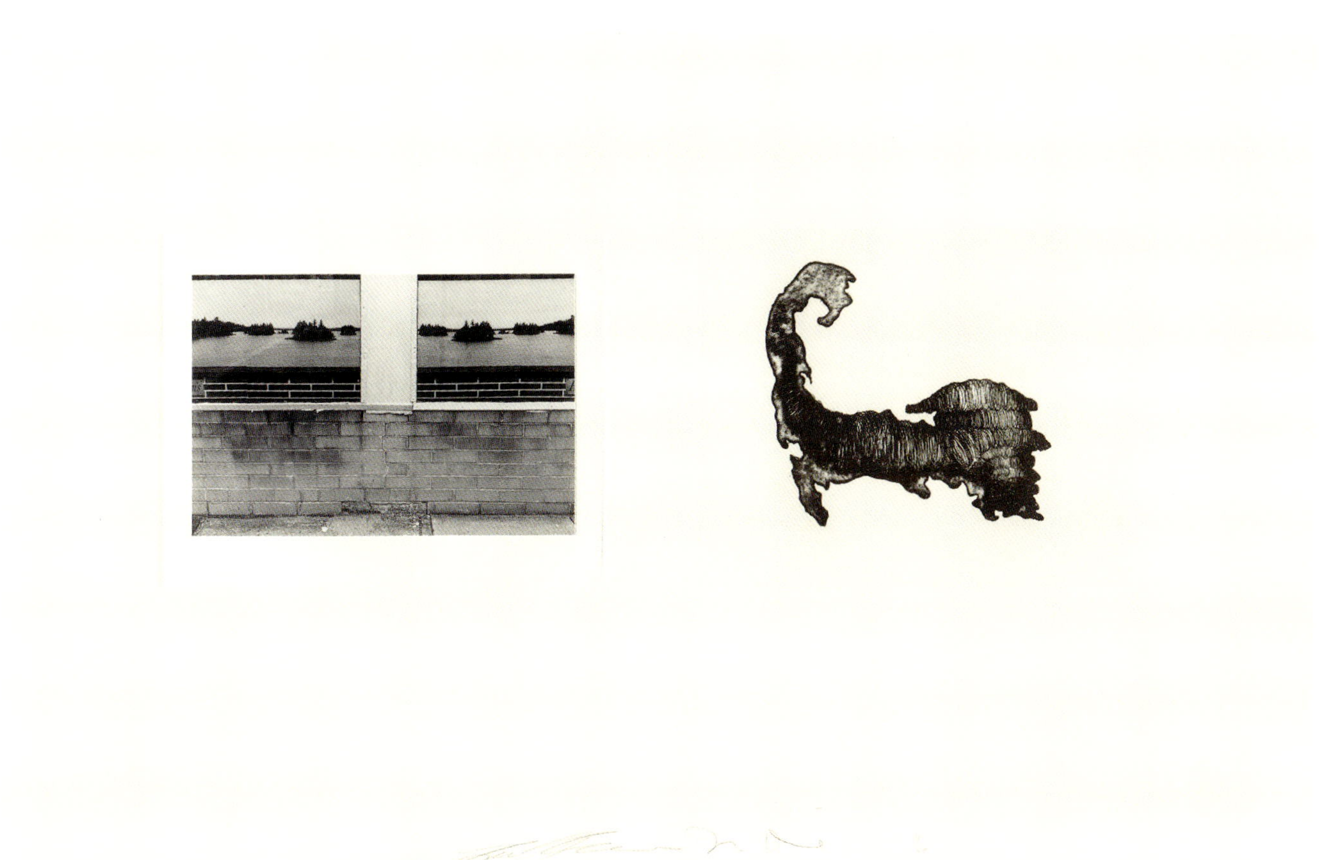

Jim Dine

geboren 1935 in Cincinnati, Ohio

Verblüffend echt wirkt der lange Zopf, den Jim Dine etwas ‚überlebensgroß' in ein schmales Hochformat radiert hat. Haar um Haar ritzte er dafür mit einer spitzen Radiernadel in die Asphaltlack-Grundierung der Metallplatte, reihte feine Linie an feine Linie – und setzte dann lakonisch das Wort „BRAID" („Zopf") darunter. Der dicke und etwas unregelmäßig geflochtene Zopf wirkt dabei irritierend körperhaft, obgleich er doch abgeschnitten und damit ganz entschieden von dem Leib getrennt ist, aus dem er einst erwuchs. Es ist der Zopf von Jim Dines Ehefrau, der Filmemacherin Nancy Dine, die in den 1970er Jahren für den Künstler zu einer neuen „Quelle persönlicher Ikonographie"[1] wurde. Dem Zopf ist etwas zutiefst Sinnliches eigen, was er mit Dines Radierungen von Pinseln gemein hat, und er teilt mit den Haarmotiven aus *Photographs & Etchings* / **Kat. 9, S. 63–70** den Fetischcharakter des Haars.

Abgetrennt von seinem körperlichen Ursprungsort bindet der Zopf zudem Erinnerung. Seit dem 17. Jahrhundert war es gebräuchlich, das Haar von Toten aufzubewahren,[2] später auch, es in Schmuck zu verarbeiten. Insbesondere im 19. Jahrhundert wurde diese Praxis auf das Haar von besonders geliebten (lebenden) Menschen ausgeweitet. Hier wie dort steht das Haar als Pars pro Toto für die leibliche Präsenz des eigentlich Abwesenden; es kann berührt werden und erlaubt damit ein Erinnern mit mehreren Sinnen. Ähnlich funktioniert auch Dines *Braid*. Der Mensch ist im Zopf implizit, ist darin zugleich an- wie abwesend – eine Spannung, die beim Betrachten befremdet.

1 „[S]ources of personal iconography", Wye 2004, S. 160.
2 Vgl. Laqueur 1992, S. 16–17.

Braid (second state)

1973

Radierung in Braun auf Nideggen-German-Buff-Vergépapier
970 × 635 mm (Blatt), 838 × 406 mm (Platte)

10

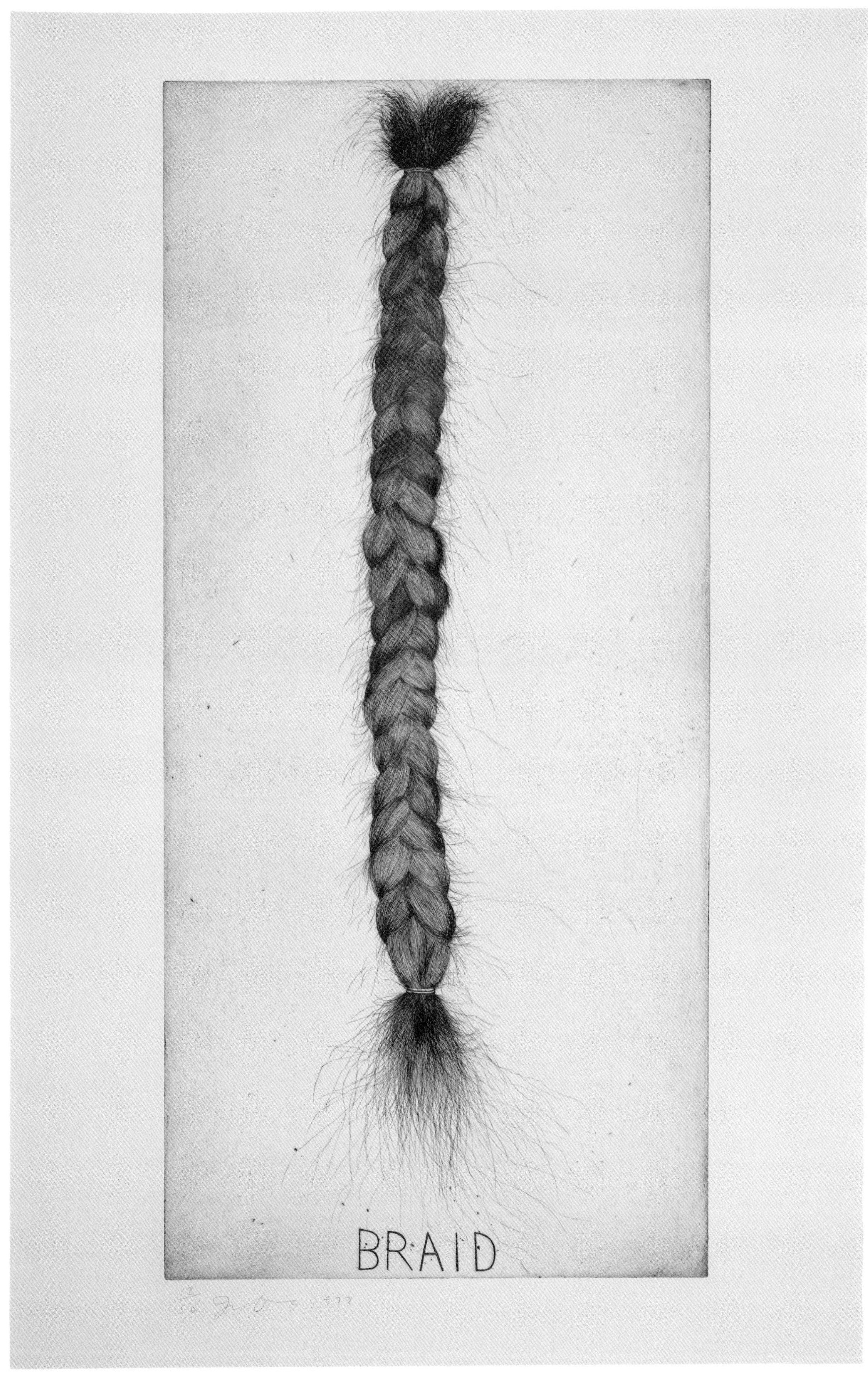
BRAID

George Segal

New York 1924–2000 South Brunswick, New Jersey

Seit 1969 verhandelten Hein und Eva Stünke für ihre Galerie *Der Spiegel* in Köln mit der New Yorker Sidney Janis Gallery über ein Portfolio mit Siebdrucken und einem Gips-Multiple von George Segal.[1] Die Initiative für das Projekt war von der Kölner Galerie ausgegangen, die das Gipsfragment und die sechs Pastelle auswählte, um sie zu vervielfältigen. Als geschlossenes Werk wurde dieses Ensemble daher nicht vom Künstler selbst konzipiert; ebenso wenig spielte in Segals Schaffen Druckgrafik als schöpferisches Medium eine Rolle. Die Siebdrucke und der Gips von *Sleeping Girl* sind daher streng genommen eher Reproduktionen und unterscheiden sich darin grundlegend von den anderen Werken des vorliegenden Katalogs.[2] Mit den Arbeiten von Jim Dine und Lee Friedlander ***/ Kat. 9, S. 62–71*** verbindet sie allerdings der betont ausschnitthafte Blick auf die Wirklichkeit, mit den Werken von Jasper Johns ***/ Kat. 15, S. 86–87*** und Kiki Smith ***/ Kat. 16, S. 89*** die indexikalische Qualität.

Lebensgroße Gipsabformungen von Menschen, die er wie bei einem umgekehrten Tableau vivant in ein bestimmtes, häufig aus Elementen der Alltagswelt geschaffenes Environment platzierte, schuf Segal seit 1961. Acht Jahre später begann er, aus nicht zusammengesetzten Einzelteilen dieser Ganzkörperabformungen autonome Plastiken wie *Sleeping Girl* zu entwickeln.[3] Jene in ihrer Wirkung deutlich intimeren Fragmente fassen einen subjektiven Momenteindruck, eine spezifische Geste beispielsweise, die Segal beim flüchtigen Sehen aus dem Augenwinkel besonders bewegte.[4] Das Material Gips schätzte Segal dafür wegen seiner ‚Charakterlosigkeit' und Anpassungsfähigkeit:[5] Es speichert, insbesondere auf der körpernahen, für uns eigentlich unsichtbaren Seite, jede Oberflächenstruktur,[6] während es auf der Außenseite die Spuren des Künstlers verzeichnet, der die nassen Gipsbinden glattstreicht und durchaus auch formale Veränderungen vornehmen kann.[7] „Ich entscheide mich dafür, das Äußere [der Gipsabformung] in meine Arbeit einzubeziehen", so Segal in einem Interview 1967, „weil es gewissermaßen meine Version vom Zeichnen oder Malen darstellt. Ich muss erst festlegen, was ich will, und was ich nicht will, kann ich auch verwischen. Wenn mir danach ist, kann ich etwas in einer Pfütze auflösen."[8] Zudem bleiben Nähte und Textur der Gipsbinden auch im Multiple deutlich erkennbar und verfremden die Abformung weiter. Segals Gipsfiguren und -fragmente lösen sich damit vom Abbildhaften, sie richten die Aufmerksamkeit auf Gesten, auf Haltungen und Handlungen, übersetzen das Individuelle in das allgemein Menschliche, das Augenblickshafte in das Zeitlose.

1 Vgl. dazu die Korrespondenz zwischen Eva Stünke und der Sidney Janis Gallery vom 11.7.1969 bis 15. Juli 1970, Zentralarchiv für deutsche und internationale Kunstmarktforschung (ZADIK), Köln, Sign. A1, VIII (K), 29. Demnach wurde der Gips von einem italienischen Gipsspezialisten vervielfältigt. – Ebenfalls 1970 brachte Sidney Janis Editions unter dem Titel *Girl Resting* eine eigene Edition in einer Auflage von 75 Exemplaren heraus, vgl. Hunter/Hawthorne 1984, S. 316; eine englische Edition zur selben Zeit erwähnt Eva Stünke in einem Schreiben an Sidney Janis vom 15.7.1970, ZADIK, Sign. A1, VIII (K), 29.

2 Die nahsichtig und ausschnitthaft angelegten Pastelle, die im Siebdruckverfahren reproduziert wurden, werden hier nicht näher behandelt. Sie zeigen eine intensive Auseinandersetzung mit Edgar Degas (1834–1917), vgl. Hunter/Hawthorne 1984, S. 329–330.

3 Vgl. zu den Fragmenten Livingston 1997, S. 92–95. Seit 1971 änderte sich der Werkprozess insoweit, als Segal nicht länger mit der Gipshülle arbeitete, sondern diese mit Hydrostone ausgoss, also ein Positivmodell der Abformung erhielt, vgl. hierzu Hunter/Hawthorne 1984, S. 58, 79–86.

4 Vgl. Tuchman 1983, S. 71; Schmahmann 1998, S. 24–27.

5 „I love plaster because it's a completely characterless material that can pick up any texture that is given to it", George Segal, zit. nach Tuchman 1983, S. 111.

6 Dies entfällt beim Multiple, das ja von einer Gipsabformung abgenommen wurde.

7 Vgl. Schmahmann 1998, S. 17–19.

8 „I choose to use the exterior because in a sense it's my own version of drawing or painting. I have to define what I want, and I can blur what I don't want. I can dissolve something in a puddle if I like", George Segal, zit. nach ebd., S. 17; ins Deutsche übersetzt von Jan Röhnert.

Sleeping Girl

1970

Gips-Multiple
171 × 400 × 279 mm

11

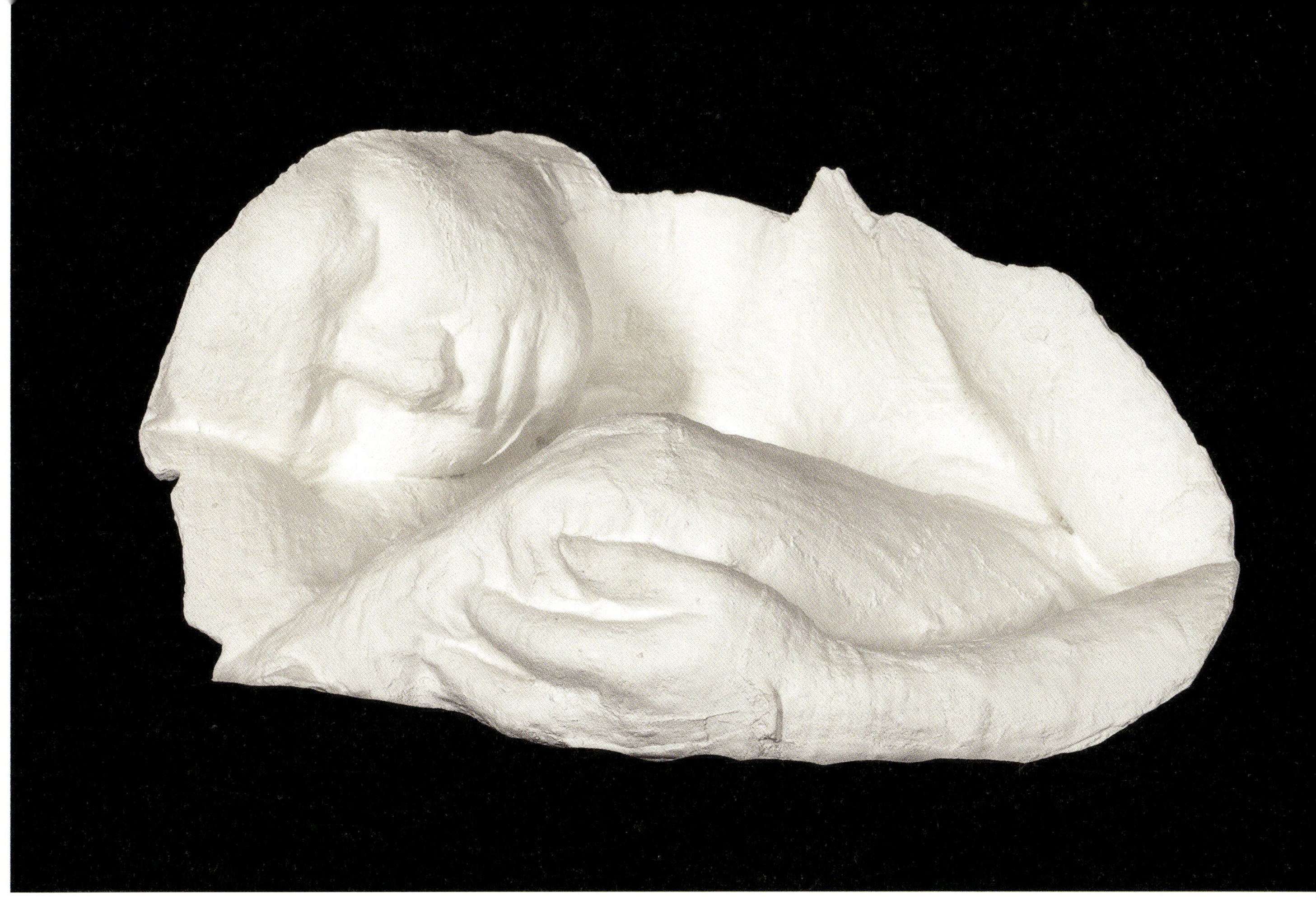

Jim Dine

geboren 1935 in Cincinnati, Ohio

Jim Dines Druckgrafiken prägt ein freier, schöpferischer, manchmal durchaus auch spielerischer Umgang mit den spezifischen Möglichkeiten der jeweiligen Technik: Dies zeigt sich in den scharfen, präzisen Ritzungen, mit denen der Künstler das lineare Haargeflecht in *Braid* radierte **/ *Kat. 10, S. 73***, genauso wie in den vieltonig geätzten Strukturen in *Photographs & Etchings* **/ *Kat. 9, S. 62–71*** oder in der wie eine Tuschpinselzeichnung angelegten Lithografie *Silhouette Black Boots.*[1] Streng symmetrisch steht dort ein Paar (Reit?-)Stiefel Ferse an Ferse; es ist als Silhouette gegeben, teils scharf konturiert, dabei aber gleichzeitig von scheinbar zufälligen Klecksen und Sprenkeln überdeckt. Bemerkenswert ist der differenzierte, äußerst reiche Farbverlauf der Lithotusche, der das Schwarz lebendig und fast organisch erscheinen lässt. Das Papier steht in seiner Materialität dazu in größtmöglichem Kontrast:[2] Das ‚billige', eng gerippte Packpapier von der Rolle mit seiner glänzenden Oberfläche passt zum alltäglichen Charakter der Stiefel, nicht aber zu ihrer künstlerisch so besonderen Formulierung. Auch die selbstbewusst in Weiß über die Darstellung gesetzte Signatur überrascht.

Die hohen, gut eingelaufenen Stiefel, das wird dadurch unmittelbar klar, sind nicht einfach ein Fundstück der Alltagswelt, sind aber auch nicht nur ein künstlerisches Capriccio. Ähnlich wie der Bademantel **/ *Kat. 9, S. 64***, Dines metaphorisches Selbstporträt seit 1964, verhandeln die Stiefel einen ganzen Katalog an Fragen über Kunst, über Wahrnehmung, aber auch über Körperlichkeit und Identität. Sie tragen Spuren des Gebrauchs, sind von dem Menschen, der sie trug, auf ganz individuelle Weise verformt. Das eigentlich anonyme ‚Ding' bewahrt dadurch einen „auratischen Schatten"[3] des einstigen Trägers. Die Stiefel (wie der Bademantel) aber werden in der Konsequenz synekdochisch als verkürzte Chiffre ihres einstigen Trägers lesbar.

1 Eine Variante des Motivs hatte Dine 1965 für *ULAE* lithografiert, vgl. Von Bonin/Cullen 1970, Nr. 28; Sparks 1989, S. 304, Nr. 17.
2 Vgl. dazu auch Ackley/Murphey 2012, S. 9.
3 Böhme 2020, S. 122.

Silhouette Black Boots on Brown Paper

1972

Lithografie in Schwarz auf Packpapier
761 × 558 mm (Blatt)

12

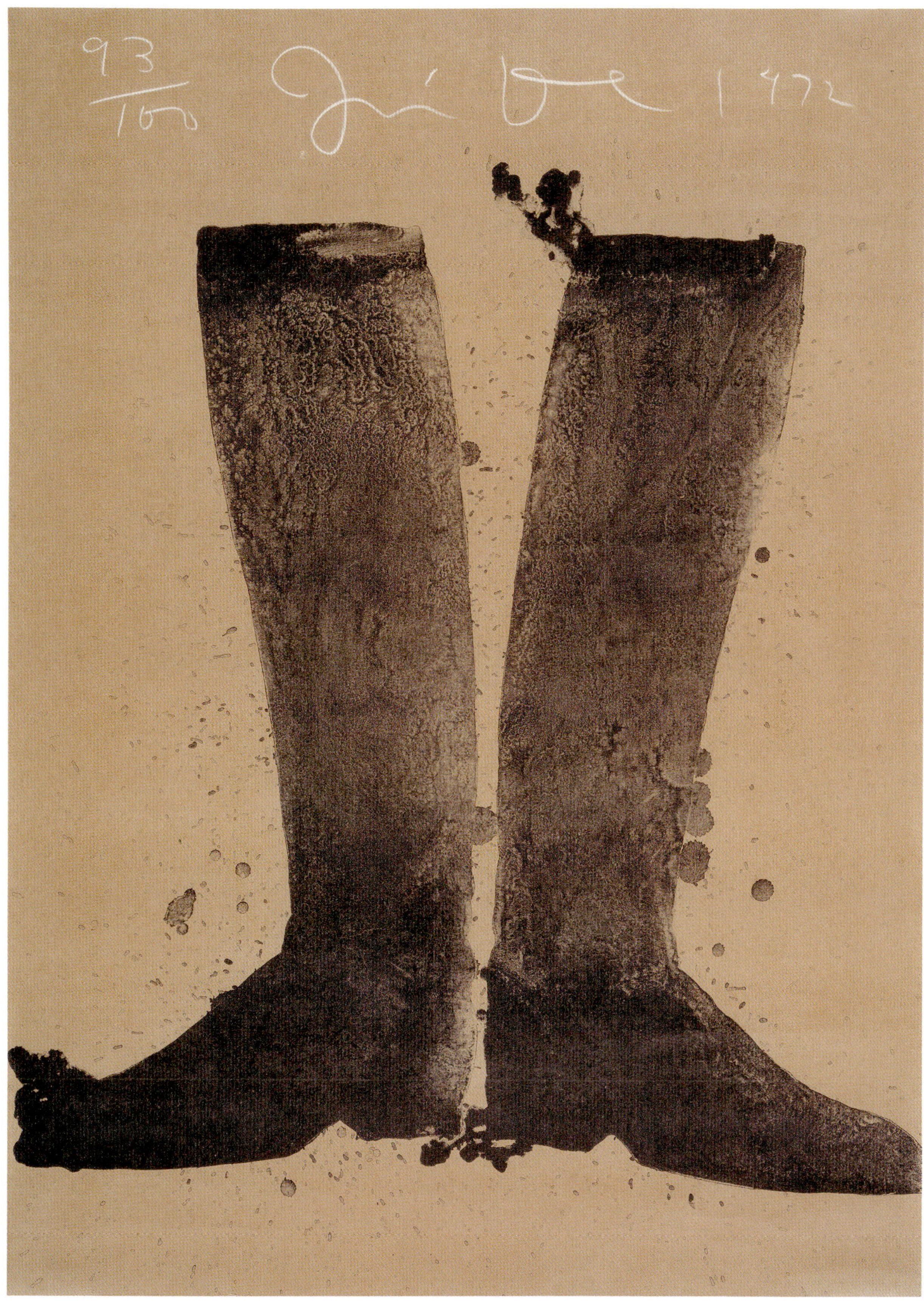
93/100
1972

Jasper Johns

geboren 1930 in Augusta, Georgia

Wie Jim Dine und Robert Rauschenberg begann auch Jasper Johns in den 1960er Jahren, mit druckgrafischen Techniken zu experimentieren, und wie für Dine und Rauschenberg wurde für Johns die Druckgrafik zu einem zentralen Medium. Zunächst schuf er mit *Universal Limited Art Editions* Lithografien, die inzwischen ikonische (Alltags-)Motive seiner Malerei aufgriffen: die Flagge oder Landkarte der USA, die Zahlen 0 bis 9, die Buchstaben des Alphabets, Schießscheiben oder einen Kleiderbügel aus Draht. „Ich liebe es, ein Bild in einem anderen Medium zu wiederholen, um das Spiel zwischen beiden zu verfolgen – dem Bild und dem Medium“,[1] so der Künstler.

Coat Hanger I,[2] die zweite gemeinsam mit *ULAE* realisierte Lithografie, betont dabei die zeichnerischen Möglichkeiten der Drucktechnik: In ein wildes, expressives Liniengeflecht bettete Johns die präzise, maßstabsgetreue Darstellung eines Drahtbügels. Er kombinierte damit zwei entgegengesetzte Ausdrucksformen: die (subjektive) abstrakt-gestische ‚Handschrift‘ der Schraffen und die (objektive) wirklichkeitsnahe Wiedergabe des Bügels, der durch seine schlanke, lineare Form zwischen den Schraffen nur bei genauem Hinsehen lesbar wird. Der Künstler ist dadurch formal gleichzeitig an- wie abwesend, ein Aspekt, der über den absichtsvoll leeren Kleiderbügel auch motivisch verhandelt wird.

Coat Hanger I

1960

Lithografie in Schwarz auf Copperplate-Delux-Velinpapier
915×682 mm (Blatt), 690×573 mm (Stein)

Coat Hanger II

1960

Lithografie in Schwarz auf Japanpapier
899×630 mm (Blatt), 667×543 mm (Stein)

13/14

Im selben Jahr noch überarbeitete Johns den Lithostein von *Coat Hanger I* für eine zweite Version. Er verdichtete den Hintergrund und schabte die Zeichnung des Kleiderbügels so aus, dass jener im Druck hell, also im Papierton, wie im Negativ erscheint. Dies ändert die Gesamtwirkung entscheidend: Dominieren in *Coat Hanger I* der betont zeichnerische Gestus und auch das Sehen/Nicht-Sehen des in den Schraffen ‚verborgenen' Kleiderbügels, so tritt in *Coat Hanger II* der leere Kleiderbügel deutlich sichtbar in den Vordergrund.

1 „I like to repeat an image in another medium to observe the play between the two: the image and the medium", Jasper Johns, zit. nach Roberts 2012, S. 14; ins Deutsche übersetzt von Jan Röhnert.

2 Nach Geelhaar 1979, S. 21, basiert *Coat Hanger* auf einer formatgleichen Zeichnung. Vgl. zu dem Druck die Ausführungen in: Castleman 1986, S. 21; Roberts 2012, S. 30–31; Ausst.-Kat. London 2017, S. 58.

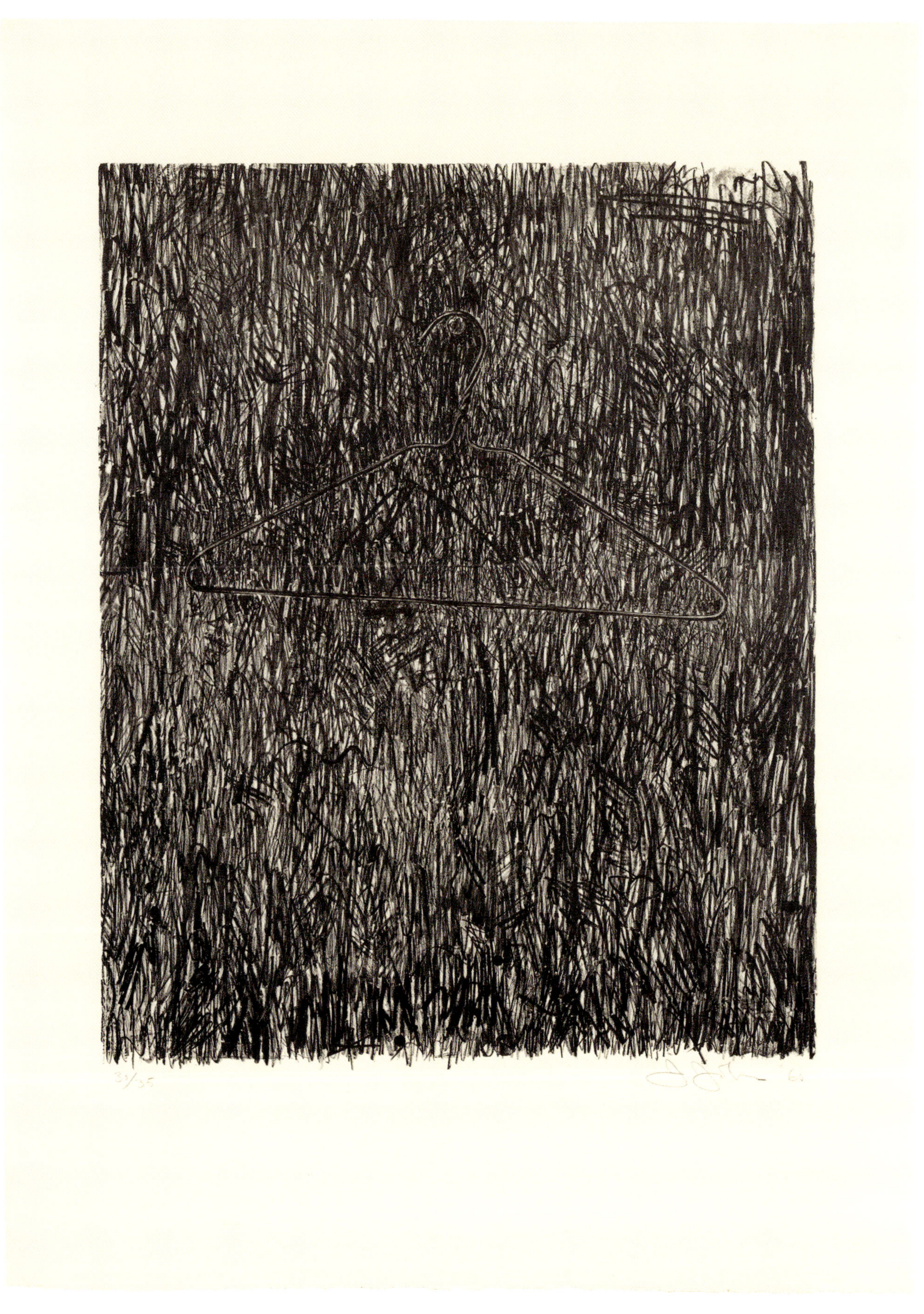

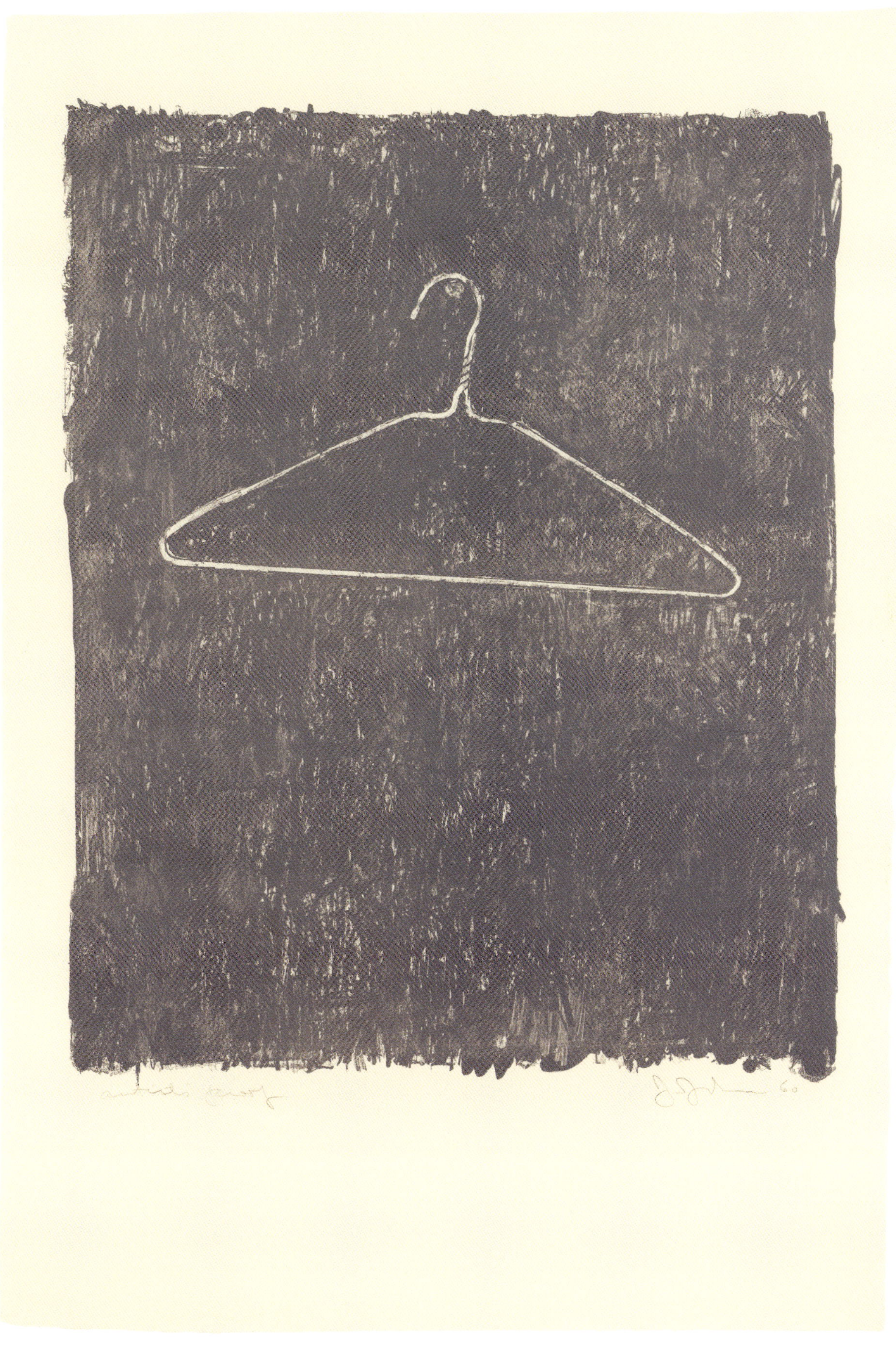

Jasper Johns

geboren 1930 in Augusta, Georgia

Die menschliche Figur begegnet in Jasper Johns' Werk häufig, allerdings immer fragmentiert und bis in die 1970er Jahre meist als Abdruck von Hand, Fuß, Gesicht oder Knie oder als Teilabformung in Wachs oder Gips. Für Radierungen rieb er dafür beispielsweise die Hand mit einem wasserlöslichen Zuckerfarbgemisch ein und legte sie anschließend auf die metallene Druckplatte. Der säurefeste Ätzgrund haftete dann nur auf den farbfreien Partien, an den anderen Stellen löste er sich im Wasserbad wieder ab und erlaubte so, dass, mit Aquatintakorn weiterbehandelt, jede Falte, jede Pore, jede Papillarleiste zu einem druckfähigen Ton wurde. Auch an den Beginn und das Ende des Künstlerbuches *Foirades/Fizzles* setzte Johns solche gedruckten ‚Spuren' seiner körperlichen Identität: den Teilabdruck seines Profils, das er mit einem sattschwarzen „X" versah und dadurch gleichzeitig markierte und auslöschte, sowie Teilabdrücke seines Fußes und seiner Hand.

Foirades/Fizzles[1] war gemeinsam mit dem Schriftsteller Samuel Beckett auf Initiative der Londoner Petersburg Press zwischen 1972 und 1976 entstanden. Es enthält fünf französische Prosatexte von Samuel Beckett aus dem Jahr 1972, die der Schriftsteller selbst 1974 ins Englische übersetzte; sie umkreisen die letztlich ausweglose Suche nach der eigenen Identität.[2] „Obzwar voneinander völlig unabhängig konzipiert und obwohl unmittelbare Parallelen fehlen, sind Texte und Bilder dennoch durch eine schwer definierbare innere Verwandtschaft vereint":[3] Sie entwerfen eine Welt systematischer körperlich-anatomischer Zerlegung. Johns, der den Aufbau des Buches festlegte, stellte diesen Texten eine eigenständige ‚Folge' von 33 Tiefdrucken zur Seite, die, abgesehen von den jedem Essay vorangestellten Ziffern, Elemente seines vierteiligen Gemäldes *Untitled* von 1972 (Museum Ludwig, Köln) variieren: namentlich Schrägschraffuren, Fliesen und insbesondere Körperteile. Immer wieder neu und anders werden diese Körperfragmente formuliert: als lebensgroßer, unmittelbarer Abdruck, als sprachliche Begriffe, als Abformungen in Gips, diese als Fotogravüren reproduziert, in Umrissen nachgezeichnet oder als Leerstellen freigelassen.[4] Johns reflektierte damit über die Beziehung zwischen Motiv und Medium, über den Zusammenhang zwischen Übersetzung und Inhalt. Gleichzeitig spürte er dem Einfluss der Erinnerung auf die menschliche Wahrnehmung nach, wenn er wie bei den Drucken zum Torso zwei Darstellungen aufeinanderfolgen ließ: die eine aufgrund einer fotografischen Übertragung nahezu illusionistisch präzise, die andere mittig mit einem nicht geätzten und daher leeren Bereich, der beim Betrachten allerdings mithilfe der Erinnerung an das zuvor Gesehene dennoch gedanklich zum Torso ergänzt wird.[5]

1 Die deutsche Ausgabe erschien 1978 unter dem Titel *Um abermals zu enden und anderes Durchgefallenes*, übersetzt von Elmar Tophoven, bei Suhrkamp in Frankfurt am Main. Zur Vieldeutigkeit der beiden Begriffe vgl. Bernstein 1976, S. 143; Goldman 1977, o. S. – Zu dem Künstlerbuch allgemein vgl. Bernstein 1976; Goldman 1977; Geelhaar 1979, S. 245–334; Castleman 1986, S. 26, 34–35; Ausst.-Kat. Los Angeles 1987, S. 99–234.

2 Vgl. Bernstein 1976, S. 143; Geelhaar 1979, S. 245–248; Rothfuss 1993, S. 271.

3 Geelhaar 1979, S. 245.

4 Vgl. Susan Tallman in: Ausst.-Kat. London 2017, S. 65.

5 Vgl. Rothfuss 1993.

Foirades / Fizzles

1976

Buch mit fünf Texten von Samuel Beckett und 31 Tiefdrucken in Schwarz in unterschiedlicher, häufig kombinierter Technik (unter anderem Radierung, Aussprengverfahren, Vernis mou, Flächenätzung, Kaltnadel, Fotogravüre), gedruckt auf Richard-de-Bas-Velinpapier, Velinbroschur und Stützblätter um Ziehharmonika-Falzung gebunden, mit zwei Farbtiefdrucken in Violett, Grün, Orange und Weiß als Vorsatz, in Gewebekassette mit lilafarbener Quaste, innen zwei Farblithografien als Bezugspapier
344 × 268 × 57 mm (Kassette), 332 × 255 × 45 mm (Buchblock)

15

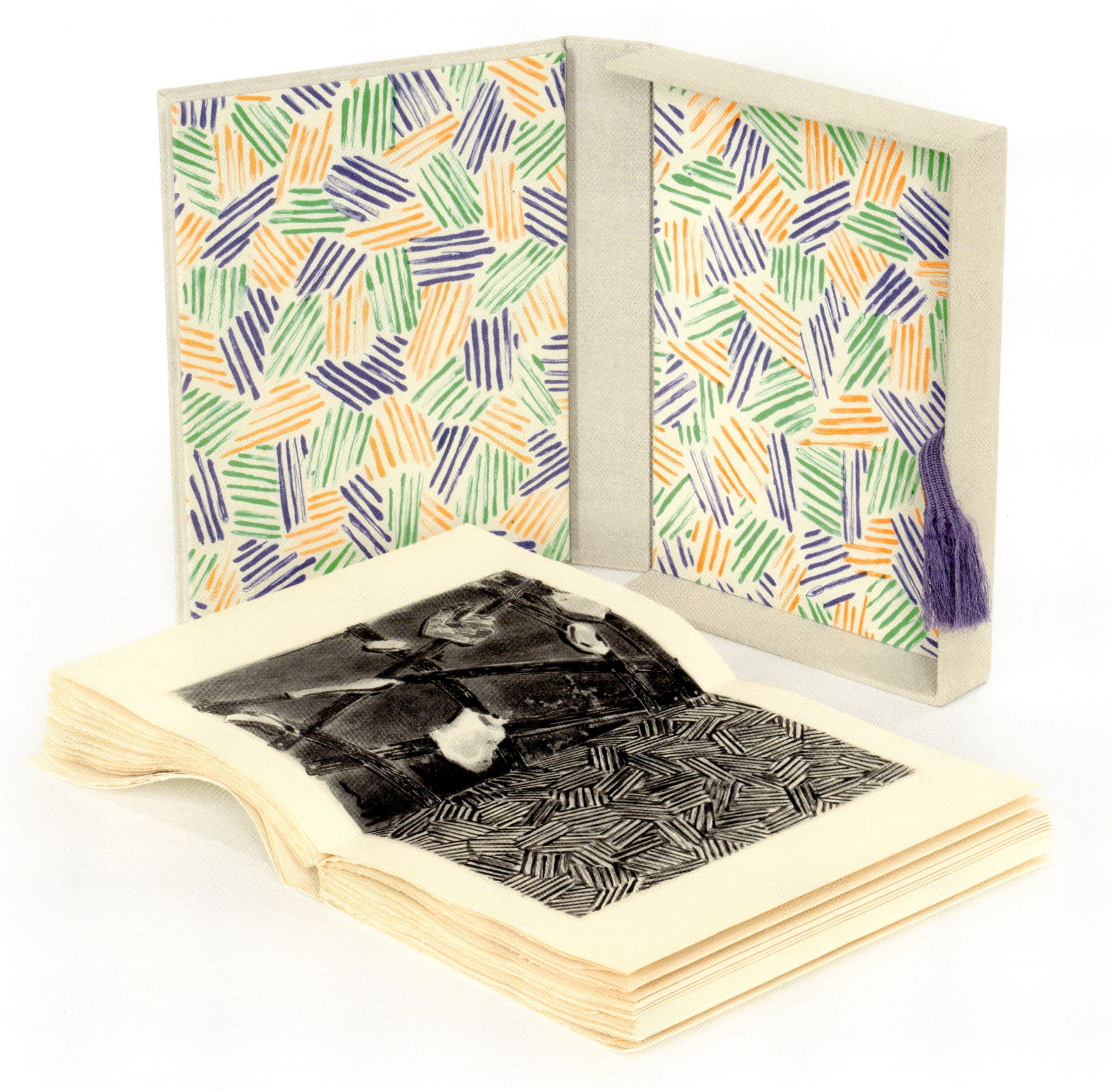

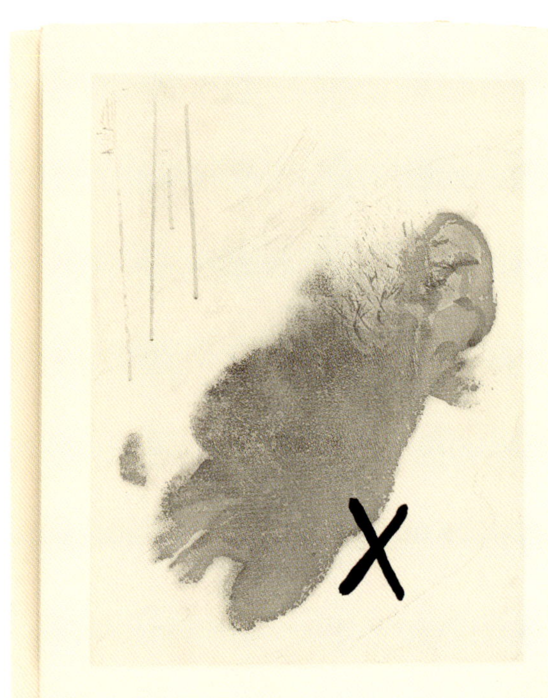

J'ai renoncé avant de naître, ce n'est pas possible autrement, il fallait cependant que ça naisse, ce fut lui, j'étais dedans, c'est comme ça que je vois la chose, c'est lui qui a crié, c'est lui qui a vu le jour, moi je n'ai pas crié, je n'ai pas vu le jour, il est impossible que j'aie une voix, il est impossible que j'aie des pensées, et je parle et pense, je fais l'impossible, ce n'est pas possible autrement, c'est lui qui a vécu, moi je n'ai pas vécu, il a mal vécu, à cause de moi, il va se tuer, à cause de moi, je vais raconter ça, je vais raconter sa mort, la fin de sa vie et sa mort, au fur et à mesure, au présent, sa mort seule ne serait pas assez, elle ne me suffirait pas, s'il râle c'est lui qui râlera, moi je ne râlerai pas, c'est lui qui mourra, moi je ne mourrai pas, on l'enterrera peut-être, si on le trouve, je serai dedans, il pourrira, moi je ne pourrirai pas, il n'en restera plus que les os, je serai dedans, il ne sera plus que poussière, je serai dedans, ce n'est pas possible autrement, c'est comme ça que je vois la chose, la fin de sa vie et sa mort, comment il va faire pour finir, il est impossible que je le sache, je le saurai, au fur et à mesure, il est impossible que je le dise, je le dirai, au présent, il ne sera plus question de moi, seulement de lui, de la fin de sa vie et de sa mort, de l'enterrement si on le trouve, ça finira là, je ne vais pas parler de vers, d'os et de poussière, ça n'intéresse personne, à moins de m'ennuyer dans sa poussière, ça m'étonnerait, autant que dans sa peau, ici un long silence, il se noiera peut-être, il voulait se noyer, il ne voulait pas qu'on le trouve, il ne peut plus rien vouloir, mais autrefois il voulait se noyer, il ne voulait pas qu'on le trouve, une eau profonde et une meule au cou, élan éteint comme les autres, mais pourquoi un jour à gauche, pourquoi, plutôt que dans une autre direction, ici un long silence, il n'y aura plus de je, il ne dira plus jamais je, il ne dira plus jamais rien, il ne parlera à personne, personne ne lui parlera, il ne parlera pas tout seul, il ne pensera pas, il ira, je serai dedans, il se laissera tomber pour dormir, pas n'importe où, il dormira mal, à cause de moi, il se lèvera pour aller plus loin, il ira mal, à cause de moi, il ne pourra plus rester en place, à cause de moi, il n'y a plus rien dans sa tête, j'y mettrai le nécessaire.

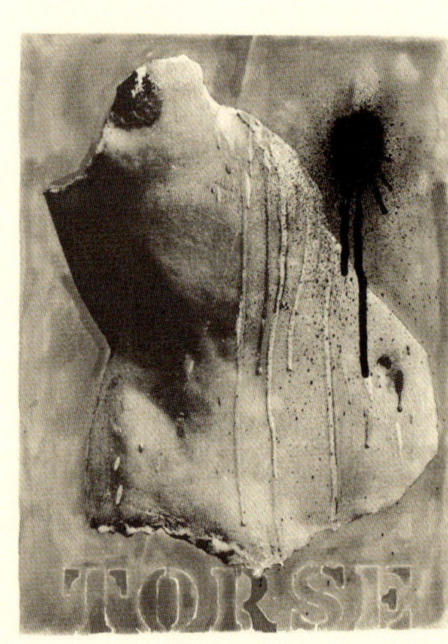

Vieille terre, assez menti, je l'ai vue, c'était moi, de mes yeux grifanes d'autrui, c'est trop tard. Elle va être sur moi, ce sera moi, ce sera elle, ce sera nous, ça n'a jamais été nous. Ce n'est peut-être pas pour demain, mais trop tard. C'est pour bientôt, comme je la regarde, et quel refus, comme elle me refuse, la tant refusée. C'est une année à hannetons, l'année prochaine il n'y en aura pas, ni l'année suivante, regarde-les bien. Je rentre à la nuit, ils s'envolent, ils lâchent mon petit chêne et s'en vont, gavés, dans les ombres. Tristi fummo ne l'aere dolce. Je rentre, lève le bras, saisis la branche, me mets debout et rentre dans la maison. Trois ans dans la terre, ceux qui échappent aux taupes, puis dévorer, dévorer, dix jours durant, quinze jours, et chaque nuit le vol. Jusqu'à la rivière, peut-être, ils partent vers la rivière. J'allume, j'éteins, honteux, je reste debout devant la fenêtre, je vais d'une fenêtre à l'autre, en m'appuyant aux meubles. Un instant je vois le ciel, les différents ciels, puis ils se font visages, agonies, les différentes amours, bonheurs aussi, il y en a eu aussi, malheureusement. Moments d'une vie, de la mienne, entre autres, mais oui, à la fin. Bonheurs, quels bonheurs, mais quelles morts, quelles amours, sur le moment je l'ai su, c'était trop tard. Ah aimer, mourant, et voir mourir, les êtres vite chers, et être heureux, pourquoi ah, pas la peine. Non mais maintenant, seulement rester là, debout devant la fenêtre, une main au mur, l'autre accrochée à la chemise, et voir le ciel, un peu longuement, mais non, hoquets et spasmes, mer d'une enfance, d'autres ciels, un autre corps.

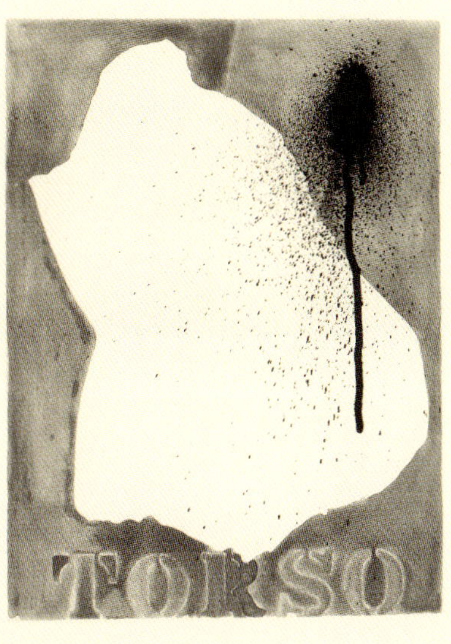

Old earth, no more lies, I've seen you, it was me, with my other's ravening eyes, too late. You'll be on me, it will be you, it will be me, it will be us, it was never us. It won't be long now, perhaps not tomorrow, nor the day after, but too late. Not long now, how I gaze on you, and what refusal, how you refuse me, you so refused. It's a cockchafer year, next year there won't be any, nor the year after, gaze your fill. I come home at nightfall, they take to wing, rise from my little oaktree and whirr away, glutted, into the shadows. I reach up, grasp the bough, pull myself up and go in. Three years in the earth, those the moles don't get, then guzzle guzzle, ten days long, a fortnight, and always the flight at nightfall. To the river perhaps, they head for the river. I turn on the light, then off, ashamed, stand at gaze before the window, the windows, going from one to another, leaning on the furniture. For an instant I see the sky, the different skies, then they turn to faces, agonies, loves, the different loves, happiness too, yes, there was that too, unhappily. Moments of life, of mine too, among others, no denying, all said and done. Happiness, what happiness, but what deaths, what loves, I knew at the time, it was too late then. Ah to love at your last and see them at theirs, the last minute loved ones, and be happy, why ah, uncalled for. No but now, now, simply stay still, standing before a window, one hand on the wall, the other clutching your shirt, and see the sky, a long gaze, but no, gasps and spasms, a childhood sea, other skies, another body.

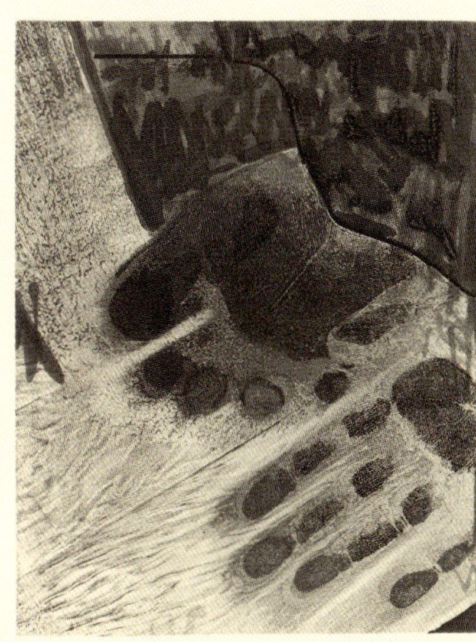

Horn came always at night. I received him in the dark. I had come to bear everything bar being seen. In the beginning I would send him away after five or six minutes. Till he learnt to go of his own accord, once his time was up. He consulted his notes by the light of an electric torch. Then he switched it off and spoke in the dark. Light silence, dark speech. It was five or six years since anyone had seen me, to begin with myself. I mean the face I had pored over so, all down the years. Now I would resume that inspection, that it may be a lesson to me, in my mirrors and looking-glasses so long put away. I'll let myself be seen before I'm done. I'll call out, if there is a knock, Come in! But I speak now of five or six years ago. These allusions to now, to before and after, and all such yet to come, that we may feel ourselves in time. I had more trouble with the body proper. I masked it as best I could, but when I got out of bed it was sure to show. For I was now beginning, then if you prefer, to get out of bed again. Then there is the matter of its injuries. But the body was of less consequence. Whereas the face, no, not at any price. Hence Horn at night. When he forgot his torch he made shift with matches. Were I to ask, for example, And her gown that day? then he switched on, thumbed through his notes, found the particular, switched off and answered, for example, The yellow. He did not like one to interrupt him and I must confess I seldom had call to. Interrupting him one night I asked him to light his face. He did so, briefly, switched off and resumed the thread. Interrupting again I asked him to be silent for a moment. That night things went no further. But the next, or more likely the next but one, I desired him at the outset to light his face and keep it lit till further notice. The light, bright at first, gradually died down to no more than a yellow glimmer which then, to my surprise, persisted undiminished some little while. Then suddenly it was dark again and Horn went away, the five or six minutes having presumably expired. But here one of two things, either the final extinction had coincided, by some prank of chance, with the close of the session, or else Horn, knowing his time to be up, had cut off the last dribs of current. I still see, sometimes, that waning face disclosing, more and more clearly the more it entered shadow, the one I remembered. In the end I said to myself, as unaccountably it lingered on, No doubt about it, it is he. It is in outer space, not to be confused with the other, that such images develop. I need only interpose my hand, or close my eyes, to banish them, or take off my eyeglasses for them to fade. This is a help, but not a real protection, as we shall see. I try to keep before me therefore, as far as possible, when I get up, some such unbroken plane as that which I command from my bed, I mean the ceiling. For I have taken to getting up again. I thought I had made my last journey, the one I must now try once more to elucidate, that it may be a lesson to me, the one from which it were better I had never returned. But the feeling gains on me that I must undertake another. So I have taken to getting up again and making a few steps in the room, holding on to the bars of the bed. What ruined me at bottom was athletics. With all that jumping and running when I was young, and even long after in the case of certain events, I wore out the machine before its time. My fortieth year had come and gone and I still throwing the javelin.

Kiki Smith

geboren 1954 in Nürnberg

Wie eine Explosion gestischer Linien mutet Kiki Smiths Lithografie von 1990 an, wirkt scheinbar abstrakt und doch organisch. Erst beim genaueren Hinsehen erkennt man in den oberen Ecken und unten rechts Teilabdrücke eines menschlichen Gesichts und identifiziert dadurch das wilde Liniengespinst als Haar. Wie Jasper Johns' Radierungen ***/ Kat. 15, S. 86–87*** zeigt auch Smiths Lithografie ein Selbstporträt, allerdings ein mehrfach ‚übersetztes', denn die Künstlerin übertrug ihr Gesicht nicht direkt auf die Lithoplatte, von der später gedruckt wurde, sondern über den Schritt der Gipsabformung.[1] Da Smith die Dreidimensionalität des Kopfes in die Fläche des Bildes übersetzen wollte, eine Bildidee, die sie über mehrere Jahre hinweg beschäftigte, nahm sie mit Dentalgips zunächst einen Abdruck ihres Kopfes. Der Gips eignete sich jedoch nicht zum Druck, und so wurde von ihm ein Hartgummimodell genommen, um es anschließend, mit Druckfarbe eingerieben, auf der lithografischen Platte ‚abzurollen'. Die dichten Locken, die gleichsam die kaleidoskopartig[2] angeordneten Abdrücke des Kopfes zusammenbinden, wurden sodann mithilfe von Fotokopien nach Smiths eigenem Haar, von einer Perücke und von Maisgrannen in mehreren Vorgängen übereinander gedruckt. In den unregelmäßigen ‚Fransen' des handgeschöpften Japanpapiers scheinen sich die Haare fortzusetzen. Sie bündeln für die Künstlerin eine Vielzahl historischer, religiöser und persönlicher Bedeutungsebenen, von Erinnerung an Verstorbene über Reliquien bis hin zur weiblichen Sexualität.[3]

„Meine Arbeit ist aus kleinsten Teilchen des Körpers entstanden, dann durch den Körper gegangen und schließlich außerhalb des Körpers angekommen",[4] erklärte Kiki Smith 1994. In den unterschiedlichsten Medien hatte sie bis dahin den in seine Einzelteile zerlegten Körper immer wieder repräsentiert, hinterfragt und zu verstehen gesucht. Das Medium der Druckgrafik, bei dem, insbesondere auf handgeschöpftem Papier, selten ein Abzug dem anderen gleicht, erschien ihr dafür besonders geeignet: „Drucke ahmen unser Menschsein nach: Wir sind alle gleich, und doch ist jeder anders."[5]

1 Zum Werkprozess vgl. Weitman 2003, S. 21; Heid 2019, S. 84–88.
2 Diesen treffenden Vergleich zog Catherine Daunt in: Ausst.-Kat. London 2017, S. 282.
3 Vgl. Weitman 2003, S. 22.
4 „My work has evolved from minute particles within the body, up through the body, and landed outside the body", Kiki Smith, zit. nach Engberg 2005, S. 25; ins Deutsche übersetzt von Jan Röhnert.
5 „Prints mimic what we are as humans: we are all the same and yet every one is different", Kiki Smith, zit. nach Weitman 2003, S. 44; ins Deutsche übersetzt von Jan Röhnert.

Untitled (Hair)

1990

Lithografie in Schwarz über Schwarzbraun in zehn Druckvorgängen auf handgeschöpftem Mitsumashi-Japanpapier
915 × 910 mm (Blatt)

16

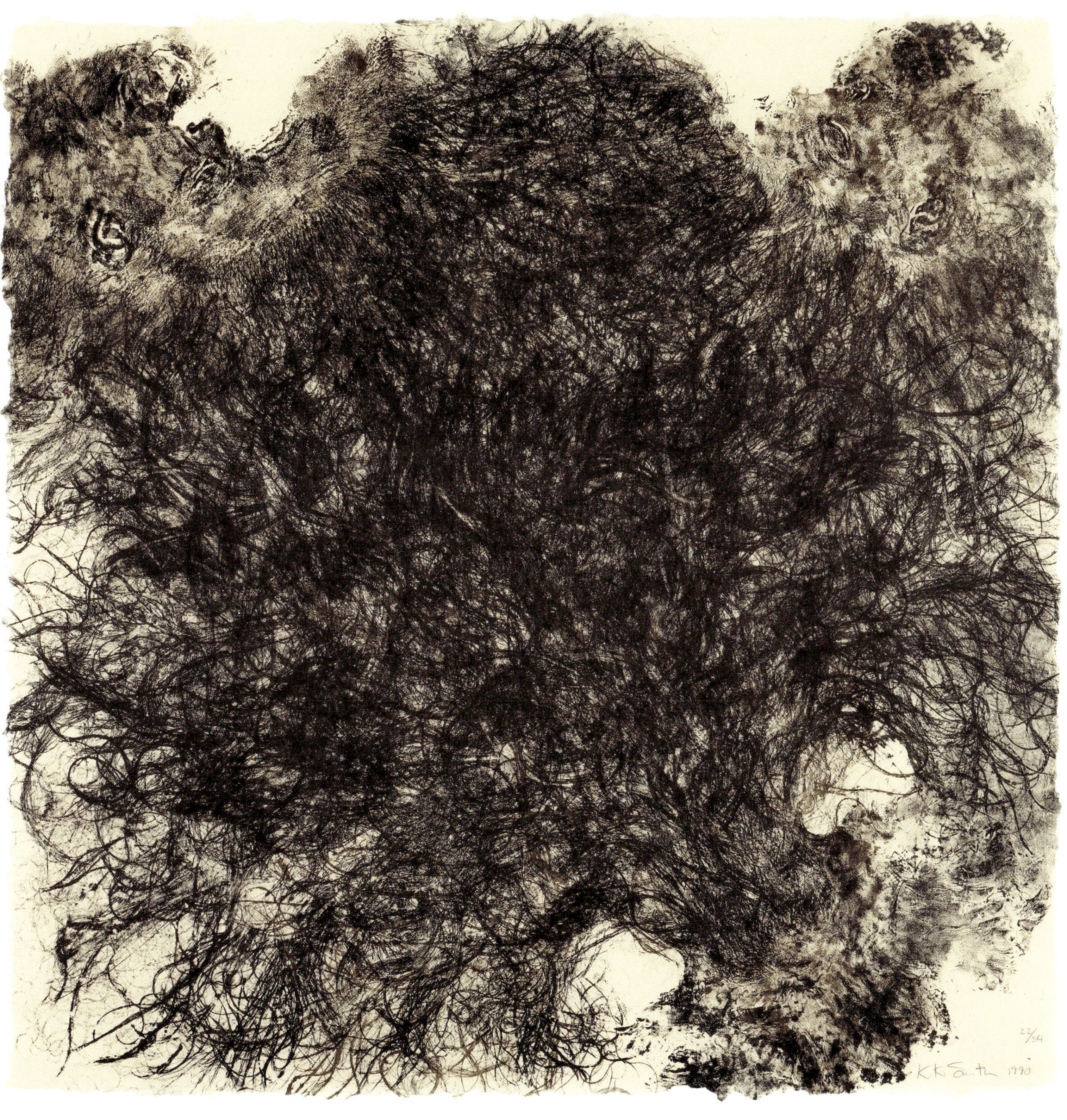
22/54
1990

Bruce Nauman

geboren 1941 in Fort Wayne, Indiana

Der menschliche Körper als formbares Material begegnet Ende der 1960er Jahre in einer ganzen Reihe von Arbeiten Bruce Naumans. „Wenn du Ton so bearbeiten kannst, dass daraus Kunst entsteht, kannst du dich selbst auch in Kunst vorstellen", so Nauman. „Es geht darum, den Körper als Werkzeug zu gebrauchen, als einen Gegenstand, den man bearbeiten kann."[1] 1968 zeichnete Nauman eine Sequenz von elf Hologrammen auf, in denen er sein Gesicht auf unterschiedliche Weise mit den Fingern in Form brachte: Er presste die Lippen zusammen, zog sie herunter oder auseinander, drückte die Wangen ein etc., sodass sein Gesicht grimassierend verzerrt erschien. Bezeichnenderweise nannte er diese Arbeit *Making Faces* („Gesichter machen") und beschrieb damit die Gesichtsmanipulationen nicht nur als nicht eindeutig dechiffrierbaren gestisch-mimischen, sondern vor allem auch als bildhauerischen Akt. Zwei Jahre später übersetzte Nauman fünf Fotografien, die in Vorbereitung dieser Hologramme entstanden waren, in eine Folge von zweifarbigen Siebdrucken.[2] Durch die leichte Phasenverschiebung der gelben zu der schwarzen Druckplatte entsteht ein in diesem Sinne passend dreidimensionaler Effekt. Auch ist der Körper so weit als möglich anonymisiert. Im engen Ausschnitt lässt sich das Gesicht nur fragmentarisch wahrnehmen, die Augen fehlen. Zu sehen ist dadurch ein Körper ohne Identität als reines Material.

1 „If you can manipulate clay and end up with art, you can imagine yourself in [art] as well. It has to do with using the body as a tool, an object to manipulate", Bruce Nauman, zit. nach Ausst.-Kat. Paris 2015, S. 26; ins Deutsche übersetzt von Jan Röhnert.

2 Vgl. zu der Folge Cordes 1989, S. 25–26; Ausst.-Kat. Karlsruhe 1999, S. 84–88; Ausst.-Kat. Paris 2015, S. 26; Bal 2017, S. 25–27.

Studies for Holograms

(a) pinched lips, (b) pulled lower lip, (c) pinched cheeks, (d) pulled neck, (e) pulled lips

1970

Folge von fünf Siebdrucken in Gelb über Schwarz auf Kromekote-Papier
Je ca. 661 × 661 mm (Blatt), je 513–518 × 661 mm (Druck)

17

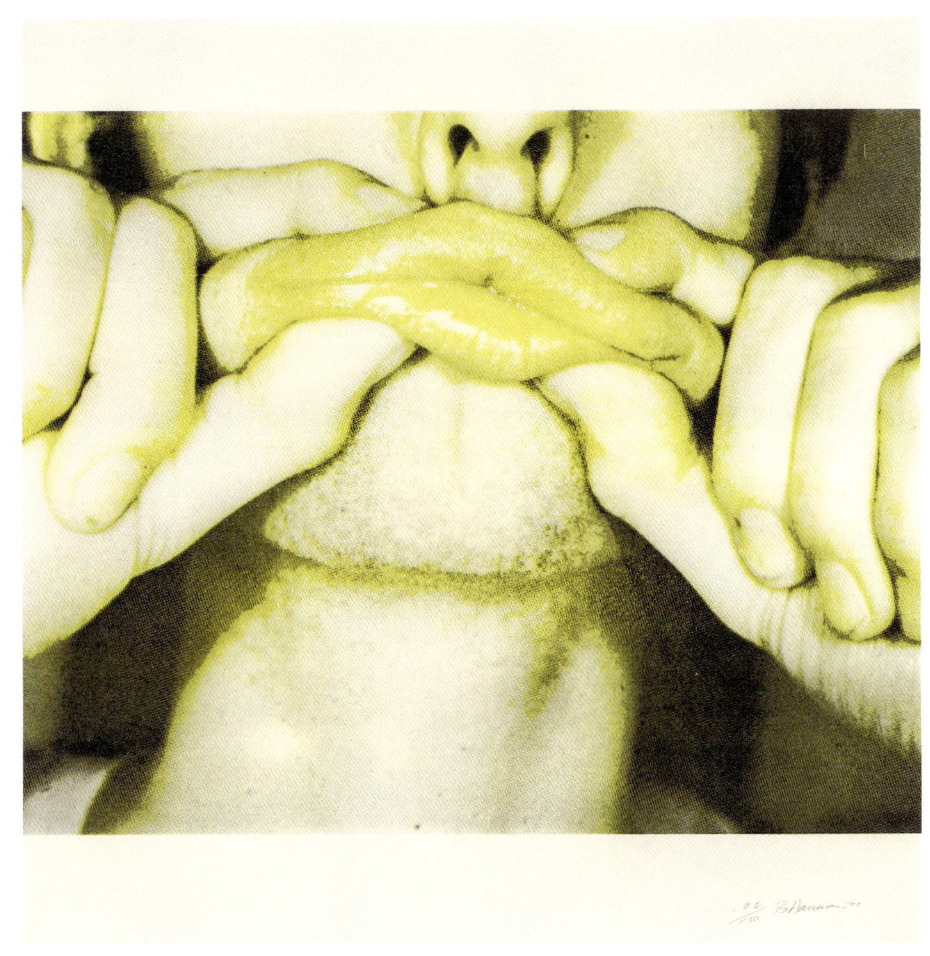

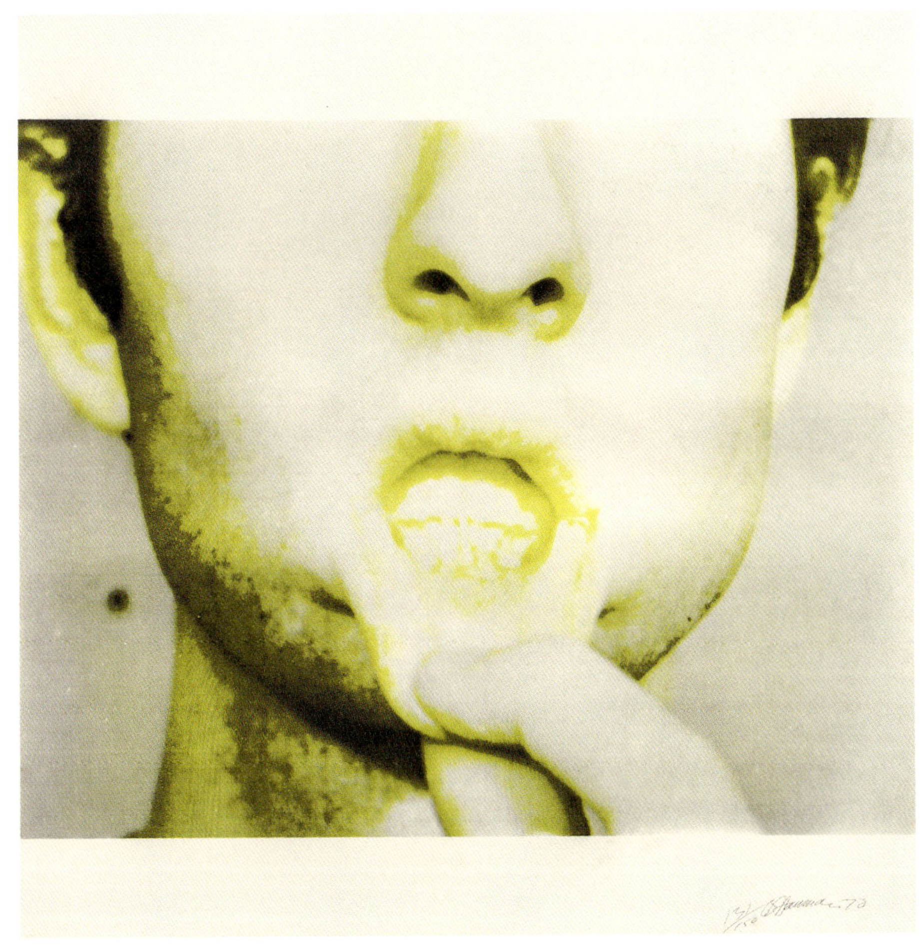

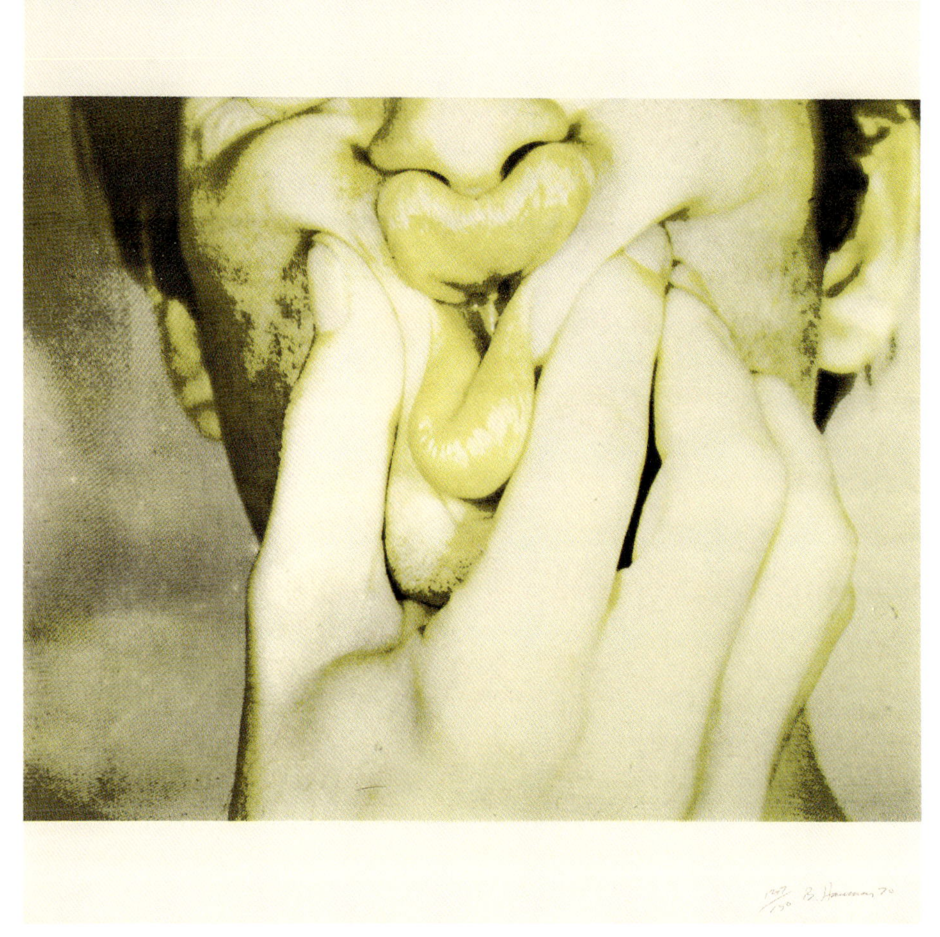

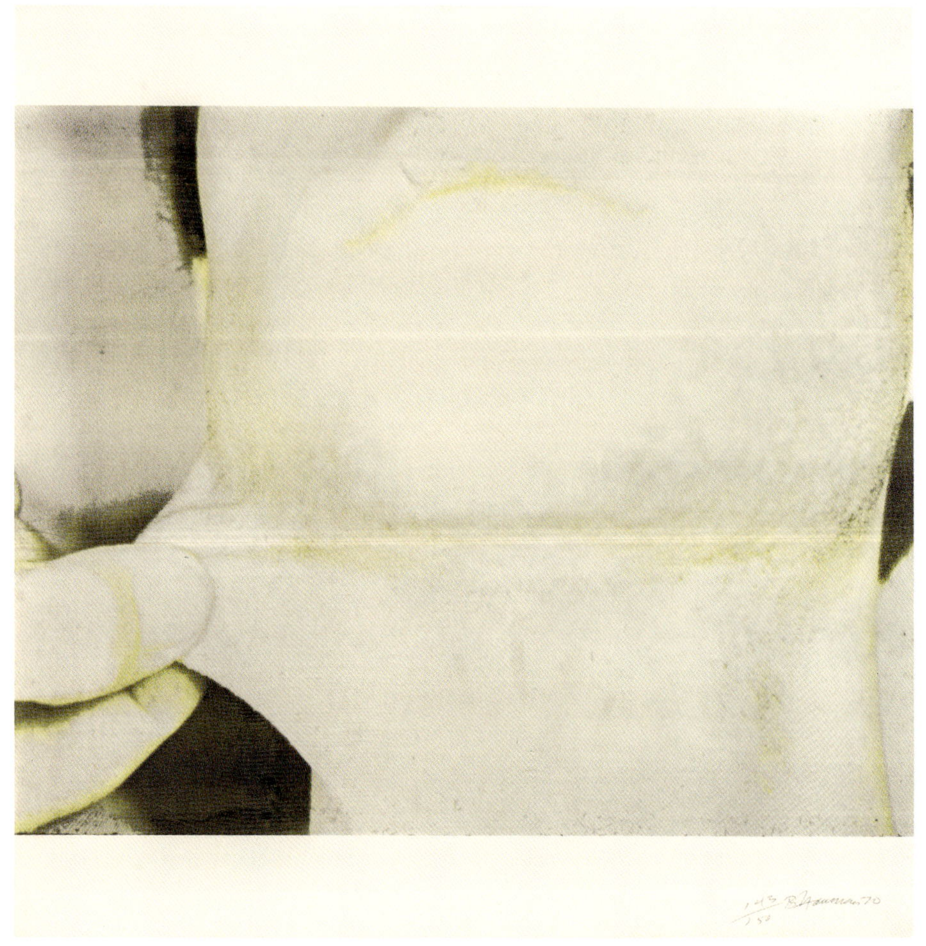

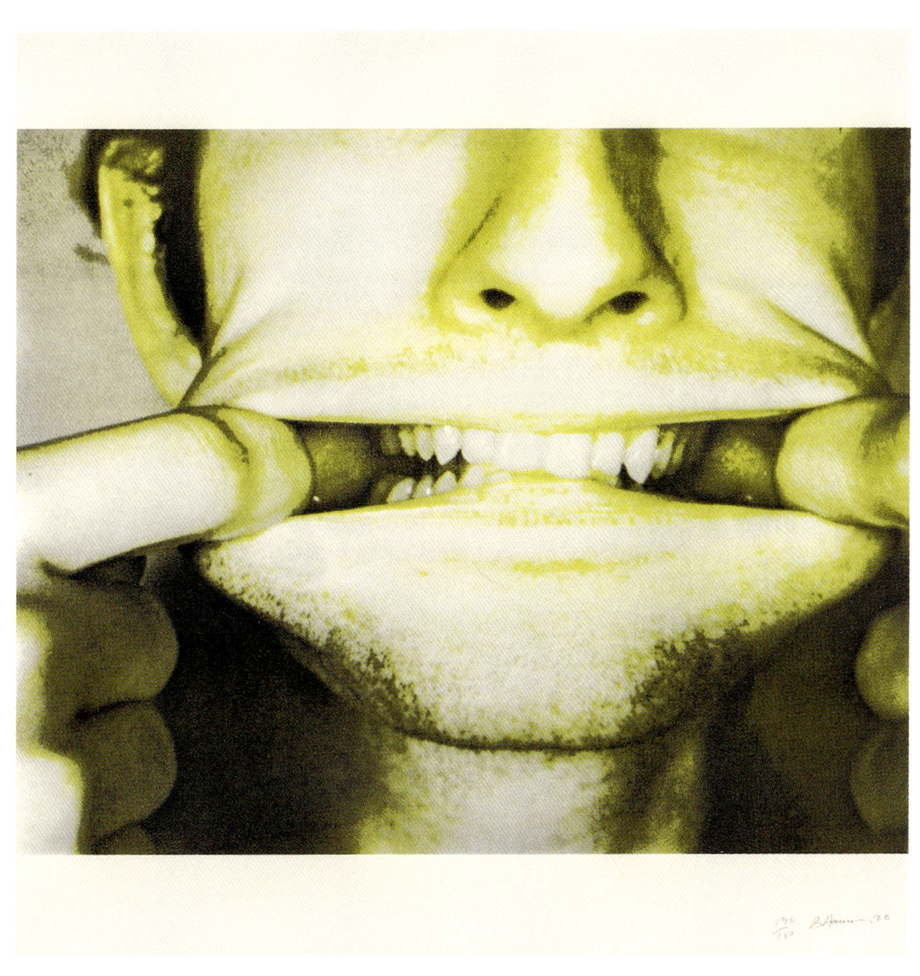

Robert Longo

geboren 1953 in Brooklyn, New York

Inspiriert von Rainer Werner Fassbinders Film *Der amerikanische Soldat* (1970) entstand zwischen 1977 und 1982 Robert Longos vielleicht erfolgreichste Werkgruppe: die Kohle- und Grafitzeichnungen der Folge *Men in the Cities.*[1] In Zeitlupe stürzt gegen Ende des Films von Fassbinder die Hauptfigur Ricky von einem Schuss tödlich getroffen in einer nahezu abstrakten tänzerischen Bewegung zu Boden. Auf dem Dach seines New Yorker Studios versuchte Longo ähnliche Bewegungen zu rekonstruieren. Er bewarf seine Modelle – darunter die befreundete Künstlerin Cindy Sherman, den Maler Mark Innerst oder den Musiker Jules Baptiste – mit Tennisbällen und hielt ihre Reaktionen in Fotografien fest. Diese fotografischen Studien übersetzte er anschließend frei in lebensgroße Zeichnungen. Einzelne Kompositionen, darunter *Jules* und *Mark,* wiederholte er später für Druckgrafiken in kleinerem Format, enger beschnitten und dadurch nahsichtiger wirkend. Er zeichnete die Kompositionen dafür mit Lithokreide direkt auf die Druckplatte. Ein Verwischen von Übergängen und Schattenzonen war ihm hier nicht möglich, und so prägt die gedruckten Darstellungen ein härterer und auch schärferer Kontrast.[2] Die Grenze des weißen Bildraums wird zudem nicht länger durch den Blattrand, sondern durch eine dezente Rahmung beschrieben, die dem Velinpapier mithilfe einer Metallplatte eingeprägt wurde.

Jules

1982/83

Lithografie in Schwarz und Grau mit Prägedruck auf Arches-Velinpapier
933 × 532 mm (Blatt), 762 × 381 mm (Platte)

Mark

1982/83

Lithografie in Schwarz und Grau mit Prägedruck auf Arches-Velinpapier
929 × 534 mm (Blatt), 762 × 382 mm (Platte)

18/19

Vor diesem begrenzten und doch unbestimmten Hintergrund winden sich in den Lithografien *Jules* und *Mark* zwei Männergestalten. Robert Longo gab sie in leichter Untersicht eingefroren in stark expressiver Gestik und Bewegung. Ob sie von Schüssen getroffen wurden oder tanzen, ob sie Schmerz empfinden oder sich in Ekstase befinden, ist nicht zu entscheiden. Ihrer Kleidung nach könnten sie Geschäftsleute sein, Bankangestellte, Rechtsanwälte oder Politiker; der Titel identifiziert sie als konkrete Personen, doch bleiben die isolierten Gestalten in ihrer physisch-emotionalen Präsenz anonym. Longo ging es um den Rhythmus der Körper, um Bewegung und Spannung. In seiner abstrakten ,Choreografie' löst sich die Identität der Dargestellten auf.[3]

1 Vgl. zu der Werkgruppe Ratcliff 1983; Benezra 1988, S. 19–20; Price/Sherman 2009; Ausst.-Kat. London 2017, S. 216. Die vorausgehenden Zeichnungen der Kompositionen von *Jules* und *Mark* sind abgebildet in: Ratcliff 1985, S. 53. Die Zeichnung zu *Jules* von 1981 wurde 2017 bei Phillips in London versteigert (*20th Century & Contemporary Art Day Sale,* London, 10.3.2017, Los 163).

2 Vgl. die Ausführungen von Longo selbst, zit. in: Ratcliff 1983, S. 95.

3 „They're about a kind of rhythm that translates through the body, abstract notations of movement and tension", Robert Longo, zit. nach Price/Sherman 2009, S. 9.

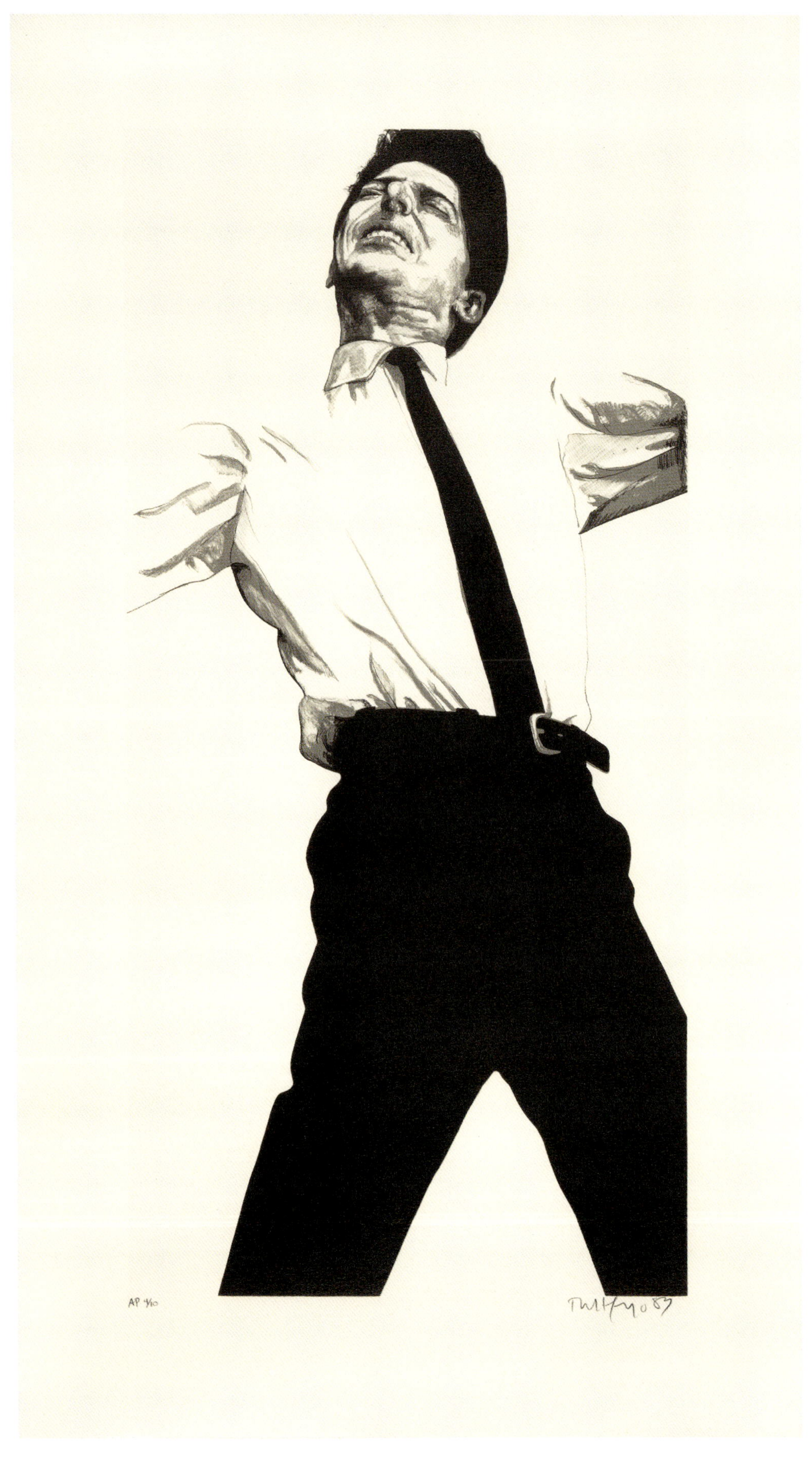

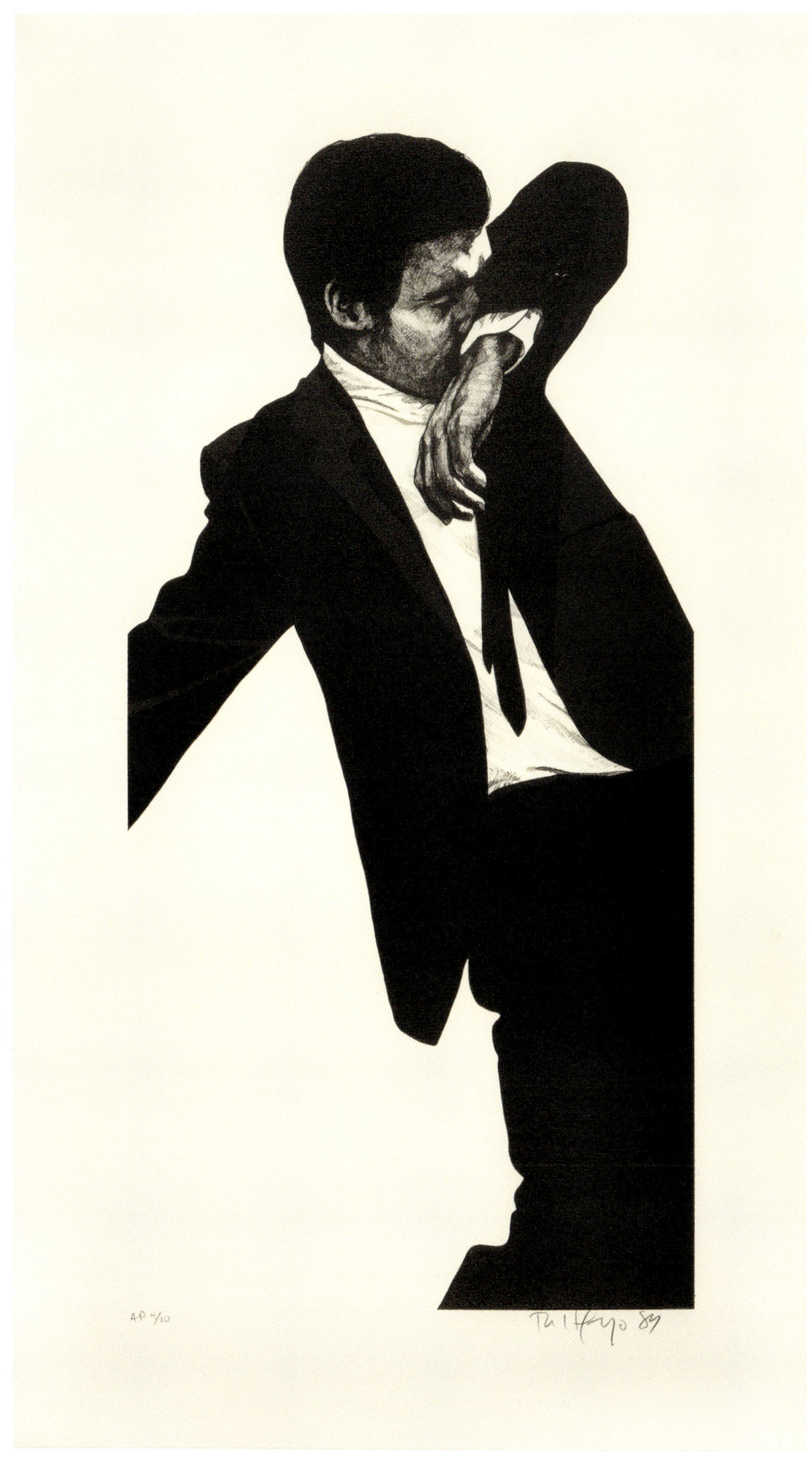

Chuck Close

Monroe, Washington, 1940–2021 Oceanside, New York

Seit Ende der 1960er Jahre arbeitete Chuck Close nach Fotografien von Menschen aus seiner näheren Umgebung – und doch entstanden im eigentlichen Sinn keine Porträts. Das Gesicht, meist frontal bis zum Hals vor hellem oder dunklem Hintergrund fotografiert und dann in ein neues Format und Medium übertragen, ist nur scheinbar das Sujet. Das Interesse des Künstlers galt der Übersetzung von einem Medium ins andere, auch im Hinblick darauf, wie das jeweilige Bildvokabular die Gesamtwirkung des Kunstwerks beeinflusst.[1] Close zerlegte die fotografische Vorlage dafür mithilfe eines quadratischen Rasters in einzelne Segmente und baute das Gesicht anschließend Zeile für Zeile wieder auf; das Raster wurde zu einem eigenen künstlerischen Ausdrucksmittel. Vom Bildgegenstand durch dieses Raster, aber auch schon „durch die Verwendung eines Fotos als Vorlage distanziert, rückt die Transformation, die Arbeit am Bild in den Mittelpunkt".[2] Dies wird umso offensichtlicher, wenn man die Variationen einzelner, häufig wiederverwendeter Vorlagen nebeneinander sieht: Wie eine ‚Testreihe' dokumentieren sie den konzeptuellen Ansatz des Künstlers, seine systematische wie analytische Arbeitsweise sowie seine gleichzeitig große Freiheit im Einsatz der Medien.

Von der Fotografie des befreundeten Komponisten Philip Glass entstanden seit 1969 über zwanzig Variationen,[3] zunächst illusionistisch wiedergegeben, dann zusammengesetzt aus Fingerabdrücken, diagonalen Schraffen, eingefärbten kleinen Scheiben aus Papier oder, wie 1995, als Spitbite-Aquatinta geätzt. Das Raster hatte Close dafür zunächst in die mit einem wachsweichen Säureschutz grundierte Platte geritzt, geätzt, die Platte sodann mit Kolophonium bestäubt und die Harzkörnchen anschließend durch

Phil Spitbite

1995

Spitbite-Aquatinta auf Velinpapier
703 × 504 mm (Blatt), 466 × 373 mm (Platte)

Self-Portrait

1999

Reliefdruck von lasergeschnittener Acrylplatte auf Okawara-Japanpapier
999 × 754 mm (Blatt), 975 × 750 mm (Platte)

20/21

Hitze mit der Platte verschmolzen.[4] Die so entstandene fein gekörnte Oberfläche erlaubte es, Flächen zu drucken. In das Raster trug Close daraufhin mit dem Pinsel je einen Punkt Ätzlack auf, der, angemischt mit Wasser oder menschlicher Spucke *(spit)*, jene geschlossenen, weichen Ränder ausbildet, die die Rasterpunkte von *Phil Spitbite* kennzeichnen. Die Dauer der Ätzung bestimmte dabei deren Grauwert.

Für das vier Jahre später entstandene monumentale Selbstbildnis wählte Close ebenfalls ein Tiefdruckverfahren, ließ die Druckplatte aber aus lasergeschnittenem Acryl herstellen, die anschließend in Schwarz eingefärbt und auf Japanpapier abgezogen wurde.[5] Die einzelnen Rasterquadrate zeigen dabei abstrakte, amorph bis symbolhaft wirkende Formen, die seit den 1990er Jahren viele der Zeichnungen, Gemälde oder auch Siebdrucke von Close prägen.[6] Noch stärker als in den weichen Punkten lösen sich hier in den Segmenten „physiognomische Einzelheiten in abstrakte Zeichen auf".[7] Erst beim Betrachten aus einiger Entfernung werden die einzelnen, im Raster fragmentierten Informationen (analog zum menschlichen Sehprozess) wieder zusammengesetzt. Chuck Close' ‚Gesichter' sind dadurch gleichzeitig abbildhaft und abstrakt, augenblickshaft wie zeitlos, die Dargestellten aber sind als Individuen in ihnen zugleich als Motiv anwesend wie in der eigentlichen konzeptuellen Bildaussage abwesend.

1 Zum künstlerischen Konzept von Chuck Close vgl. Kern 1979, S. 11–18; Lyons/Storr 1987; Schwabsky 2000 sowie die Zitate von Chuck Close in: Brehm 1994, S. 63, 65.
2 Brehm 1994, S. 62.
3 Vgl. Lyons/Storr 1987, S. 92.
4 Vgl. zur Drucktechnik Sultan 2003, S. 77–80.
5 Von dieser Platte entstanden in Zusammenarbeit mit den Druckern David Lasry und Pedro Barbeito von *Two Palms Press*, New York, zunächst zwei andere Abzüge, *Self-Portait I*, gedruckt in Schwarz auf blaugrauem Papier (Twinrocker), sowie *Self-Portrait II*, gedruckt in Weiß auf schwarzem Papier (Twinrocker). Die vorliegende Variante in Schwarz auf Japanpapier wurde danach von der Edition Schellmann für die Hamburger Zeitschrift *art* herausgegeben, vgl. Ausst.-Kat. New London 2000, o. S.; Sultan 2003, S. 145. Vgl. zudem Ausst.-Kat. San Francisco 2005, Kat. 62–64 (dort auch die sehr ähnliche Zeichnung von 1995, Kat. 47); Schellmann 2009, S. 78, 412.
6 Vgl. Ausst.-Kat. San Francisco 2005.
7 Brehm 1994, S. 64.

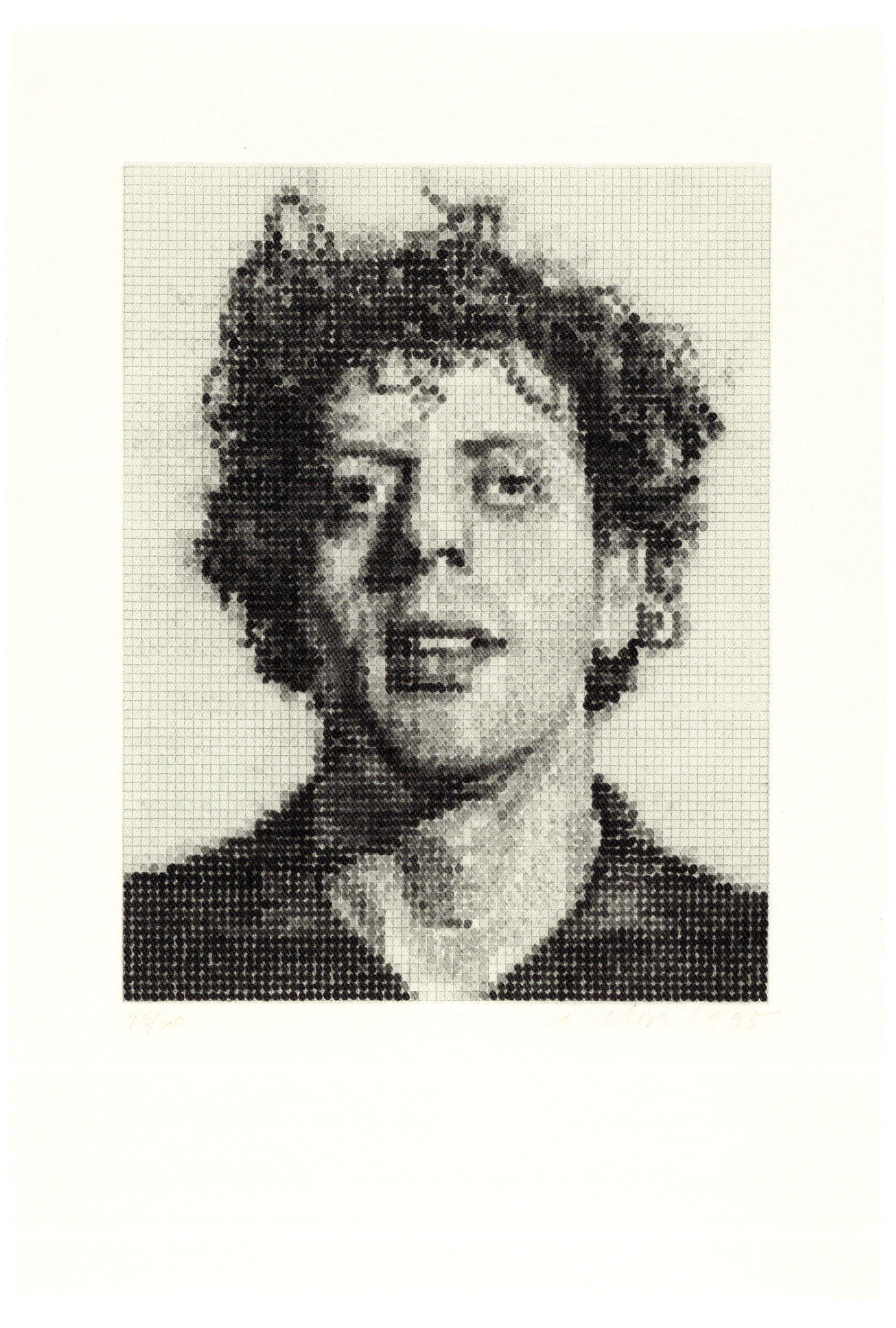

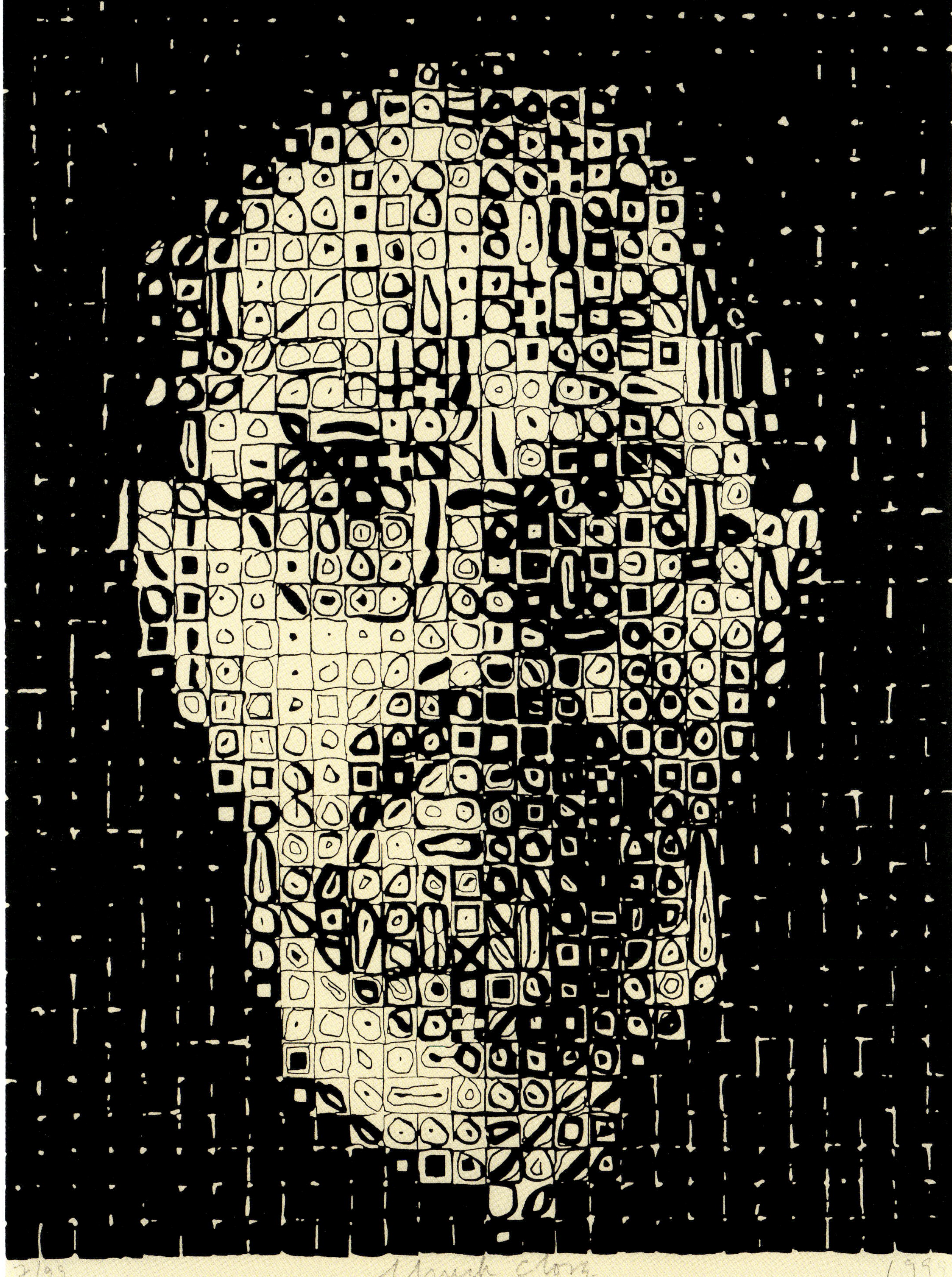
7/99
1999

Louise Bourgeois

Paris 1911–2010 New York

Die Zeichnungen von Louise Bourgeois sind „Pensées-plumes“,[1] „Gedankenfedern“. Ihnen eignet etwas Tagebuchartiges, Intimes. Vielleicht auch deshalb zeigte sie Louise Bourgeois erst seit den 1980er Jahren in Ausstellungen. Der Titel der vorliegenden Federzeichnung lautet *Les pendus*. Amorphe, organisch wirkende Formen baumeln dort an einem horizontalen, Tiefe suggerierenden Liniengerüst. Wie Amöben oder Kokons muten sie an, sind mit feinen Binnenlinien und Schraffen beschrieben, die wie Fasern, Sehnen oder Haare erscheinen. Ähnliche Gebilde finden sich etwa gleichzeitig in der frühen Druckgrafik der Künstlerin, aber auch später in der Skulptur. Sie flechten sich wie „Erinnerungsstränge“[2] durch Bourgeois’ gesamtes Œuvre. An das Motiv des Hängens knüpft sich dabei explizit ein Erlebnis aus deren Kindheit: Der Vater hatte die von ihm gesammelten Stühle und Sessel im Dachboden an Pfeilern und Streben befestigt: „Es war sehr ordentlich. […] Man guckte nach oben und sah diese Lehnsessel in Reih und Glied hängen […]. Es war ziemlich beeindruckend. Das ist der Ursprung einer Vielzahl hängender Objekte.“[3]

1 Louise Bourgeois, zit. nach Lammert 2003, S. 56.
2 Kunz 1999.
3 „It was very pure. […] You would look up and see these armchairs hanging in very good order. […]. It was quite impressive. This is the origin of a lot of hanging pieces“, Louise Bourgeois, zit. nach Ausst.-Kat. London 2007, S. 154; ins Deutsche übersetzt von Jan Röhnert.

Les pendus

1949

Feder in schwarzer Tusche auf Velinpapier
281 × 140 mm

22

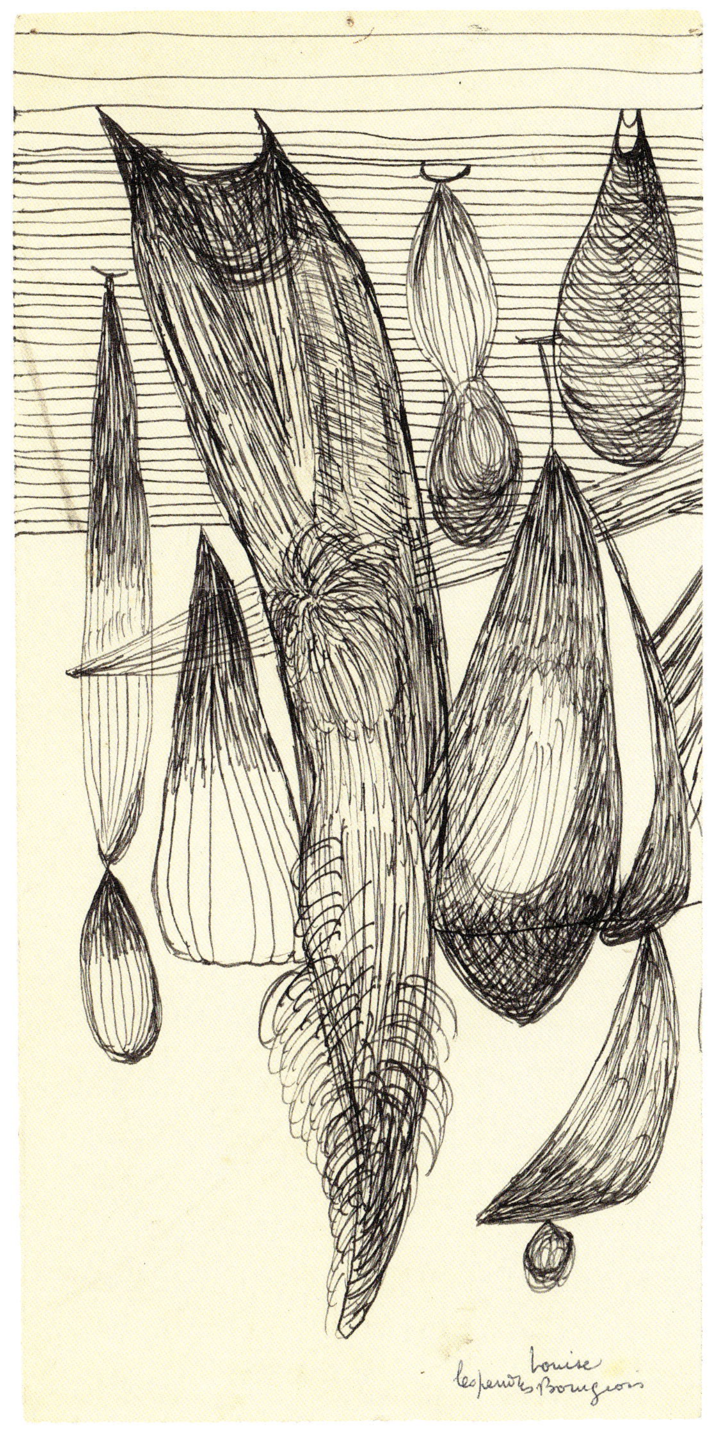
Louise
Bourgeois

Kara Walker

geboren 1969 in Stockton, California

Kara Walkers Messerschnitt aus grünem und lilafarbenem Tonpapier erinnert aus der Ferne an eine Klecksografie. Das wesentliche kompositorische Element ist hier wie dort die Spiegelung der Darstellung. Sie ergibt sich bei der lilafarbenen Silhouette durch den Schnitt aus einem zuvor mittig der Länge nach gefalteten Papier. Bei dem darunterliegenden, auf grünes Tonpapier kaschierten, ebenfalls grünen Messerschnitt entsteht sie durch eine überlappende und gegeneinander gedrehte Montierung von geschnittenem Motiv (positive Form) und verbleibendem Papier (negative Form). Positiv wie Negativ beschreiben ein weibliches Gesicht im Profil mit offenem Haar und einer Schute auf dem Kopf, einem breitrandigen Hut aus Stroh oder Stoff, der noch Mitte des 19. Jahrhunderts in Mode gewesen war. Gerahmt wird diese Silhouette von der figürlich-szenischen Komposition des Faltschnitts in Lila, die – darauf verweisen die klassizistische Antebellum-Villa mit umlaufender Säulenhalle und die weiten Reifröcke – gleichfalls in der Vergangenheit anzusiedeln ist, und zwar in den Südstaaten vor dem Sezessionskrieg. Der Herr mit Hut und herbeiwinkender Handgeste kann in diesem Kontext als Plantagenbesitzer oder Aufseher gelesen werden, die drei weiblichen Gestalten im Profil als Sklavinnen, wobei die am weitesten von ihm entfernte einen Affen auf den Schultern trägt. Walker betitelte die Papierarbeit als *Octaroon* nach einer veralteten, rassistischen Bezeichnung für Menschen, deren Herkunft zu einem Achtel von Vorfahren aus Afrika abgeleitet wurde.

Seit den 1990er Jahren wählt Kara Walker das Mittel der Silhouette, um über das historische Thema der Sklaverei in den Vereinigten Staaten vor dem Unabhängigkeitskrieg noch heute aktuelle Fragen zu Geschichte und Erinnerung, zu gesellschaftlichen Konstruktionen wie Hautfarbe und Geschlecht sowie zu kultureller Identität zu verhandeln.[1] Da die Silhouette die Darstellung auf die von der Kontur umschlossene Fläche reduziert, arbeitet Walker mit Überzeichnungen, deren bitterböse Schärfe und teils unverhohlene Krassheit sich durch die gefällige Ästhetik des Schattenrisses erst auf den zweiten Blick offenbart. Dass ihre verkürzte Bildsprache dennoch überraschend leicht lesbar ist, bestätigt, wie sehr die von Walker gewählten rassistischen wie sexistischen Stereotype bis heute verinnerlicht sind.[2] Für Walker funktioniert der Schattenriss daher „trotz vieler Details wie ein Rorschachtest – wobei die Betrachter ihre bisweilen unangenehmen und bezeichnenden Interpretationen der Bilder beisteuern".[3] Die formale Annäherung an die dem Rorschachtest zugrunde liegende Klecksografie ist bei *Octaroon* entsprechend programmatisch: Sie verweist auf die unbewussten, nichtreflektierten Aspekte und Mechanismen des kulturellen Gedächtnisses, die den Menschen als Teil einer Gesellschaft in seinem Denken und Handeln so lange unbewusst prägen, bis er sie sich vergegenwärtigt und dazu neu verhält.

1 Vgl. zu Kara Walker u. a. Walker 2000, S. 152–158; Ausst.-Kat. Frankfurt 2002; Ausst.-Kat. Hannover 2002; Hobbs 2002, S. 73–93; Ausst.-Kat. Saratoga Springs 2003; Ausst.-Kat. Minneapolis 2007; Raymond 2007; Vergne 2007; Ausst.-Kat. Basel 2021. – Zur Kunstform der Silhouette und ihrem Bezug zur afroamerikanischen (Kunst-) Geschichte vgl. u. a. die Ausführungen von Hobbs 2002, S. 88–90; Anne M. Wagner in: Ausst.-Kat. Saratoga Springs 2003, S. 91–96; Vergne 2007, S. 8–10.

2 Vgl. dazu auch die Ausführungen von Eungie Joo in: Ausst.-Kat. Hannover 2002, S. 41.

3 Kara Walker in einem Interview mit Hans Ulrich Obrist, September 1998, https://www.mip.at/en/texts/65 (abgerufen am 25.8.2021): „These black shapes, for all their detail, still operate like an inkblot test – viewers sometimes revealing awkward and telling interpretations of the images." In der deutschen Fassung auf der Webseite ist „awkward" allerdings mit „umständlich" übersetzt.

Octaroon

2001

Messerschnitt aus grünem und lilafarbenem Tonpapier, collagiert
781 × 521 mm

23

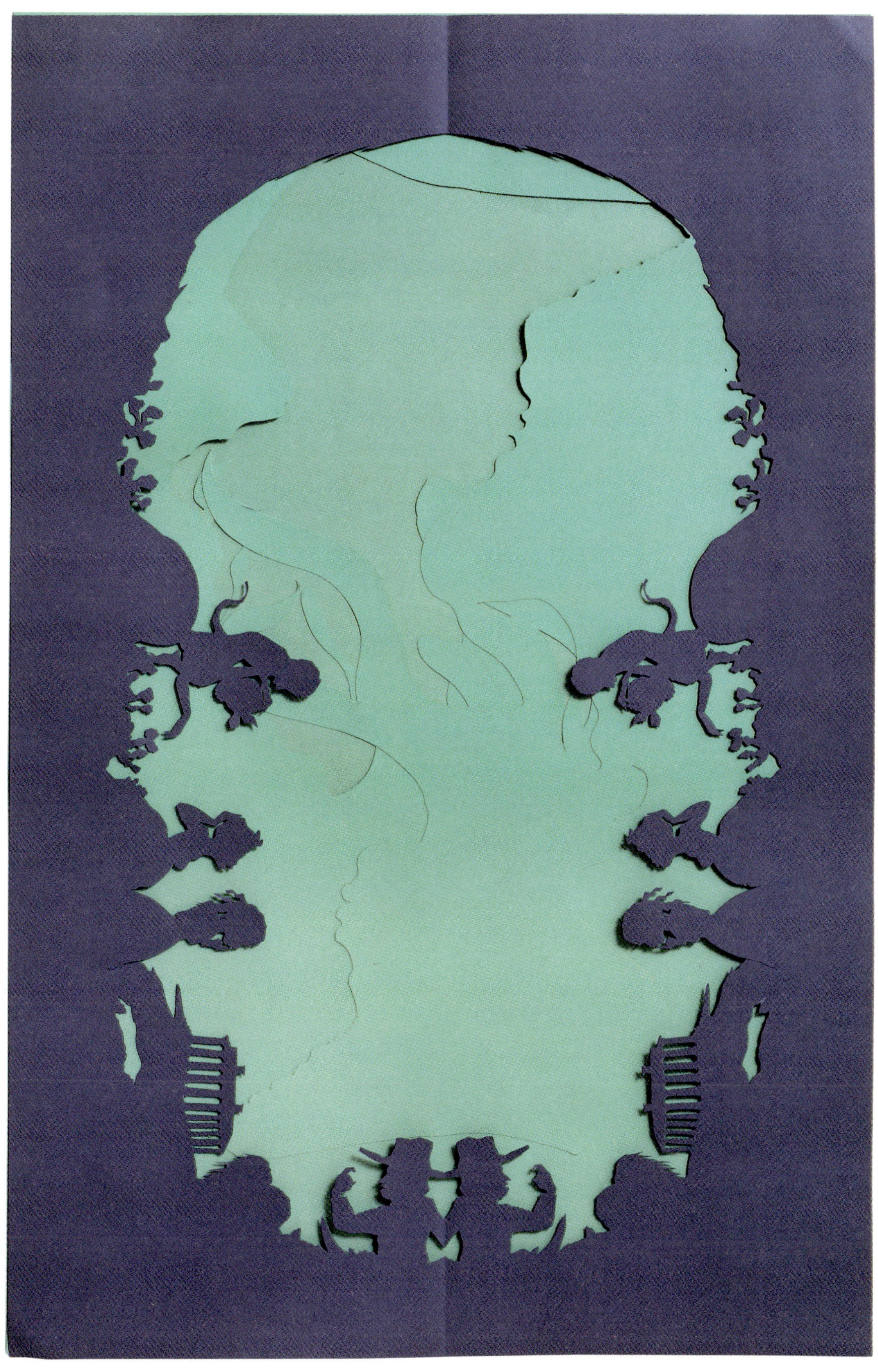

Kara Walker

geboren 1969 in Stockton, California

Mit *An Unpeopled Land in Uncharted Waters* („Ein unbevölkertes Land in unerforschten Gewässern") überschrieb Kara Walker[1] 2010 ihre Folge von sechs technisch äußerst raffinierten Druckgrafiken. Titel und Aufbau als mehrteiliges Werk lassen die Erzählung einer Geschichte erwarten, doch die Künstlerin reflektiert in den einzelnen, vielschichtigen Kompositionen vielmehr über historische und gesellschaftliche Narrative sowie über kollektives Erinnern und Vergessen, und zwar am Beispiel der afroamerikanischen Geschichte. Der Titel der Folge, der den Aufbruch in scheinbar unbevölkerte, unerforschte Gebiete beschreibt, ist ein solches Narrativ, das in der westlichen Welt untrennbar mit dem Kolonialismus verknüpft ist. Es bestimmt das Werk als Grundthema und gibt die generelle Lesart vor, wie auch die Titel der einzelnen Kompositionen deren verstehende Wahrnehmung bewusst lenken. Nichtsdestotrotz lässt sich nicht alles eindeutig entschlüsseln und verlangt daher von uns beim Betrachten eine je eigene Verständnisleistung.

Zwischen Aufbruch und Ankunft liegt die Reise, das Dazwischen, und so beginnt Walker ihre Folge mit *no world* („keine Welt"), dem einzigen Blatt, das nach Festlegung der Künstlerin allein ausgestellt werden darf. Als Rahmenhandlung schildert sie am linken Bildrand das Zusammentreffen zweier Kulturen: Zu sehen sind die stereotyp überzeichneten Silhouetten eines Europäers und eines Afrikaners, die sich begegnen. Bildbestimmend aber ist das mit feinen Linien in die Platte geritzte Schiff mit windgeblähten Segeln, das wie ein Spielzeug von zwei schwarzen Händen behutsam über den Wogen des Meeres gehalten wird, während in den Tiefen des Ozeans eine weibliche Gestalt schwimmt. Wasser, Wellen, Schiffe, auch Seewesen verweisen, so Yasmil Raymond, bei Kara Walker häufig auf das Trauma der Verschleppung und Versklavung mehrerer Millionen Afrikanerinnen und Afrikaner im transatlantischen Menschenhandel.[2] Sie knüpfen aber auch an Paul Gilroys Überlegungen zur Entstehung einer vielstimmigen afrodiasporischen „Gegenkultur der Moderne" auf dem Atlantik an.[3] Das Schiff – über dem Ozean, zwischen den Welten – impliziert beides: Trauma und Neuanfang.[4]

An Unpeopled Land in Uncharted Waters

2010

Folge von sechs Radierungen mit Aquatinta, Zuckeraussprengverfahren, Spitbite und Kaltnadel auf Hahnemühle-Kupferdruck-Velinpapier

1) no world, 768 × 1007 mm (Blatt), 606 × 905 mm (Platte)
2) beacon (after R. G.), 768 × 302 mm (Blatt), 270 × 200 mm (Platte)
3) savant, 768 × 454 mm (Blatt), 610 × 352 mm (Platte)
4) the secret sharerer, 768 × 705 mm (Blatt), 603 × 603 mm (Platte)
5) buoy, 768 × 921 mm (Blatt), 603 × 816 mm (Platte)
6) dread, 772 × 403 mm (Blatt), 606 × 302 mm (Platte)

24

Die zweite Grafik mag auf die Ankunft in Amerika verweisen, immerhin erinnert die Form der dargestellten Kerze vage an das Empire State Building in New York. Walker nannte das Blatt *beacon*. „Baken, Leuchtfeuer“ dienten dazu, das Navigieren auf See zu erleichtern oder an Land auf das Nahen von Feinden aufmerksam zu machen. Zudem fügte die Künstlerin den Zusatz „after R. G.“ („nach R[obert]. G[ober].“) hinzu, womit sie sich auf den US-amerikanischen Künstler bezieht, der in seinem Werk verschiedentlich das Motiv der Kerze aufgegriffen hat.[5] Kerzen sind, bei Walker wie bei Gober, immer wieder ein Symbol für die menschliche Sterblichkeit. Walkers schwarze Kerze brennt nicht (wie die Kerzen Gobers), sie brannte noch nie. Sie ist wie ein Schattenriss ganz flächig geätzt, während der Leuchter mit Tropfschale und Fingergriff wie mit raschen Linien gezeichnet erscheint. Die bewusst voneinander abgesetzten Formensprachen der Kerze/flächig und des Leuchters/grafisch sind auffällig. Sie mögen auf die verschiedenen kulturellen Kontexte der beiden symbolhaften Gegenstände hinweisen und im Falle der Instrumentalisierung der einen Kultur durch die andere auf deren synergetische Unvereinbarkeit (die Kerze wird nicht angezündet).

Ähnlich zum Scheitern verurteilt erscheint die Wissenschaft, die Gelehrsamkeit, die das dritte Blatt thematisiert: *Savant* („Gelehrte, Gelehrter“) zeigt eine nackte Frau im Profil. Wie die Kerze ist ihre Gestalt mit Aquatinta flächig geätzt und schwarz gedruckt. Das Gesicht ist unter einer weißen Maske verborgen, die Walker mit feinen Binnenlinien in die Platte geritzt hat. Eine Biene mit gezücktem Stachel schwebt auf Augenhöhe der Frau. Doch durch die Maske kann die Dargestellte sie nicht sehen. Wer also ist der oder die im Titel benannte Gelehrte: die Frau, die durch die Maske blind für die Gefahr ist, die von der Biene, ihrem Studienobjekt, ausgeht? Oder wir, die wir die nackte Frau – voyeuristisch – betrachten, ohne sie – da maskiert – wirklich als Person zu sehen? Oder beide, da gelerntes Wissen grundsätzlich blind macht, wenn es sich wie eine Maske undifferenziert über die eigene Wahrnehmung der Wirklichkeit legt? Dass dies ein wiederkehrendes Phänomen ist, deutet jedenfalls der Schriftzug „AGAIN“ („nochmals“) oberhalb des Kopfes an.

Noch komplexer wird die folgende Druckgrafik durch die Bild-im-Bild-Strategie: Ein junges Paar, das Walker nur als schwarze Silhouette gibt, betrachtet hier ein Bild an der Wand. Kulturelle Aneignung, aber auch deren Rezeption werden dadurch mehrfach reflektiert: einmal motivisch (Bild im Bild, Betrachtersituation), dann (außerhalb des Bildes) in der Voraussetzung unserer eigenen Betrachtung der Druckgrafik sowie durch das im Titel benannte Thema. *The secret sharerer* („Der geheime Teilhaberer") verweist auf eine Kurzgeschichte des Schriftstellers Joseph Conrad, die wiederum auf einer wahren Begebenheit beruht:[6] 1882 verhalf der Kapitän des Klippers Cutty Sark einem Seemann zur Flucht, der den Matrosen John Francis erwürgt hatte – nach den historischen Gerichtsunterlagen ein „coloured man".[7] Walker thematisiert in ihrem Bild im Bild diesen historischen Mord, allerdings unter veränderten ‚Vorzeichen'. Der Würgemord wird bei ihr sexuell aufgeladen, der Mörder zu einer Schwarzen Frau mit stereotyp überzeichneten Gesichtszügen, der Ermordete zu einem *weißen* Mann. Gleichzeitig ritzte sie beide Figuren ausschließlich mit feinen Umriss- und Binnenlinien in die Platte; sie erscheinen also unabhängig von ihrer ‚Hautfarbe' im Ton des weißen Papiers. Hautfarbe als Unterscheidungsmerkmal wird dadurch als politische und gesellschaftliche Konstruktion aufgezeigt, ein Aspekt, der sich in den Silhouetten des betrachtenden Paares wiederholt. Darüber hinaus schrieb Walker in den nicht näher bestimmbaren flächigen Hintergrund links die Kontur eines weiblichen Profilgesichts, rechts die klischeehafte Gestalt einer Schwarzen Tänzerin ein. Wie Conrad, der den historischen Mord in seiner Geschichte als Rahmenerzählung heranzog und der Prämisse seiner Erzählung anpasste, eignete sich auch Walker das historische Ereignis an und übersetzte es in ihr spezifisches künstlerisches Medium. Dass dies vor dem Hintergrund ästhetischer wie gesellschaftlicher Konventionen geschah, impliziert die Zeichnung der Frau, aber auch der Tänzerin – und gilt im Umkehrschluss auch für Conrads Text und unser eigenes verstehendes Wahrnehmen. Es ist geprägt von Festschreibungen im jeweiligen kulturellen Gedächtnis.

Weitgehend aus diesem gelöscht sind unaufgearbeitete Traumata, die aber immer wieder aufflackern. In solch übertragenem Sinne könnte der Titel *buoy* („Boje") gemeint sein, wiederum ein nautischer Begriff. Er bezeichnet einen meist verankerten Schwimmkörper, der als Signal- und Markierungszeichen oder zum Festmachen von Wassergefährten dient. Vor einem nahezu abstrakt-flächigen Hintergrund, der als Küstenstreifen gelesen werden kann, ist kaum unterscheidbar vom Dunkel der Landschaft eine nackte Schwarze Frau zu sehen: Feine (mit Pinsel und Abdecklack) aus der Aquatinta ausgesparte und damit helle beziehungsweise papierweiße Linien machen ihren Körper lesbar. Sie wirkt teilnahmslos, ihr Körper provokant ‚drapiert'. Nur Mund, Augen und Brustwarze leuchten hervor – sowie die geisterhafte Erscheinung, die sie gebiert: eine Frauengestalt mit wildem Haar, flatterndem Gewand und verstörtem Gesichtsausdruck, die von hinten zwei schwarze Arme packen. Vergewaltigung und sexuelle Ausbeutung klingen darin an, ein Sujet, das Walker immer wieder verhandelt, hier, wenn man so will, in albtraumhaft mythischer Form.

Schmerz und Gewalt, Täter- und Opferkonstellationen gehören untrennbar zu dieser Geschichte – und so endet der Zyklus denn auch mit der Darstellung einer Peitsche, dem vielleicht vordringlichsten Instrument für Körperstrafen und Machtausübung im Kontext der Sklaverei. Kaurischnecken, die in Afrika, in Ost- und Südasien sowie in der Südsee während der Kolonialzeit lange als Zahlungsmittel galten, scheinen hineingenäht, zumeist aber abgerissen zu sein. Bei genauerem Hinsehen durchläuft die Peitsche zudem mehrere Metamorphosen: Der sorgsam geflochtene Knauf wandelt sich beim Übergang zu den vier Peitschensträngen in seiner Materialität. Die Assoziation zu Dreadlocks wird durch den Titel befördert. „Dread" meint im Englischen nicht nur „Furcht" oder „Schrecken", sondern ist auch die Kurzform für jene Haartracht, die heute stark mit der afroamerikanischen Kultur assoziiert wird. Doch was passiert durch die Engführung von historischem Instrument der Unterdrückung, das sich in einem dritten Schritt in eine lebendige Schlange verwandelt, und identitärer Haartracht der einstigen Opfer?

Walkers Zyklus gibt keine eindeutigen Antworten, wohl aber regt er dazu an, über Geschichte als interpretative Wissenschaft nachzudenken, über Wissensbildung, über kulturelle Aneignung und deren Rezeption. Das, was Menschen gemeinsam erinnern *und* gemeinsam vergessen, bildet zwar die Grundlage ihrer geteilten Identität, ist aber doch nur ausschnitthaft. Walker verweigert sich dem Vergessen von Sklaverei und transatlantischem Menschenhandel als Teil der amerikanischen Geschichte. Doch scheidet sie in ihrer Kunst nicht in Opfer und Täter. Vielmehr fordert sie uns auf, immer wieder zu hinterfragen, was wir als ‚wahr', als gegeben, als verlässlichen Referenzrahmen annehmen. Sie legt uns nahe, unser kulturelles Gedächtnis beständig neu zu justieren.

1 Vgl. zu Kara Walker allgemein die Literaturangaben auf S. 108, Anm. 1.

2 Vgl. Raymond 2007, S. 354–358.

3 Vgl. ebd., S. 355. In seiner 1993 veröffentlichten Publikation *The Black Atlantic. Modernity and Double Consciousness* argumentiert Gilroy, dass die an den Atlantik angrenzenden Länder von der Sklaverei und dem Menschenhandel entschieden geprägt seien. Zwei Drittel der Menschen, die zwischen 1492 und 1820 über den Atlantik nach Nord-, Mittel- und Südamerika verschleppt wurden, seien aus Afrika gekommen. Diese traumatische Diaspora hätte, so Gilroy, das kollektive Gedächtnis der Schwarzen in Amerika und Europa geprägt, aber auch die Entstehung einer hybriden, vielstimmigen Gegenkultur der Moderne befördert.

4 Eine abweichende Interpretation des Blattes liefert Catherine Daunt in: Ausst.-Kat. London 2017, S. 297.

5 In Gobers Wachsskulpturen wächst mehrfach eine Kerze aus einem Stück behaarter Haut oder einem Körperteil heraus. „I think it was a very neat, wrapped-up symbol of mortality and sexuality", so Gober in einem Interview. „Because you've got a candle that is basically the size of a man's erection, kind of the same color. It's clearly a candle, but around its base is hair, which gives you the erection pretty clearly. Yet the tip of it is still unburned, which gives you the possibility of igniting. You have the clichéd metaphor of life as a candle, etc.", zit. nach *Robert Gober. Sculpture + Drawing*, Ausst.-Kat., Walker Art Center, Minneapolis, 1999, S. 133–134. Im Schaffen Gobers ist die Kerze – als Symbol für Verlust, aber auch als Träger sexueller Konnotationen – eng mit der Aids-Krise der 1980er/90er Jahre verknüpft.

6 Joseph Conrad gilt als einer der wichtigsten englischsprachigen Schriftsteller des späten 19. und frühen 20. Jahrhunderts. In seinen psychologisch dichten Romanen wie *Heart of Darkness* (*Das Herz der Finsternis*, 1899) setzte er sich kritisch mit Imperialismus und Kolonialismus auseinander. *The Secret Sharer* entstand 1909 und wurde erstmals 1910 in *Harper's Magazine* veröffentlicht, 1931/32 erschien die Erzählung unter dem Titel *Der geheime Teilhaber* in der Zeitschrift *Der Kunstwart* (Bd. 45).

7 *Central Criminal Court. Sessions Paper. Tenth Session, Held July 31st, 1882,* London 1882, S. 424, digital veröffentlicht unter: https://www.oldbaileyonline.org/images.jsp?doc=188207310001 (abgerufen am 10.9.2021).

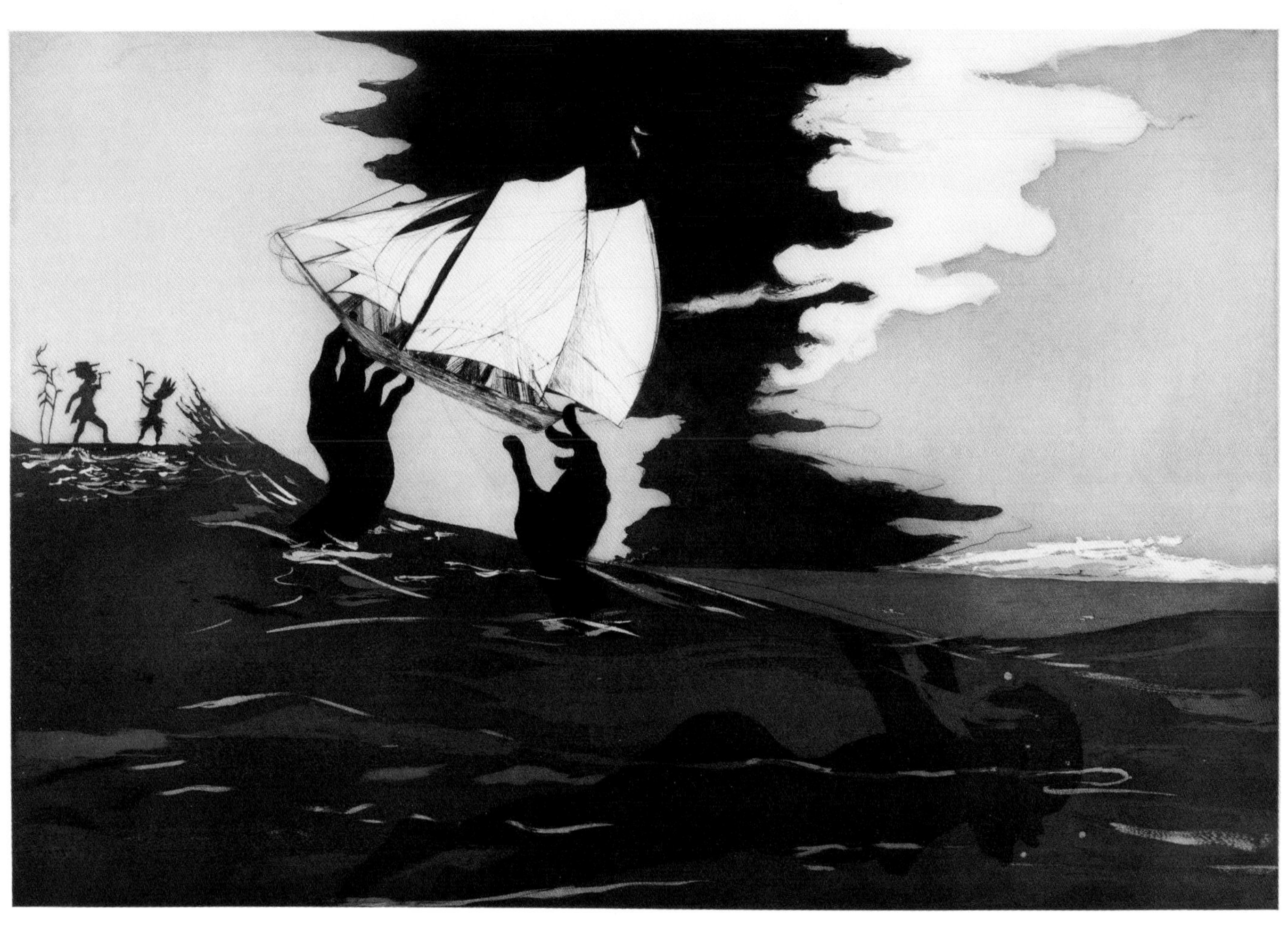

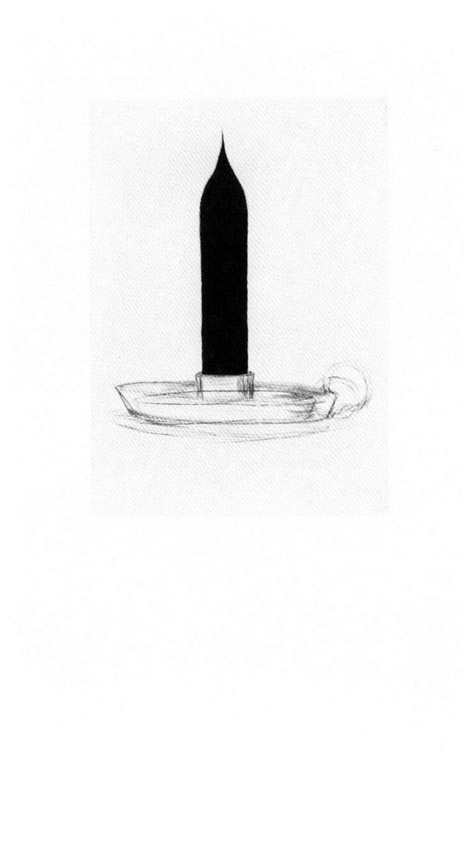

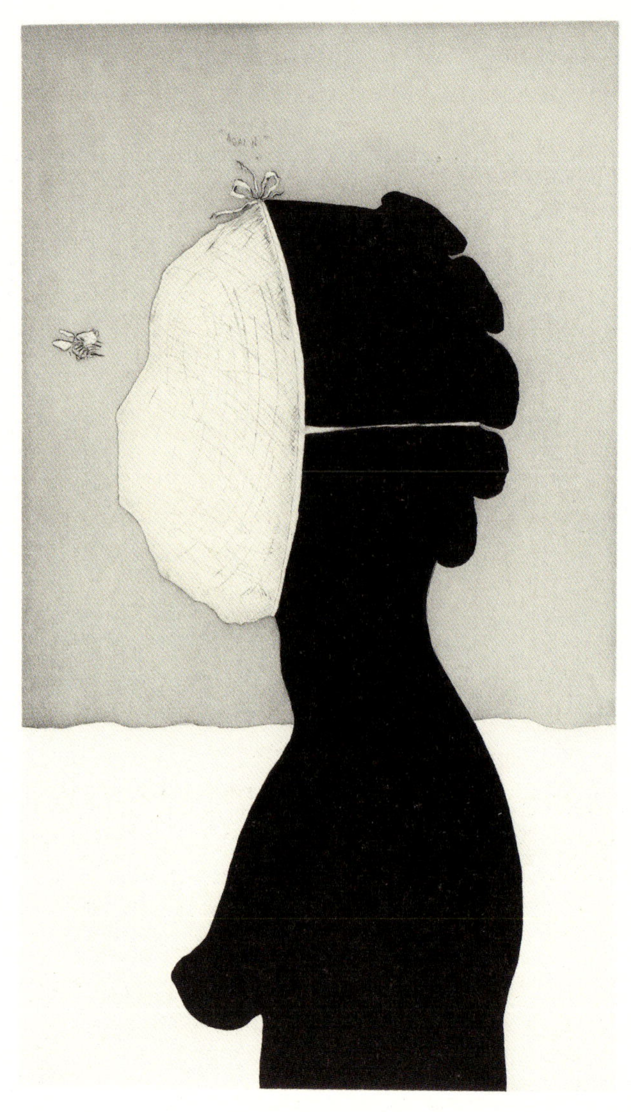

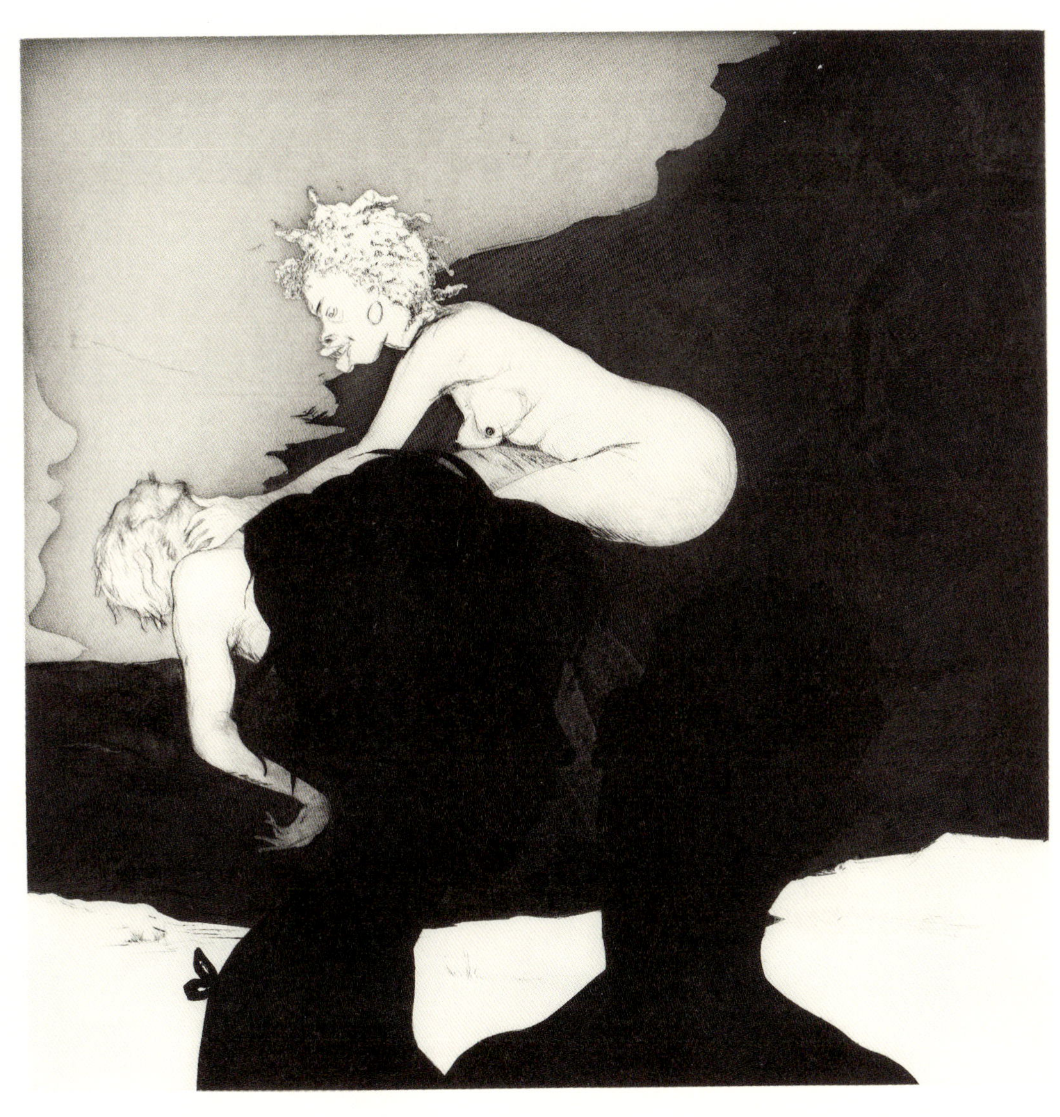

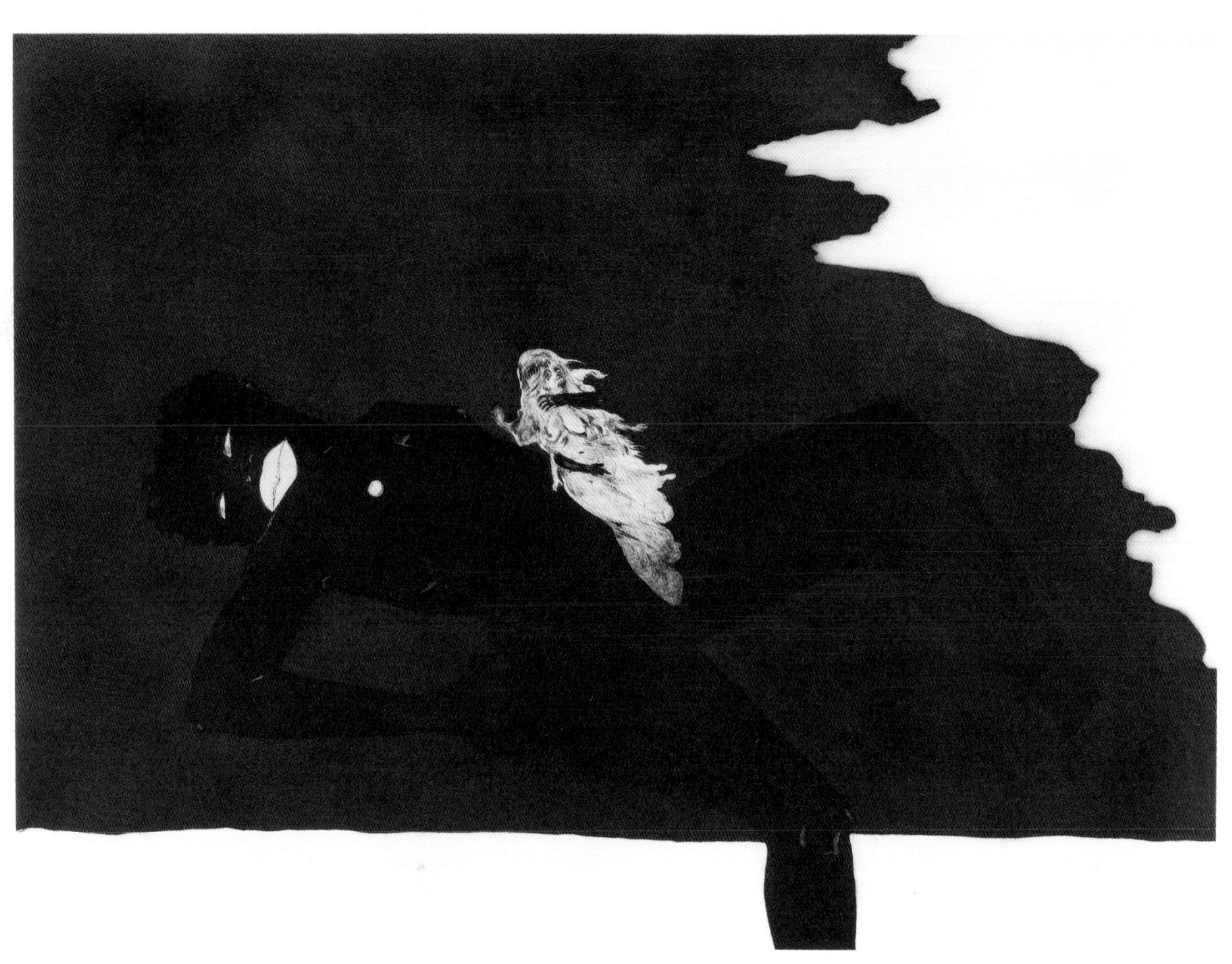

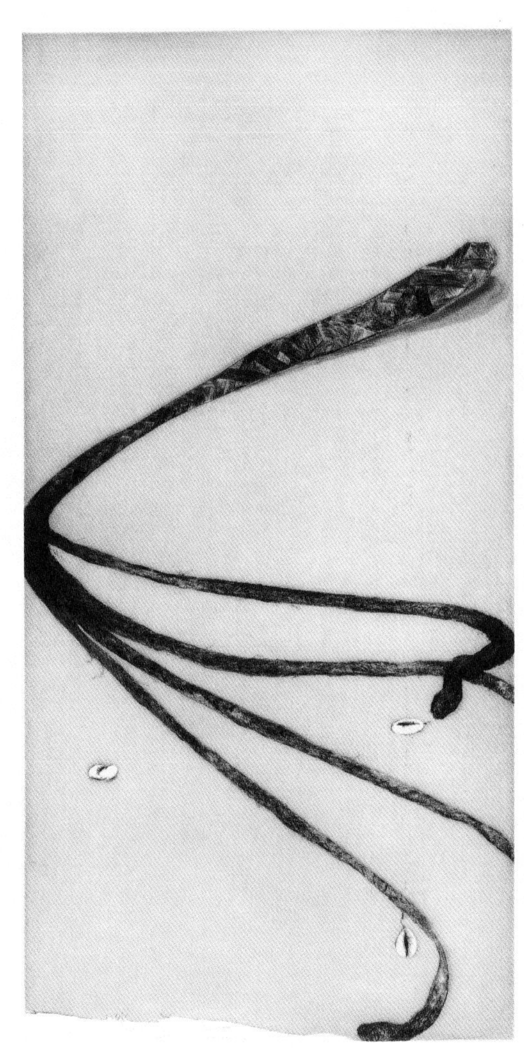

Dorothy Dehner

Cleveland, Ohio, 1901–1994 New York

Vor dunklem Grund sind helle, mehr oder weniger rechteckige Zellen neben- und untereinander angeordnet. Sie zeigen lineare und Flächenformen, die an abstrakt Geometrisches, aber auch an Naturhaftes denken lassen. Den stempelartigen Zellen verleihen sie den Charakter von Ideogrammen. Helle Linien verbinden einzelne der Bildzeichen und spannen dadurch ein Netzwerk an Beziehungen auf. Dorothy Dehner nannte die Komposition „Letter", und dies meint zunächst den einzelnen Buchstaben, geschrieben wie gedruckt, der in Kombination mit anderen Buchstaben zu unterschiedlichen Wörtern ergänzt werden kann. Es bedeutet aber auch „Brief", also schriftliche Konversation. Das Kombinatorische und Spielerische, aus einzelnen Buchstaben neue Worte zu formen, aber auch das Dialogische, das jeder Korrespondenz innewohnt, ist dieser Komposition unmittelbar eingeschrieben.

Menschliche Kommunikation über Bild- und Schriftzeichen reflektierte etwa zur gleichen Zeit auch Dehners erster Ehemann, der Bildhauer David Smith / ***Kat. 3, S. 47***. Er schuf 1950 nicht nur eine Stahlskulptur (*The Letter*, Munson-Williams-Proctor Institute, Utica, New York), bei der er abstrakte symbolhafte Formen in Zeilen übereinanderschweißte, sondern setzte 1952 auch in der Lithografie *A Letter* / ***Abb. 13, S. 20*** mit dem Pinsel suggestiv-figurative, teils totemistisch anmutende Piktogramme wie in einer Kursive, eben einem handschriftlichen Brief, neben- und untereinander. Das Rätselhafte, das Gerade-nicht-Lesbare verbindet alle diese Werke, doch im Gegensatz zu Smiths Arbeit verzichtet Dehner in ihrer Radierung auf alles Archaische. Ihre Formensprache ist bewusst modern. Dabei eignet ihren Bildzeichen etwas Plastisches, ein Eindruck, der durch den tief geätzten Grund entsteht, der die Formen wie Stempel wirken lässt. Dies mag einer der Gründe dafür gewesen sein, dass den Kunstkritiker Franklin Porter einige von Dehners Druckgrafiken, als sie 1956 ihre seit 1952 im *Atelier 17* in New York geschaffenen Radierungen erstmals ausstellte,[1] dann doch an antike Tonsiegel erinnerten.[2] Dehner fand über das Radieren erneut zum skulpturalen Arbeiten.

1 Stanley William Hayter, den Gründer des *Ateliers 17*, hatte Dehner bereits 1936 in Paris kennengelernt; der Bildhauer David Smith, schon damals ihr Ehemann, schuf in dessen Pariser Werkstatt auch einige Radierungen. Dehner selbst führte erst 1952 auf Anregung Peter Grippes, des damaligen Direktors von *Atelier 17* in New York, ihre ersten Radierungen aus, vgl. Marter 1981, S. 49. Der während des Zweiten Weltkriegs emigrierte Hayter, der 1950 wieder nach Paris zurückgekehrt war, hielt mit der New Yorker Werkstatt engen Kontakt, wohl auch mit Dorothy Dehner; aus seinem Nachlass stammt der Abzug dieser Radierung im Städel Museum.

2 „There are two general kinds of subject; one, open and linear, is close to such titles as *Things on Strings* and *Aerial to Infinity*; the other resembles an assortment of ancient clay seals", Franklin Porter, „Dorothy Dehner", in: *Art News*, Bd. 54, Nr. 9, Januar 1956, S. 66.

Letter

1953

Radierung, Aquatinta, Roulette und etwas Kaltnadel auf Rives-Velinpapier
242 × 312 mm (Blatt), 125 × 176 mm (Platte)

25

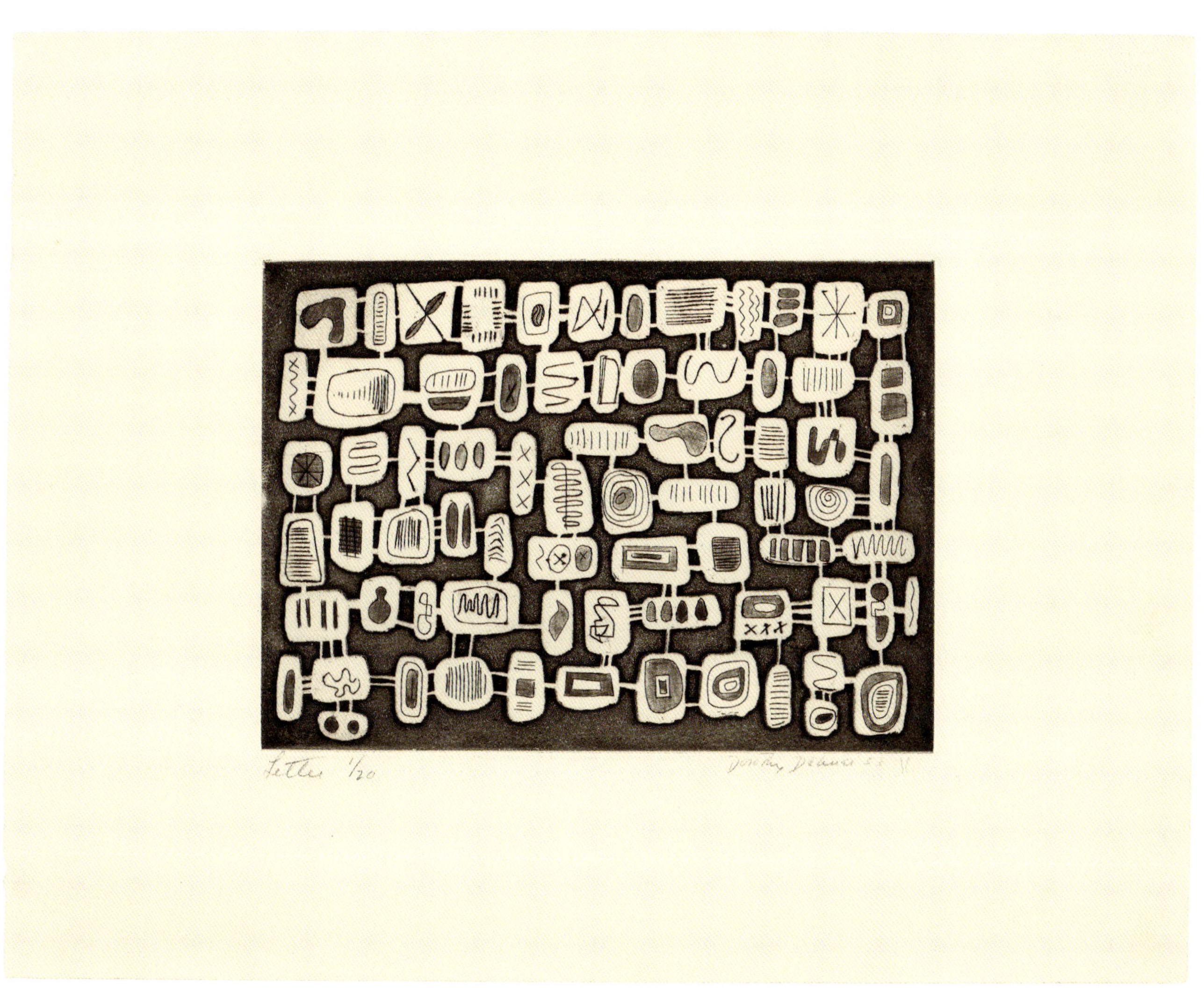

Mark Tobey

Centerville, Wisconsin, 1890–1976 Basel

1935 schuf Mark Tobey, damals in England lebend, aus der Erinnerung heraus zwei Gemälde, die sein Erlebnis der Stadt New York schildern:[1] *Broadway* (The Metropolitan Museum of Art, New York) zeigt das hektische Großstadttreiben, Leuchtreklamen, Autos und Menschenmengen, die, wenn auch noch erkennbar, bereits zeichenhaft abstrahiert sind. *Broadway Now* (Privatbesitz) übersetzt die von Lichtern umfangenen Menschen in ein verschlungenes, abstraktes Liniengerüst. Beide Werke schöpfen aus Erfahrungen der Wirklichkeit, sind dann aber, nicht zuletzt von Tobeys intensiven Studien zur chinesischen Kalligrafie beeinflusst, impulshaft ‚niedergeschrieben'.[2] „Mir schwebte ein Bild vor, das man mehr empfindet als betrachtet",[3] so Tobey. Dieser künstlerische Ansatz bestimmte sein weiteres Schaffen. Er prägt auch die vorliegende Farblithografie von 1968, die zu Tobeys Gemälde *Written over the Plains* von 1950 (The Museum of Modern Art, New York) formale Ähnlichkeiten aufweist. Tobey, der sich erst 1961 in der Schweiz der Druckgrafik zugewandt hatte, kratzte dafür ein dichtes Allover vor allem weißer kalligrafischer Linien aus dem später ockerfarben gedruckten Grund der Lithografie. Stenogrammartige Striche werden von geometrischen Formen überlagert, von Kreisen, Dreiecken, Wirbeln, verschiedentlich in Rot, Gelb, Blau oder Schwarz. Es ist ein frenetisches Gewirr von Zeichen und Linien, sinnbildhaft für die moderne menschliche Zivilisation. Auch angesichts des lehmfarbenen Untergrunds erinnert die Komposition an Graffiti, an Schrift, eine Analogie, die wie bei Louise Nevelson / ***Kat. 27, S. 127*** allerdings rein formal ist. Tobeys abstrakte Zeichen enthalten keinen hermetischen Code, sie definieren ein malerisches Gefüge ohne Semantik.

1 Vgl. Rathbone 1984, S. 26–38.
2 Vgl. Dahl 1967, S. 6; Rathbone 1984, S. 18.
3 „I wanted a picture that one felt more than one looked at", Mark Tobey, zit. nach Rathbone 1984, S. 50; ins Deutsche übersetzt von Jan Röhnert. Vgl. zudem Seitz 1962, S. 31.

Untitled

1968

Farblithografie auf BFK-Rives-Velinpapier
636 × 832 mm (Blatt), 465 × 670 mm (Stein)

26

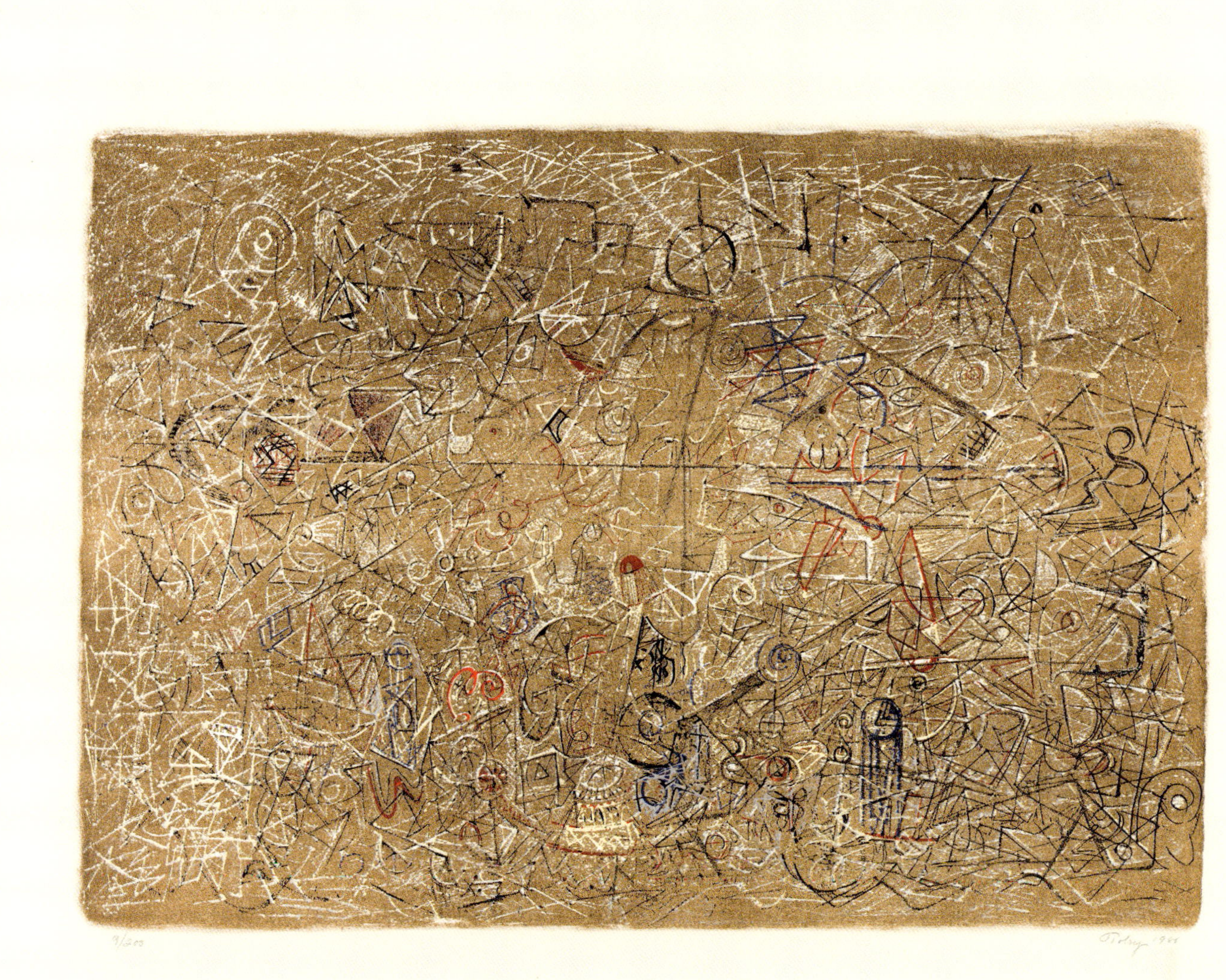

Louise Nevelson

Perejaslaw, Russland, heute Ukraine, 1899–1988 New York

Bis heute ist Louise Nevelson vor allem für ihre Skulpturen bekannt, dabei schuf sie seit den frühen 1950er Jahren mit großer Experimentierfreude ein ebenso beachtliches druckgrafisches Œuvre. Schon im New Yorker *Atelier 17* von Stanley William Hayter kombinierte sie Anfang der 1950er Jahre unterschiedliche Techniken, ritzte Linien mit dem Dosenöffner in die Metallplatte oder presste reich strukturierte Spitzenstoffe in den Weichgrund.[1] Ein Interesse an Textur, an Oberflächen blieb über alle Jahre bestehen und prägt insbesondere die vervielfältigten Objekte der 1970er Jahre. *Dawn's Clouds* ist ein solches Werk; es entstand 1977 gemeinsam mit Garner Tullis in San Francisco. Nevelson setzte dafür zunächst einzelne Holzelemente zu einem flachen Relief zusammen, schickte dieses zu Tullis, der es als Negativ in Silikon abformte.[2] Dieses Modell wurde sodann mit flüssigem Papierbrei ausgegossen, der sich als Relief verfestigte. Skulptur und (multiples) Papierobjekt stehen daher in enger Beziehung zueinander.

Nevelson hatte bereits in den 1950er Jahren begonnen, weggeworfene hölzerne Alltagsgegenstände zu abstrakten Kompositionen zusammenzufügen.[3] Treppenbaluster, Zierleisten, Lattenkisten, Nudelhölzer, Regenschirmgriffe und viele andere *objets trouvés* wurden dafür in einzelnen Holzkisten gruppiert und einheitlich in Schwarz (später Weiß oder Gold) gefasst. Die monochromatische Farbfassung löst das Fundstück aus seiner Geschichte, auch aus seiner ehemaligen Funktion und verwandelt es in ‚reine' Form. Noch stärker gilt dies für die Papierreliefs, in denen beim Abdruck auch die heterogenen Oberflächen und das einstige Material transzendiert und unter *einer* Papierhaut zusammengefasst zu etwas Neuem, Eigenem werden. Wie bei George Segals Gipsen / ***Kat. 11, S. 77*** löst sich das Individuelle im Allgemeinen auf. Da *Dawn's Clouds* aus mehreren viereckigen Modulen zusammengesetzt ist, die vom Spiel aus Licht und Schatten reizvoll belebt werden, sind die Einzelformen wie in regelmäßigen Zeilen angeordnet. Formal erinnert das Gefüge daher überraschend an Schrift oder Text, die Einzelformen an Ideogramme, deren Lesbarkeit sich wie bei Relikten einer uns fremd gewordenen Kultur entzieht.

1 Vgl. Baro 1974, S. 9–14; Johnson 1980, S. 130–133; Weyl 2019, S. 1–3.
2 Vgl. Carrier 1998, S. 45.
3 Vgl. Glimcher 1972, S. 77–79; Deeb Speaks 2007, S. 96–99.

Dawn's Clouds

1977

Papierrelief
997 × 703 × 12 mm

27

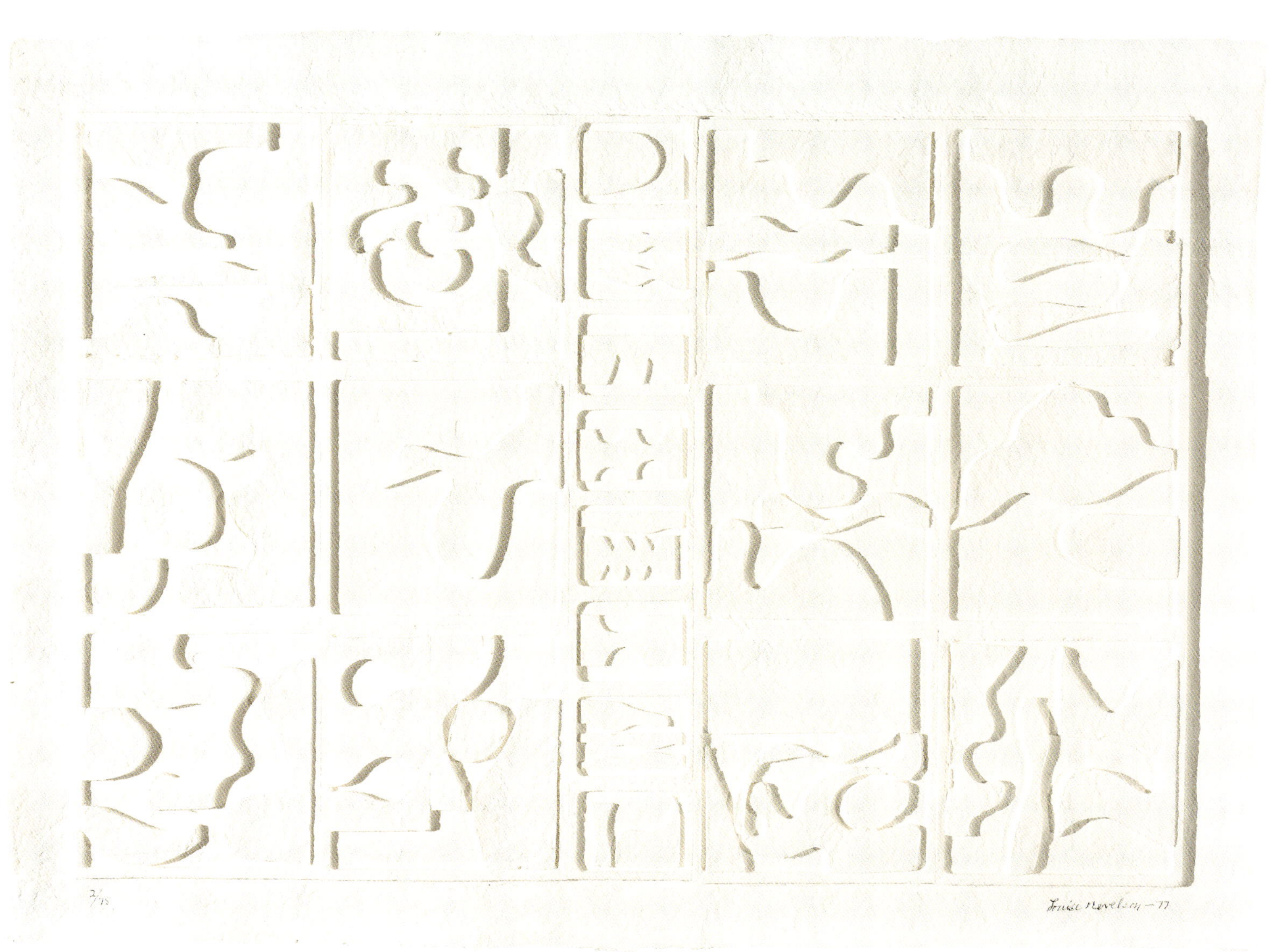

Jasper Johns

geboren 1930 in Augusta, Georgia

In den 1960er Jahren schuf Jasper Johns eine Reihe von Objekt-Bildern, in denen er Malerei mit alltäglichen Gegenständen und mit Text, meist in Form schablonierter Buchstaben, kombinierte. Die Lithografie *Voice* übernimmt aus seinem gleichnamigen Werk (1964/67) der Menil Collection, Houston, den titelgebenden Schriftzug und maßstabsgetreu, fotografisch reproduziert, das an einem Drahtseil hängende Essbesteck am rechten Bildrand.[1] Das eigentliche Bildfeld mit dem schablonenartigen Schriftzug „VOICE" („Stimme") druckte Johns mit einer Metallplatte, die im Gegensatz zum Lithostein die Farbe nicht absorbiert, und presste die Lithotusche dafür durch mehrere Siebe oder Stoffe auf die Platte. Das so entstandene abstrakte, reich nuancierte und strukturierte Gebilde dominiert als rätselhafte ‚Spur' die Gesamtwirkung der Lithografie.

Schon Martin Heidegger und Ludwig Wittgenstein hatten festgestellt, dass der Mensch beim Sehen gewohnt sei, das Wahrgenommene auf der Grundlage seiner Erfahrungen auszulegen, es ‚als' etwas zu sehen und einzuordnen.[2] In der Kombination von Schrift und Bild ist dies noch verstärkt, da dem Wort, das beim Sehen automatisch gelesen wird, eine (scheinbar) sinnstiftende Bedeutung zukommt. Das funktioniert bei Larry Rivers / ***Kat. 6, S. 55*** gewissermaßen tautologisch, Wort und Bild beschreiben das gleiche. Bei Jasper Johns stehen Wort und Bild absichtsvoll in keinem offensichtlichen Zusammenhang. Dies und die Kombination der so heterogenen Bildelemente – Wort, abstrakte Struktur und Objekt aus der Alltagswelt – führen beim Betrachten dennoch zu einem Suchen von Bezügen.[3] Dadurch werden Assoziationen freigesetzt, vor allem aber lädt es dazu ein, über die Beziehung von „optischer Wahrnehmung und sprachlicher Beschreibung",[4] eine Grundlage menschlicher Erkenntnis, nachzudenken.

1 Zum Werkprozess vgl. Geelhaar 1979, S. 120; Varnedoe 1996, S. 223. Demnach legte Johns das Bildfeld zunächst auf einem separaten Stein mit dem Tuschpinsel in stark gestischem Duktus an; diesen Stein verwarf er allerdings nach wenigen Probeabzügen. In einem zweiten Zustand der dann für das Bildfeld verwendeten Metallplatte hellte Johns den bis dahin sattschwarzen Schriftzug „VOICE" durch Herauskratzen mit dem Schabeisen teilweise wieder auf, zog auf einem separaten Stein das „E" mit Farbe nochmals nach und ergänzte um den Schriftzug herum mehrere Kreideschraffen. – Zu der Lithografie allgemein vgl. Castleman 1986, S. 21–22; Ausst.-Kat. London 2017, S. 91.

2 Vgl. Fisher 1990, S. 336.

3 Vgl. Castleman 1986, S. 22, zu verschiedenen, das Besteck betreffenden Deutungsversuchen und deren Bedeutung in Johns' Schaffen.

4 Ebd., S. 22.

Voice

1966/67

Lithografie und Fotolithografie in Schwarz und Silber von zwei Aluminiumplatten und einem Stein auf Whatman-Velinpapier
1233 × 809 mm (Blatt)

28

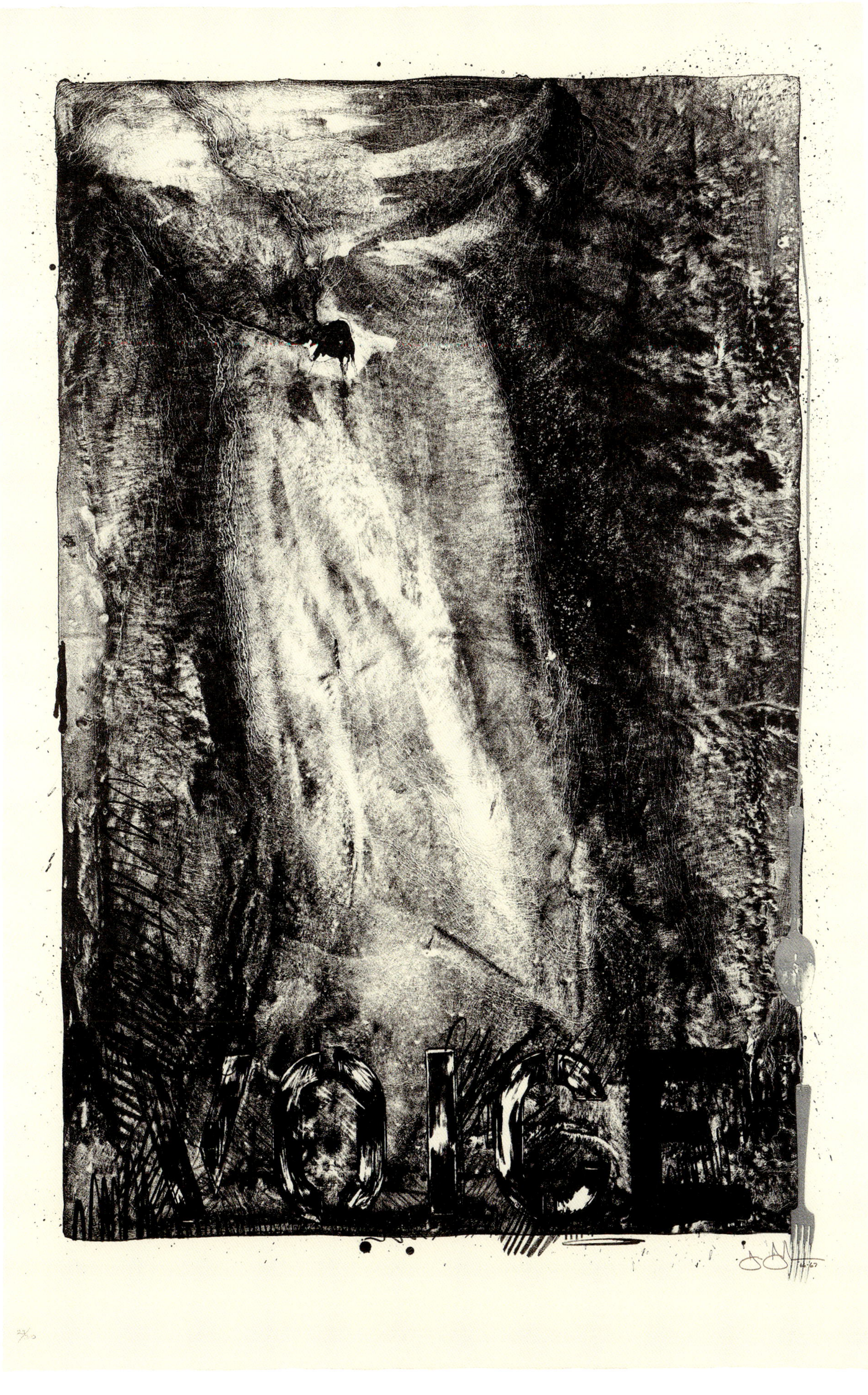
VOICE

Bruce Nauman

geboren 1941 in Fort Wayne, Indiana

Etliche der Neonarbeiten und Druckgrafiken Bruce Naumans, die in den 1970er Jahren entstanden, sind geprägt von den Theorien Ludwig Wittgensteins.[1] Sie befassen sich mit dem Wort, dem Wortspiel, auch dem Verhältnis von geschriebenem und gesprochenem Wort. Durch verschiedene Manipulationen, beispielsweise das Umstellen oder Austauschen einzelner Buchstaben, verfremdete der Künstler geläufige Worte und Sätze auch in ihrer Bedeutung. Seine Wort-Bilder regen dadurch an, über Sprache nachzudenken, darüber, wie Sprache Bedeutung generiert, dass die Aussage eines Wortes an letztlich willkürliche, zudem leicht veränderliche Buchstabenfolgen geknüpft ist, dass sich unterschiedliche geschriebene Worte phonetisch ähnlich sind und es beim Aussprechen zu irritierender Mehrdeutigkeit kommen kann.

In diesem Sinne setzte Nauman 1985 in der Kaltnadelradierung *Violins/Violence* unter die reduzierte Darstellung dreier Violinen das für uns unerwartete Wort „VIOLENCE" („Gewalt"). Inhaltlich stehen Bild und Text in keiner unmittelbaren Beziehung zueinander, es sei denn, man assoziiert mit dem Klang schlecht gespielter Geigen eine Verletzung des Hörempfindens. Erst beim Sehen, Erkennen und Benennen der Violinen („violins", ob laut sprechend oder beim Lesen ‚im Kopf') schließen sich Bild und Text auch begrifflich zusammen; über den Akt des Sprechens werden beide Bildelemente sinnhaft vereint.

M. Ampere

1973

Lithografie von zwei Steinen in hellem Ockergelb über Schwarz auf Roll-Rives-Velinpapier

790 × 1150 mm (Blatt), 764 × 1122 mm (Stein)

Violins/Violence

1985

Kaltnadel in Schwarz auf Fabriano-Rosaspina-Velinpapier
709 × 994 mm (Blatt), 602 × 826 mm (Platte)

29/30

Bei dem Anagramm „M. AMPERE“ der gleichnamigen Lithografie von 1973 bleibt eine solche Auflösung aus. Nauman setzte dort zwei Zeilen in Spiegelschrift übereinander. Durch Schatten wirken die Buchstaben wie ein flaches Relief. Der Künstler selbst dachte eigenen Aussagen zufolge beim Schreiben an ein „Einmeißeln in Stein“,[2] also einen Charakter der Schrift, mit dem die Absolutheit der Aussage unterstrichen wird. Dem entgegen lädt der expressive Pinselstrich die beiden Schriftzüge ‚emotional‘ auf. Oben, stärker verschattet und im Duktus neutraler, steht der Nachname des französischen Physikers André-Marie Ampère („M. AMPERE“), des Begründers der Elektrodynamik. Unten, vor hektisch-nervösem Hintergrund, sind die Buchstaben leuchtend hell zu „RAPE MME“ umgruppiert. Dieses Anagramm ist auf zweierlei Arten ‚lesbar‘: als „rape Mme“ mit „Mme“ als Abkürzung des französischen *madame* oder als „rape mme“ mit dem doppelten „m“ als Hinweis auf eine beim Sprechen stotternde Person.[3] In beiden Fällen ist es eine Aufforderung zu brutaler körperlicher wie seelischer Verletzung, eine Aufforderung, die angesichts der fast das Bildformat sprengenden Buchstaben auf uns umso verstörender und bedrohlicher wirkt, als wir beim Lesen des Geschriebenen – gewissermaßen automatisch, wenn auch unabsichtlich – an dem potenziell gefährlichen Sprachspiel teilnehmen.

1 Vgl. Cordes 1989, S. 12–13.

2 „I had a strong image of the letters chiseled into the stone while I was drawing, so there is a sense of sculptural relief in those prints“, Bruce Nauman, zit. nach ebd., S. 27.

3 Vgl. Pagel 2002, S. 204.

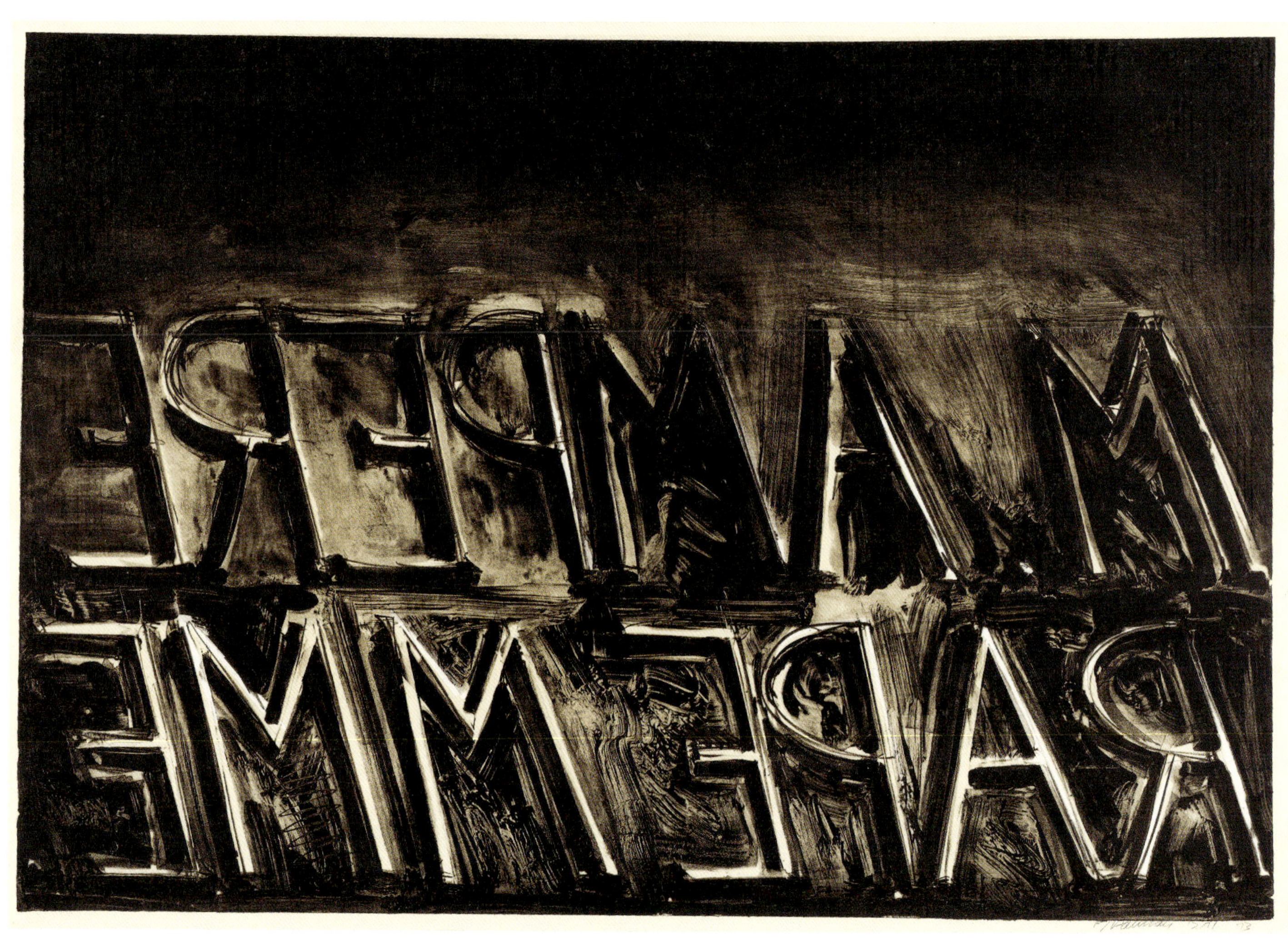

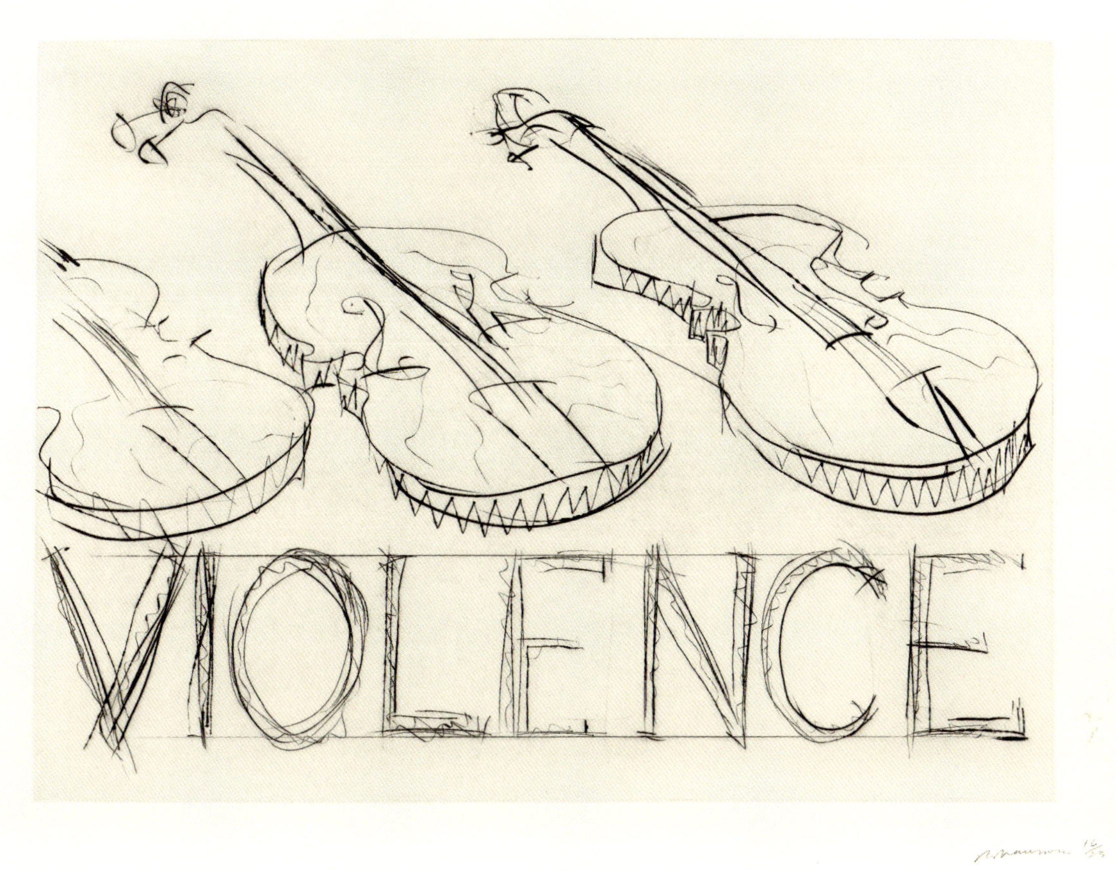
VIOLENCE

Ed Ruscha

geboren 1937 in Omaha, Nebraska

Für Ed Ruscha ist Sprache Material und Sujet; ihn reizen ihr gesprochener Klang und ihre geschriebene Form, aber auch ihre sinnstiftende Qualität und das Verhältnis all dieser Elemente zueinander. In seinem Schaffen spielen daher Worte, auch kurze Sätze eine zentrale Rolle. Sprache wird bei Ruscha zum Objekt, zum Bild, das gelesen *und* erfahren werden kann.[1] Der Künstler übersetzt das Wort ins Visuelle, ohne dass sich die bildliche Form notwendig auf die klassische Wortbedeutung bezieht: „Ich bin am Illustrieren von Ideen interessiert",[2] so Ruscha. „Wenn ich zum Wort COOL ein Bild male, verwende ich kaum Blau oder andere kühle Farben; stattdessen ertappe ich mich dabei, vorsätzlich den entgegengesetzten Weg einzuschlagen."[3] Sprache wird dadurch sowohl in ihrer subjektiven Vieldeutigkeit als auch grundsätzlich sinnlich wahrnehmbar.

In der Lithografie *Miracle* steht das titelgebende Wort als heller Schriftzug in einem mit feinen Punkten unregelmäßig gesprenkelten Bildfeld. Es ist keine Handschrift, wie überhaupt Ed Ruscha in dieser und vielen seiner Arbeiten jede autografische Linie, jeden individuellen Duktus vermeidet. Vielmehr ist es eine klar umrissene, spielerisch geschwungene Kursive, die dezent aus dem körnigen Bildgrund aufscheint. Aus der Entfernung gesehen setzen sich die Sprenkel zu einem unruhigen Grauton zusammen, der rechts oben wie durch einen Lichteinfall rätselhaft aufgehellt wird. Assoziationen an Scheinwerferlicht mögen sich einstellen und die körnige Struktur als Staub erklären, reflektiert im Licht. Ruscha hatte sich bereits in den 1970er Jahren in einer Reihe von Pastellzeichnungen – *The Miracle Series* – mit ähnlichen Lichtstrahlen motivisch auseinandergesetzt.[4] In der Lithografie wird der ‚Titel' der damaligen Serie – in Schrift visualisiert – zum Motiv, das sich über das frühere Bildmotiv – den Lichtstrahl – legt. Fläche oder doch nebulöser Raum, Schrift als ‚Bild', Darstellung und Wortsinn tönen ineinander und wollen von uns erfahren werden.

1 Vgl. Failing 2002, S. 232–234.
2 „What I am interested in is illustrating ideas", Ed Ruscha, zit. nach Pasquariello 2005, S. 89; ins Deutsche übersetzt von Jan Röhnert.
3 „If I paint a picture of the word ‚COOL', I don't use a lot of blue or other cool colors; instead I find myself deliberately taking the other route", Ed Ruscha, zit. nach Bois 2005, S. 69, Anm. 17; ins Deutsche übersetzt von Jan Röhnert.
4 Unter dem Titel *Miracle* waren Mitte der 1970er Jahre neben einem Kurzfilm desselben Titels auch mehrere Pastelle entstanden, die ein geheimnisvolles, schräg von oben einfallendes Lichtbündel vor dunklem Hintergrund zeigen. Im Kontext diverser Aussagen des Künstlers bieten sich dazu verschiedene Lesarten an, sowohl spirituell religiöse (vgl. Schwartz 2002, S. 99) als auch solche, die im Zusammenhang mit frühen Schwarz-Weiß-Filmen stehen (vgl. Schwartz 2002, S. 221), vgl. McKenna 2002, S. 347–352.

Miracle

1999

Lithografie in Schwarz von einer Aluminiumplatte auf HMP-Koller-Velinpapier
598 × 824 mm (Blatt), 391 × 632 mm (Platte)

31

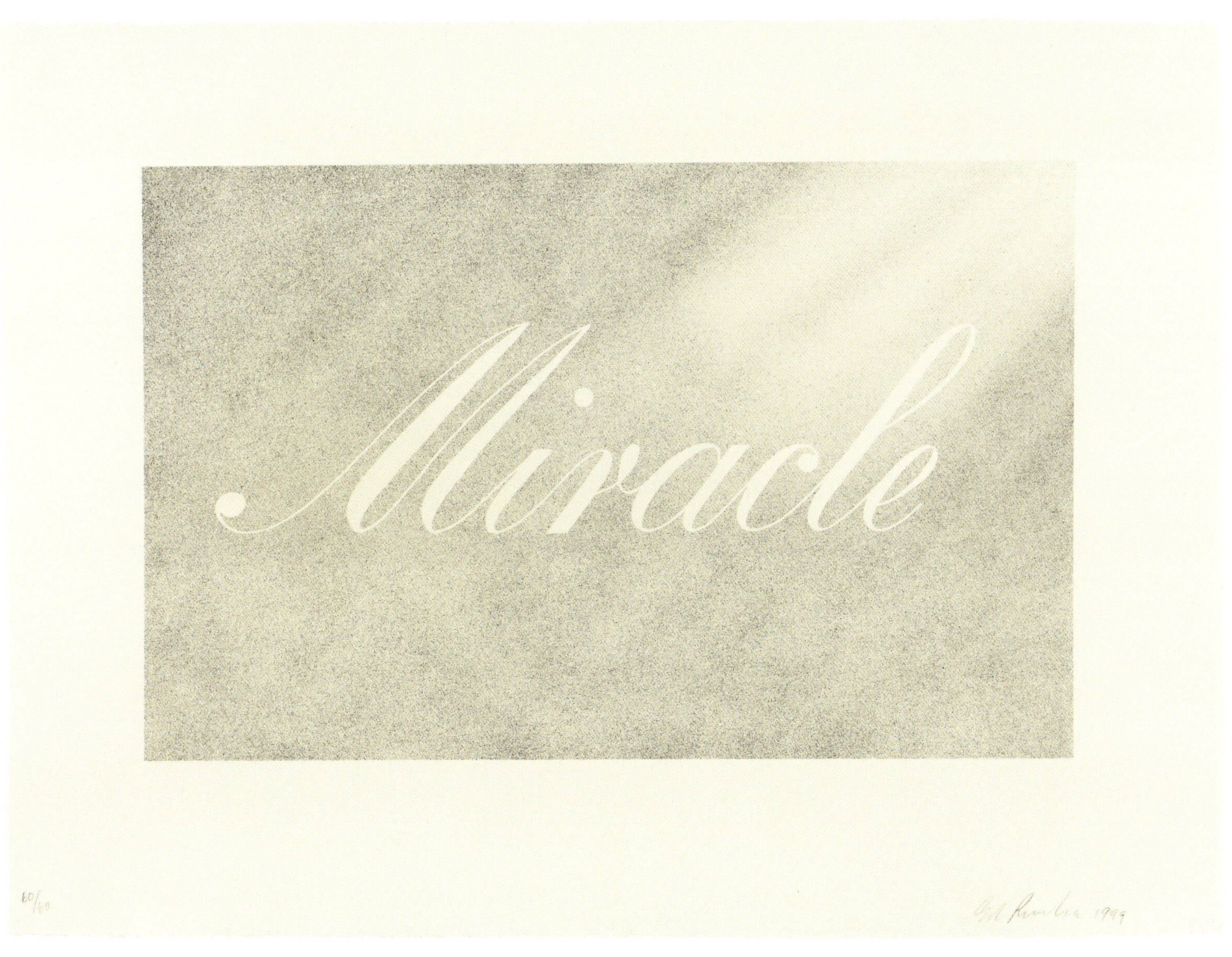
Miracle

Anhang

Verzeichnis der ausgestellten Werke

Leonard Baskin
Angel of Death
1959

Holzschnitt in Schwarz auf Japanpapier

1856×873 mm (Blatt), 1562×780 mm (Stock)
Wasserzeichen nicht vorhanden

Monogrammiert im Druckstock unten rechts: LB; signiert unterhalb der Darstellung rechts (mit Bleistift): Leonard Baskin; betitelt unterhalb der Darstellung links: Angel of Death

Auflagenhöhe unbekannt

Inv.-Nr. SG 3922 | Erworben 1968

WVZ: Fern/O'Sullivan 1984, S. 369

Kat. 4, S. 49

Leonard Baskin
Blake
1962

Aus der Folge: *Etchings of ten Favorite Artists*
Radierung und Aquatinta in Schwarz auf BFK-Rives-Velinpapier

747×521 mm (Blatt), 447×369 mm (Platte)
Wasserzeichen an der unteren Blattkante links: BFK

Signiert unterhalb der Darstellung rechts (mit Bleistift): Baskin; betitelt unterhalb der Darstellung links: Blake; nummeriert unterhalb der Darstellung mittig: 19/50

Herausgegeben von: Hermann D. Schickman, Delphic Arts, New York
Ex. 19/50

Inv.-Nr. 66963 | Erworben 1967, Eigentum des Städelschen Museums-Vereins e.V.

WVZ: Fern/O'Sullivan 1984, S. 425

Kat. 5, S. 51

George Bellows
Dempsey and Firpo
1923/24

Lithografie in Schwarz auf Basingwerk-Parchment-Velinpapier

542×656 mm (Blatt), 459×568 mm (Stein)
Wasserzeichen entlang der unteren und oberen Blattkante durchlaufend: Basingwerk Parchment

Signiert im Stein links in einem der Ringseile: Geo Bellows.; sowie unterhalb der Darstellung rechts (mit Bleistift): Geo Bellows; betitelt unterhalb der Darstellung mittig: Dempsey and Firpo
Signiert vom Drucker unterhalb der Darstellung links (mit Bleistift): Bolton Brown imp.

Gedruckt von: Bolton Brown, New York
Eines von 103 Exemplaren

Inv.-Nr. 67871 | Erworben 2014 mit Mitteln der Heinz und Gisela Friederichs Stiftung

WVZ: Bellows 1927, Nr. 89; Mason 1977, Nr. 181

Kat. 1, S. 41

Louise Bourgeois
Les pendus
1949

Feder in schwarzer Tusche auf Velinpapier, oben drei Einstichlöcher

281×140 mm
Wasserzeichen nicht vorhanden

Betitelt unten rechts (mit Kugelschreiber): Les pendus; daneben signiert: Louise / Bourgeois

Inv.-Nr. 17748 | Erworben 2018 als Vermächtnis von Margarethe und Klaus Posselt

Kat. 22, S. 107

Louise Bourgeois
Sainte Sébastienne
1992

Kaltnadel in Schwarz auf Somerset-Velinpapier
2. Version, IV. Zustand (von IV)

1220×941 mm (Blatt), 985×782 mm (Platte)
Wasserzeichen nicht vorhanden

Signiert und datiert unterhalb der Darstellung rechts (mit Bleistift): Louise Bourgeois.; nummeriert unterhalb der Darstellung links: 37/50

Gedruckt von: Harlan & Weaver Intaglio, New York
Herausgegeben von: Peter Blum Edition, New York
Ex. 37/50

Inv.-Nr. 67149 | Erworben 1994 mit Mitteln der Heinz und Gisela Friederichs Stiftung

WVZ: Wye/Smith 1994, Nr. 110.2 IV (von IV)

Kat. 8, S. 59

Chuck Close
Phil Spitbite
1995

Spitbite-Aquatinta auf Velinpapier

703×504 mm (Blatt), 466×373 mm (Platte)
Wasserzeichen nicht vorhanden

Signiert und datiert unterhalb der Darstellung rechts (mit Bleistift): C. Close 1995; nummeriert unterhalb der Darstellung links: 25/60
Verso bezeichnet vom Drucker oder Herausgeber unten links (mit Bleistift): 172-119 25/60

Gedruckt von: Spring Street Workshop, New York
Herausgegeben von: Pace Editions Inc., New York
Ex. 25/60

Inv.-Nr. 67168 | Erworben 1999 mit Mitteln der Heinz und Gisela Friederichs Stiftung

Kat. 20, S. 102

Chuck Close
Self-Portrait
1999

Reliefdruck von lasergeschnittener Acrylplatte auf Okawara-Japanpapier

999×754 mm (Blatt), 975×750 mm (Platte)
Wasserzeichen nicht vorhanden

Signiert unterhalb der Darstellung mittig (mit Bleistift): Chuck Close; datiert unterhalb der Darstellung rechts: 1999; nummeriert unterhalb der Darstellung links: 7/99

Gedruckt von: Two Palms Press, New York
Herausgegeben von: Edition Schellmann, München/New York
Ex. 7/99

Inv.-Nr. 67350 | Erworben 2004 mit Mitteln der Heinz und Gisela Friederichs Stiftung

WVZ: Schellmann 2009, S. 78, Nr. 1

Kat. 21, S. 103

Dorothy Dehner
Letter
1953

Radierung, Aquatinta, Roulette und etwas Kaltnadel auf Rives-Velinpapier

242×312 mm (Blatt), 125×176 mm (Platte)
Wasserzeichen oben rechts: RIVES

Signiert und datiert unterhalb der Darstellung rechts (mit Bleistift): Dorothy Dehner '53; betitelt und nummeriert unterhalb der Darstellung links: Letter 1/20

Gedruckt von: Atelier 17, New York
Ex. 1/20

Inv.-Nr. 68036 | Erworben 2021 mit Mitteln der Heinz und Gisela Friederichs Stiftung

Kat. 25, S. 123

Jim Dine und Lee Friedlander
Photographs & Etchings
1969

Folge von 6 Heliogravüren, 29 Radierungen, teils mit Aquatinta, sowie 17 Schwarz-Weiß-Silbergelatineabzügen auf 19 Blatt handgeschöpftem Hodgkinson-Waterleaf-Velinpapier, in schwarzer Lederkassette
490×795×34 mm (Kassette), 460×760 mm (Blatt), Maße der Fotografien und Drucke wechselnd
Wasserzeichen je Blatt entlang der unteren Blattkante: JD & LF [Jim Dine & Lee Friedlander]; sowie: PP [Petersburg Press]

Ab dem vierten Blatt je signiert unten mittig (mit Bleistift): Lee Friedlander; sowie: Jim Dine; daneben nummeriert: 48/75

Herausgegeben von: Petersburg Press, London
Bindung: Rudolf Rieser, Köln
Ex. 48/75

Inv.-Nr. SG 4156A-S | Erworben 1975

WVZ: Von Bonin/Cullen 1970, S. 55

Kat. 9, S. 62–71

Jim Dine
Silhouette Black Boots on Brown Paper
1972

Lithografie in Schwarz auf Packpapier

761×558 mm (Blatt)
Wasserzeichen nicht vorhanden

Nummeriert, signiert und datiert oben (mit weißer Kreide): 93/100 Jim Dine 1972; darunter ©-Prägestempel

Gedruckt von: Ernie Donagh
Herausgegeben von: Petersburg Press, London; Galerie Gérald Cramer, Genf
Ex. 93/100

Inv.-Nr. 67414 | Erworben 2001 mit Mitteln der Heinz und Gisela Friederichs Stiftung

WVZ: Krens/Devereux 1977, S. 93

Kat. 12, S. 79

Jim Dine
Braid (second state)
1973

Radierung in Braun auf Nideggen-German-Buff-Vergépapier

970×635 mm (Blatt), 838×406 mm (Platte)
Wasserzeichen unten rechts: PZ [Monogramm der Papierfabrik Zerkall]

Bezeichnet in der Platte unten mittig: BRAID; nummeriert unterhalb der Darstellung links (mit Bleistift): 12/50; daneben ©-Prägestempel sowie signiert und datiert: Jim Dine 1973

Gedruckt von: Alan Uglow, Winston Roeth
Herausgegeben von: Petersburg Press, New York
Ex. 12/50

Inv.-Nr. 67505 | Erworben 2008 mit Mitteln der Heinz und Gisela Friederichs Stiftung

WVZ: Krens/Devereux 1977, Nr. 149

Kat. 10, S. 73

Jasper Johns
Coat Hanger I
1960

Lithografie in Schwarz auf Copperplate-Delux-Velinpapier

915×682 mm (Blatt), 690×573 mm (Stein)
Wasserzeichen nicht vorhanden

Signiert und datiert unterhalb der Darstellung rechts (mit Bleistift): J. Johns ’60; nummeriert unterhalb der Darstellung links: 30/35
Geprägter Verlegerstempel unten links: ULAE

Gedruckt von: Robert Blackburn
Herausgegeben von: Universal Limited Art Editions, West Islip, New York
Ex. 30/35

Inv.-Nr. SG 4168 | Erworben 1979

WVZ: Field 1994, Nr. 2; Sparks 1989, Nr. 2

Kat. 13, S. 82

Jasper Johns
Coat Hanger II
1960

Lithografie in Schwarz auf Japanpapier

899×630 mm (Blatt), 667×543 mm (Stein)
Wasserzeichen nicht vorhanden

Signiert und datiert unterhalb der Darstellung rechts (mit Bleistift): J. Johns ’60; bezeichnet unterhalb der Darstellung links: artist’s proof
Geprägter Verlegerstempel unten links: ULAE

Gedruckt von: Robert Blackburn
Herausgegeben von: Universal Limited Art Editions, West Islip, New York
Artitst’s Proof (von 3) außerhalb der Auflage von 8 Exemplaren

Inv.-Nr. SG 4169 | Erworben 1979

WVZ: Field 1994, Nr. 6; Sparks 1989, Nr. 6

Kat. 14, S. 83

Jasper Johns
Voice
1966/67

Lithografie und Fotolithografie in Schwarz und Silber von zwei Aluminiumplatten und einem Stein auf Whatman-Velinpapier

1233×809 mm (Blatt)
Wasserzeichen entlang der rechten Blattkante mittig: JWhatman 1967 England

Signiert und datiert unterhalb der Darstellung rechts (mit braunem Stift): J. Johns ’66–’67; nummeriert unten links (mit Bleistift): 23/30
Geprägter Verlegerstempel unten links: ULAE

Gedruckt von: Zigmunds Priede, Donn Steward, Timothy Huchthausen – vgl. Field 1994, Nr. 31 (Sparks 1989, Nr. 67, nennt Zigmunds Priede, Donn Steward und Fred Genis als Drucker)
Herausgegeben von: Universal Limited Art Editions, West Islip, New York
Ex. 23/30

Inv.-Nr. SG 4380 | Erworben 1985

WVZ: Field 1994, Nr. 31; Sparks 1989, Nr. 67

Kat. 28, S.129

Jasper Johns
Foirades/Fizzles
1976

Buch mit fünf Texten von Samuel Beckett und 31 Tiefdrucken in Schwarz in unterschiedlicher, häufig kombinierter Technik (unter anderem Radierung, Aussprengverfahren, Vernis mou, Flächenätzung, Kaltnadel, Fotogravüre), gedruckt auf Richard-de-Bas-Velinpapier, Velinbroschur und Stützblätter um Ziehharmonika-Falzung gebunden, mit zwei Farbtiefdrucken in Violett, Grün, Orange und Weiß als Vorsatz, in Gewebekassette mit lilafarbener Quaste, innen zwei Farblithografien als Bezugspapier

344×268×57 mm (Kassette), 332×255×45 mm (Buchblock)
Wasserzeichen mit dem Monogramm von Samuel Beckett und der Signatur von Jasper Johns: SB; J. Johns

Im Druckvermerk signiert (mit Bleistift): Samuel Beckett; daneben: J Johns

Gedruckt von: Bill Law, Atelier Crommelynck, Paris
Typografie: Fequet & Baudier (Marthe Fequet, Pierre Baudier), Paris
Bindung: Rudolf Rieser, Köln
Herausgegeben von: Petersburg Press, London
Ex. 154/250

Inv.-Nr. 67316 | Erworben 2002 mit Mitteln der Heinz und Gisela Friederichs Stiftung

WVZ: Field 1994, Nr. 173

Kat. 15, S. 85–87

Robert Longo
Jules
1982/83

Lithografie in Schwarz und Grau mit Prägedruck auf Arches-Velinpapier

933×532 mm (Blatt), 762×381 mm (Platte)
Wasserzeichen entlang der rechten Blattkante unten: ARCHES

Signiert und datiert unterhalb der Darstellung rechts (mit Bleistift): Robert Longo 83; nummeriert unterhalb der Darstellung links: AP 4/10

Gedruckt von: Maurice Sanchez von Derrière L’Etoile Studios, New York
Herausgegeben von: Brooke Alexander Gallery, New York
Artist’s Proof 4/10 außerhalb der Auflage von 45 Exemplaren

Inv.-Nr. 67548 | Erworben 2010 mit Mitteln der Heinz und Gisela Friederichs Stiftung

Kat. 18, S. 98

Robert Longo
Mark
1982/83

Lithografie in Schwarz und Grau mit Prägedruck auf Arches-Velinpapier

929×534 mm (Blatt), 762×382 mm (Platte)
Wasserzeichen entlang der rechten Blattkante unten: ARCHES

Signiert und datiert unterhalb der Darstellung rechts (mit Bleistift): Robert Longo 83; nummeriert unterhalb der Darstellung links: AP 4/10

Gedruckt von: Maurice Sanchez von Derrière L'Etoile Studios, New York
Herausgegeben von: Brooke Alexander Gallery, New York
Artist's Proof 4/10 außerhalb der Auflage von 45 Exemplaren

Inv.-Nr. 67549 | Erworben 2010 mit Mitteln der Heinz und Gisela Friederichs Stiftung

Kat. 19, S. 99

Bruce Nauman
Studies for Holograms
1970

Folge von fünf Siebdrucken in Gelb über Schwarz auf Kromekote-Papier

(a) *pinched lips,* (b) *pulled lower lip,* (c) *pinched cheeks,* (d) *pulled neck,* (e) *pulled lips*

Je ca. 661×661 mm (Blatt), je 513–518×661 mm (Druck)
Wasserzeichen nicht vorhanden

Je nummeriert, signiert und datiert unten rechts (mit Kugelschreiber): [wechselnde Nummerierung] B Nauman 70

Gedruckt von: Aetna Studios, New York
Herausgegeben von: Castelli Graphics, New York
(a) Ex. 90/150, (b) Ex. 137/150, (c) Ex. 137/150, (d) Ex. 143/150, (e) Ex. 136/150

Inv.-Nr. SG 4432 A-E | Erworben 1993

WVZ: Cordes 1989, Nr. 1–5

Kat. 17, S. 93–95

Bruce Nauman
M. Ampere
1973

Lithografie von zwei Steinen in hellem Ockergelb über Schwarz auf Roll-Rives-Velinpapier

790×1150 mm (Blatt), 764×1122 mm (Stein)
Wasserzeichen nicht vorhanden

Signiert, nummeriert und datiert unten rechts (mit Bleistift): B. Nauman B.A.T. 73
Prägestempel von Cirrus Editions unten links; verso unten rechts Werkstattnummer (mit Bleistift): 132c-BN73

Gedruckt von: Ed Hamilton unter Mithilfe von Ann Ringness
Herausgegeben von: Cirrus Editions, Los Angeles
Bon-à-tirer-Abzug (b. a. t.) außerhalb der Auflage von 50 Exemplaren

Inv.-Nr. SG 4400 | Erworben 1988

WVZ: Cordes 1989, Nr. 21; Davis 1995, S. 320

Kat. 29, S. 132

Bruce Nauman
Violins/Violence
1985

Kaltnadel in Schwarz auf Fabriano-Rosaspina-Velinpapier

709×994 mm (Blatt), 602×826 mm (Platte)
Wasserzeichen dreimal entlang der unteren und dreimal entlang der oberen Blattkante: FA [ligiert] FABRIANO

Signiert, datiert und nummeriert unterhalb der Darstellung rechts (mit Bleistift): B Nauman 16/23 85
Unten rechts ©-Prägestempel und Prägestempel von Gemini G.E.L.; verso unten links gestempelt: © Gemini G.E.L. Los Angeles; darunter nummeriert (mit Bleistift): BN82-3083

Gedruckt von: Ken Farley
Herausgegeben von: Gemini G.E.L., Los Angeles
Ex. 16/23

Inv.-Nr. SG 4421 | Erworben 1993

WVZ: Cordes 1989, Nr. 47

Kat. 30, S. 133

Louise Nevelson
Dawn's Clouds
1977

Papierrelief

997×703×12 mm

Signiert und datiert unten rechts (mit Bleistift): Louise Nevelson – 77; nummeriert unten links: 7/75

Realisiert von: Garner Tullis, Institute of Experimental Printmaking, San Francisco
Herausgegeben von: Pace Editions, New York
Ex. 7/75

Inv.-Nr. 67964 | Erworben 2019 mit Mitteln der Heinz und Gisela Friederichs Stiftung

Kat. 27, S. 127

Jackson Pollock
Figure
1948

Schwarze Emaillefarbe auf handgeschöpftem Whatman-Velinpapier

785×575 mm
Wasserzeichen entlang der rechten Blattkante: Handmade J Whatman England B

Verso bezeichnet unten rechts (von fremder Hand mit Kugelschreiber in Schwarz): Jackson Pollock CA 1948 / Lee Krasner Pollock Aug. 27. 1963; darunter nummeriert (mit Bleistift): 67446

Inv.-Nr. 16341 | Erworben 1983, Eigentum des Städelschen Museums-Vereins e.V.

WVZ: O'Connor/Thaw 1978, Nr. 783

Kat. 2, S. 45

Larry Rivers
Untitled
1962

Bleistift auf Joynson-Velinpapier mit Perforationskante links

416×332 mm
Wasserzeichen oben mittig, um 90 Grad gedreht: Joynso[n]

Signiert in der Darstellung unten mittig (mit Bleistift): Rivers; bezeichnet über das Blatt verteilt: OEIL / NEZ / MENTON / MAIN / DOIGT / GENOUX

Inv.-Nr. SG 3333 | Erworben 1975

Kat. 6, S. 55

Larry Rivers
Eliza
1968

Bleistift und Neonfolie auf Velinpapier, teils auf Holz oder Metallfolie montiert, auf Karton, auf Holz, unter transparentem Kunststoff

390×501×60 mm

Betitelt oben rechts (mit Bleistift): ELIZA

Inv.-Nr. 2472 | Erworben 2016 mit Mitteln des Städelkomitees 21. Jahrhundert, Eigentum des Städelschen Museums-Vereins e.V.

Kat. 7, S. 57

Ed Ruscha
Miracle
1999

Lithografie in Schwarz von einer Aluminiumplatte auf HMP-Koller-Velinpapier

598×824 mm (Blatt), 391×632 mm (Platte)
Wasserzeichen unten rechts: HMP

Signiert und datiert an der Blattkante unten rechts (mit Bleistift): Ed Ruscha 1999; nummeriert unten links: 60/60
Unten rechts ©-Prägestempel und Prägestempel von Gemini G.E.L.; verso gestempelt unten links: Published by Gemini G.E.L.LLC / Los Angeles, California; darunter nummeriert (mit Bleistift): ER99-1438

Gedruckt von: James Reid, Jennifer Turner
Herausgegeben von: Gemini G.E.L., Los Angeles
Ex. 60/60

Inv.-Nr. 67334 | Erworben 2004 mit Mitteln der Heinz und Gisela Friederichs Stiftung

Kat. 31, S. 135

George Segal
Sleeping Girl
1970

Aus: *Six Serigraphs and a Sculpture / Sechs Serigrafien und eine Plastik*

Gips-Multiple in Box; Kassette mit sechs Siebdrucken auf Velinpapier (nicht ausgestellt)

171×400×279 mm (Gips), 65×454×312 mm (Sockel), 261×565×312 mm (Box), je 829×620 mm (Blatt), 846×634×34 mm (Kassette), Maße der gedruckten Darstellungen wechselnd (Wasserzeichen nicht vorhanden)

Plastik verso signiert und bezeichnet auf einem bedruckten Etikett: GEORGE SEGAL / sleeping woman; darunter signiert und nummeriert (mit schwarzem Stift): G Segal 97/125 [die Auflagenzahl gedruckt]; darunter Angabe des Herausgebers (gedruckt): galerie der spiegel, köln, 1970; der Sockel auf den kurzen Seiten beschriftet: SEGAL

Die Siebdrucke unterhalb der Darstellung je vom Künstler nummeriert (mit Bleistift): 97/125; sowie signiert und datiert: G Segal 70; die Titelei nummeriert: 97/125

Gedruckt von: Hans-Peter Haas, Stuttgart
Buchbinderische Arbeiten: Peter Swoboda, Köln
Herausgegeben von: Galerie Der Spiegel, Köln
Ex. 97/125

Inv.-Nr. SG 4037A-F (Siebdrucke), SG 4037G (Gips) | Erworben 1970

Kat. 11, S. 77

David Smith
Untitled
1952

Pinsel in Eitusche auf Fabriano-Vergépapier

503×655 mm
Wasserzeichen unten rechts: FABRIANO (ITALY)

Verso unten rechts Nachlassstempel: ESTATE OF DAVID SMITH / ACC. NO.; daneben nummeriert (mit Kugelschreiber): 73-52.145

Inv.-Nr. SG 3387 | Erworben 1987

Kat. 3, S. 47

Kiki Smith
Untitled (Hair)
1990

Lithografie in Schwarz über Schwarzbraun in zehn Druckvorgängen auf handgeschöpftem Mitsumashi-Japanpapier

915×910 mm (Blatt)
Wasserzeichen nicht vorhanden

Signiert und datiert unten rechts (mit Bleistift): Kiki Smith 1990; darüber nummeriert: 22/54
Prägestempel des Herausgebers unten rechts: ULAE

Gedruckt von: Bill Goldston
Herausgegeben von: Universal Limited Art Editions, West Islip, New York
Ex. 22/54

Inv.-Nr. 67963 | Erworben 2019 mit Mitteln der Heinz und Gisela Friederichs Stiftung

Kat. 16, S. 89

Mark Tobey
Untitled
1968

Farblithografie auf BFK-Rives-Velinpapier

636×832 mm (Blatt), 465×670 mm (Stein)
Wasserzeichen an der unteren Blattkante links: BFK; rechts: RI[VES]

Signiert und datiert unterhalb der Darstellung rechts (mit Bleistift): Tobey 1968; nummeriert unterhalb der Darstellung links: 9/200
Prägestempel des Druckers unten links: LITH. KURT MAIER / BÂLE

Gedruckt von: Kurt Maier, Basel
Ex. 9/200

Inv.-Nr. SG 4011 | Erworben 1970

Kat. 26, S. 125

Kara Walker
Octaroon
2001

Messerschnitt aus grünem und lilafarbenem Tonpapier, collagiert

781×521 mm
Wasserzeichen nicht vorhanden

Inv.-Nr. DB105 | Sammlung Deutsche Bank im Städel Museum

Kat. 23, S. 109

Kara Walker
An Unpeopled Land in Uncharted Waters
2010

Folge von sechs Radierungen mit Aquatinta, Zuckeraussprengverfahren, Spitbite und Kaltnadel auf Hahnemühle-Kupferdruck-Velinpapier

1) *no world*, 768×1007 mm (Blatt), 606×905 mm (Platte)
2) *beacon (after R. G.)*, 768×302 mm (Blatt), 270×200 mm (Platte)
3) *savant*, 768×454 mm (Blatt), 610×352 mm (Platte)
4) *the secret sharerer*, 768×705 mm (Blatt), 603×603 mm (Platte)
5) *buoy*, 768×921 mm (Blatt), 603×816 mm (Platte)
6) *dread*, 772×403 mm (Blatt), 606×302 mm (Platte)
Wasserzeichen bei 1 und 5 unten links: Hahn mit Wappen [angeschnitten]

Je monogrammiert und datiert unten rechts (mit Bleistift): KW 2010; je nummeriert unten links: 28/30

Gedruckt von: Gregory Burnet, New York
Herausgegeben von: Sikkema Jenkins & Co., New York
Ex. 28/30

Inv.-Nr. 67979A-F | Erworben 2020, Eigentum des Städelschen Museums-Vereins e.V.

Kat. 24, S. 114–119

Ausgewählte und abgekürzt zitierte Literatur

Ackley/Murphy 2012: *Clifford S. Ackley und Patrick Murphy,* Jim Dine, Printmaker. Leaving my Tracks, *Ausst.-Kat., Museum of Fine Arts, Boston 2012*

Acton 2001: *David Acton,* The Stamp of Impulse. Abstract Expressionist Prints, *Ausst.-Kat., Worcester Art Museum, 2001; The Cleveland Museum of Art, 2001/02; Amon Carter Museum, Fort Worth, 2002; Mary and Leigh Block Museum of Art, Evanston, 2003, Worcester 2001*

Adams 1997: *Clinton Adams, „East Coast, West Coast Tamarind Lithography Workshop and the American Print Establishment", in:* Print Quarterly, *Bd. 14, H. 3, 1997, S. 252–283*

Ashbery 1962: *John Ashbery,* The Tennis Court Oath, *Middletown 1962*

Assmann 2018: *Aleida Assman,* Erinnerungsräume. Formen und Wandlungen des kulturellen Gedächtnisses, *München 1999, erste broschierte Aufl. 2018*

Assmann 2020: *Aleida Assmann,* Formen des Vergessens, *Göttingen 2016, 5. Aufl. 2020*

Ausst.-Kat. Basel 2016: Der figurative Pollock, *hrsg. von Nina Zimmer, Ausst.-Kat., Kunstmuseum Basel, 2016, München 2016*

Ausst.-Kat. Basel 2021: Kara Walker. A Black Hole Is Everything a Star Longs to Be, *hrsg. von Anita Haldemann, Ausst.-Kat., Kunstmuseum Basel, 2021; Schirn Kunsthalle Frankfurt, 2021/22; De Pont Museum, Tilburg, 2022, Genf 2021*

Ausst.-Kat. Berlin/Kiel 1976: Amerikanische Kunst von 1945 bis heute. Kunst der USA in europäischen Sammlungen, *hrsg. von Dieter Honisch und Jens Christian Jensen, Ausst.-Kat., Neue Nationalgalerie, Berlin, 1976; Kunsthalle zu Kiel, 1976, Köln 1976*

Ausst.-Kat. Berlin 1993: American Art in the 20th Century. Painting and Sculpture 1913–1993, *hrsg. von Christos M. Joachimides und Norman Rosenthal, Ausst.-Kat., Martin-Gropius-Bau, Berlin, 1993; Royal Academy of Arts, London 1993*

Ausst.-Kat. Düsseldorf 1986: David Smith. Skulpturen, Zeichnungen, *hrsg. von Jörn Merkert, Ausst.-Kat., Kunstsammlung Nordrhein-Westfalen, Düsseldorf, 1986; Städtische Galerie im Städelschen Kunstinstitut, Frankfurt am Main, 1986; Whitechapel Art Gallery, London, 1986/87, München 1986*

Ausst.-Kat. Eindhoven 1969: Kompas 4: Westkust USA / West Coast USA, *Ausst.-Kat., Van Abbemuseum, Eindhoven, 1969/70, Eindhoven 1969*

Ausst.-Kat. Essen 2016: Dancing with Myself: Self-Portraiture and Self-Invention. Works from the Pinault Collection, *hrsg. von Martin Bethenod, Florian Ebner, Anna Fricke und Stefanie Unternährer, Ausst.-Kat., Museum Folkwang, Essen, 2016, Göttingen 2016*

Ausst.-Kat. Frankfurt 1967: Kompass New York. Malerei nach 1945 aus New York, *Ausst.-Kat., Frankfurter Kunstverein, 1967/68, o. O. 1967*

Ausst.-Kat. Frankfurt 1997: Der Holzschnitt. Beispiele aus 6 Jahrhunderten, *Ausst.-Kat., Städelsches Kunstinstitut und Städtische Galerie, Frankfurt am Main 1997*

Ausst.-Kat. Frankfurt 2002: Kara Walker, *Ausst.-Kat., Deutsche Bank, Frankfurt am Main 2002*

Ausst.-Kat. Frankfurt 2008: Meisterwerke der Graphischen Sammlung. Zeichnungen, Aquarelle und Collagen, *bearb. von Jutta Schütt und Martin Sonnabend, Ausst.-Kat., Städel Museum, Frankfurt am Main 2008*

Ausst.-Kat. Hannover 2002: Kara Walker: For the Benefit of All the Races of Mankind. An Exhibition of Artifacts, Remnants, and Effluvia EXCAVATED from the Black Heart of a Negress, *hrsg. von Stephan Berg, Ausst.-Kat., Kunstverein Hannover, 2002, Freiburg im Breisgau 2002*

Ausst.-Kat. Karlsruhe 1999: Bruce Nauman. Werke aus den Sammlungen Froehlich und FER, *hrsg. von Götz Adriani, Ausst.-Kat., Museum für Neue Kunst, ZKM Karlsruhe, 1999/2000, Ostfildern 1999*

Ausst.-Kat. Kassel 1955: documenta. Kunst des XX. Jahrhunderts, *Ausst.-Kat., Kassel, 1955, München 1955*

Ausst.-Kat. Kassel 1959: documenta II. Kunst nach 1945, *Ausst.-Kat., Kassel, 1955, 3 Bde., Köln 1959*

Ausst.-Kat. Kassel 1964: documenta III, *Ausst.-Kat., Kassel, 1964, 2 Bde., Köln 1964*

Ausst.-Kat. Kassel 1968: 4. documenta, *Ausst.-Kat., Kassel, 1968, 2 Bde., Kassel 1968*

Ausst.-Kat. Kassel 1972: documenta 5. Befragung der Realität, Bildwelten heute, *Ausst.-Kat., Kassel 1972*

Ausst.-Kat. Kassel 1977: documenta 6, *Ausst.-Kat., Kassel, 1977, 3 Bde., Kassel 1977*

Ausst.-Kat. Köln 1968: Ars Multiplicata. Vervielfältigte Kunst seit 1945, *Ausst.-Kat., Wallraf-Richartz-Museum, Köln 1968*

Ausst.-Kat. London 2007: Louise Bourgeois, *hrsg. von Frances Morris, Ausst.-Kat., Tate Modern, London, 2007/08; Centre Georges Pompidou, Paris, 2008; Solomon R. Guggenheim Museum, New York, 2008; The Museum of Contemporary Art, Los Angeles, 2008/09; The Hirshhorn Museum and Sculpture Gardens, Washington, D. C., 2009, London 2007*

Ausst.-Kat. London 2017: *Stephen Coppel, Catherine Daunt und Susan Tallman,* The American Dream. Pop to the Present, *Ausst.-Kat., The British Museum, London 2017*

Ausst.-Kat. Los Angeles 1987: Foirades/Fizzles. Echo and Allusion in the Art of Jasper Johns, *Ausst.-Kat., Wight Art Gallery, Los Angeles, 1987; Walker Art Center, Minneapolis, 1987/88; Archer M. Huntington Gallery, Austin, 1988; Yale University Art Gallery, New Haven, 1988; High Museum of Art, Atlanta, 1988, Los Angeles 1987*

Ausst.-Kat. Minneapolis 2007: Kara Walker. My Complement, My Enemy, My Opressor, My Love, *hrsg. von Philippe Vergne, Ausst.-Kat., Walker Art Center, Minneapolis, 2007; Whitney Museum of American Art, New York, 2007/08; UCLA Hammer Museum, Los Angeles, 2008, Ostfildern 2007*

Ausst.-Kat. New London 2000: Under Pressure. Prints from Two Palms Press, *Ausst.-Kat., Lyman Allyn Museum of Art at Connecticut College, New London 2000*

Ausst.-Kat. New York 1982: Making Paper, Papermaking USA. History, Process, Art, *Ausst.-Kat., American Craft Museum, New York 1982*

Ausst.-Kat. Paris 1990: Das Fragment. Der Körper in Stücken, *Ausst.-Kat., Musée d'Orsay, Paris, 1990; Schirn Kunsthalle Frankfurt 1990*

Ausst.-Kat. Paris 2015: Bruce Nauman, *hrsg. von Adeline Pelletier, Ausst.-Kat., Fondation Cartier pour l'Art contemporain, Paris 2015*

Ausst.-Kat. San Francisco 2005: Chuck Close. Self-Portraits, 1967–2005, *Ausst.-Kat., Walker Art Center, Minneapolis, 2005; San Francisco Museum of Modern Art, 2005; High Museum of Art, Atlanta, 2006; Albright-Knox Art Gallery, Buffalo, 2006, New York 2005*

Ausst.-Kat. Saratoga Springs 2003: Kara Walker: Narratives of a Negress, *Ausst.-Kat., Tang Teaching Museum and Art Gallery, Saratoga Springs, 2003; Williams College Museum of Art, Williamstown, 2003, New York 2003*

Ausst.-Kat. Stuttgart 2017: The Great Graphic Boom. Amerikanische Kunst 1960–1990, *Ausst.-Kat., Staatsgalerie Stuttgart, 2017; Nasjonalmuseet, Oslo, 2017, Dresden 2017*

Ausst.-Kat. Venedig 1995: Identity and Alterity. Figures of the Body 1895/1995, *hrsg. von Manlio Brusatin und Jean Clair, Ausst.-Kat., Biennale di Venezia, 46. Esposizione internazionale d'arte, Venedig 1995*

Ausst.-Kat. Washington 1982: Bellows. The Boxing Pictures, *hrsg. von Cathy Gebhard, Ausst.-Kat., National Gallery of Art, Washington, D. C., 1982*

Ausst.-Kat. Washington 1997: *Karin Breuer, Ruth E. Fine und Steve A. Nash,* Thirty-Five Years at Crown Point Press. Making Prints, Doing Art, *Ausst.-Kat., National Gallery of Art, Washington, D. C., 1997; Fine Arts Museum of San Francisco, 1997/98, Berkley 1997*

Ausst.-Kat. Washington 2016: Three Centuries of American Prints. From the National Gallery of Art, *Ausst.-Kat., National Gallery of Art, Washington, D. C., 2016; Národní galerie v Praze, Prag, 2016/17, London 2016*

Ausst.-Kat. Wien 2003: Heiliger Sebastian. A Splendid Readiness for Death, *Ausst.-Kat., Kunsthalle Wien, 2003/04, Bielefeld 2003*

Bal 2017: *Mieke Bal, „Matter Matters", in:* The Hysterical Matter, *hrsg. von Geof Openheimer und Anne Leonard, Ausst.-Kat., Smart Museum of Art, Chicago 2017, S. 25–35*

Baro 1974: *Gene Baro,* Nevelson. The Prints, *New York 1974*

Baskin 1970: Leonard Baskin. Sculpture, Drawings & Prints, *New York 1970*

Baum 2017: *Kelly Baum, „Think Crazy. The Art and History of Delirium", in: dies., Lucy Bradnock und Tina Rivers Ryan,* Delirious. Art at the Limits of Reason 1950–1980, *Ausst.-Kat., The Metropolitan Museum of Art, New York, 2017/18, New Haven 2017, S. 18–63*

Beaucamp 1973: *E. B. [Eduard Beaucamp], „Nur ein mißratener Versuch? Amerikanische Graphik seit 1960 im Städel", in:* Frankfurter Allgemeine Zeitung, *2.6.1973, S. 37*

Bellows 1927: *George W. Bellows,* His Lithographs, *hrsg. von Emma S. Bellows, New York 1927*

Belting 2000: *Hans Belting,* Menschenbild und Körperbild, *Münster 2000*

Benezra 1988: *Neal Benezra, „Overstated Means/ Understated Meaning. Social Content in the Art of the 1980s", in:* Smithsonian Studies in American Art, *Bd. 2, Nr. 1, 1988, S. 18–31*

Bernstein 1976: *Roberta Bernstein, „Foirades/ Fizzles", in:* The Print Collector's Newsletter, *Bd. 7, Nr. 5, 1976, S. 141–145*

Blume 2010: *Eugen Blume,* Bruce Nauman, *Köln 2010*

Böhme 2020: *Hartmut Böhme,* Fetischismus und Kultur. Eine andere Theorie der Moderne, *Reinbek bei Hamburg 2006, 4. Aufl. 2020*

Bois 2005: *Yve-Alain Bois, „Thermometers Should Last Forever", in:* October, *Bd. 111, 2005, S. 60–80*

Bourgeois/Rinder 1996: *Louise Bourgeois mit Lawrence Rinder,* Zeichnungen und Beobachtungen, *Basel 1996*

Brehm 1994: *Margit Franziska Brehm, „Von der Gleichzeitigkeit des Verschiedenen und der Variationsbreite des Immergleichen. Zur Werkentwicklung von Chuck Close", in:* Chuck Close. Retrospektive, *hrsg. von Jochen Poetter und Helmut Friedel, Ausst.-Kat., Staatliche Kunsthalle Baden-Baden, 1994; Lenbachhaus, München, 1994, Ostfildern-Ruit 1994, S. 62–99*

Breuer 2000: *Karin Breuer,* An American Focus. The Anderson Graphic Arts Collection, *Ausst.-Kat., California Palace of the Legion of Honor, San Francisco, 2000; Palm Springs Desert Museum, 2001; Albuquerque Museum, 2001/02, Berkeley 2000*

Carrier 1998: *David Carrier,* Garner Tullis and the Art of Collaboration, *New York 1998*

Castleman 1985: *Riva Castleman,* American Impressions. Prints since Pollock, *New York 1985*

Castleman 1986: *Riva Castleman,* Jasper Johns. Die Druckgrafik, *Ausst.-Kat., The Museum of Modern Art, New York, 1986, München 1986*

Clark 1979: *Cynthia Clark, „An Industry Survey. Papermaking Revisited", in:* The Print Collector's Newsletter, *Bd. 10, Nr. 3, 1979, S. 80–83*

Conway 2012: *Robert Conway, „American Life. Drawing, Illustration, and Lithography, 1912–1924", in:* George Bellows, *hrsg. von Ulrike Mills, Ausst.-Kat., National Gallery of Art, Washington, D. C., 2012; The Metropolitan Museum of Art, New York, 2012/13; Royal Academy of Arts, London, 2013, New York 2012, S. 213–223*

Coppel 2008: *Stephen Coppel,* The American Scene. Prints from Hopper to Pollock, *Ausst.-Kat., The British Museum, London 2008*

Corbett 2012: *David Peters Corbett, „Life in the Ring. Boxing, 1907–1909", in:* George Bellows, *hrsg. von Ulrike Mills, Ausst.-Kat., National Gallery of Art, Washington, D. C., 2012; The Metropolitan Museum of Art, New York, 2012/13; Royal Academy of Arts, London, 2013, New York 2012, S. 71–79*

Cordes 1989: Bruce Nauman. Prints, 1970–89: A Catalogue Raisonné, *hrsg. von Christopher Cordes, New York 1989*

Cras 2016: In Focus: Parts of the Face. French Vocabulary Lesson 1961 by Larry Rivers, *hrsg. von Sophie Cras, Tate Research Publication, 2016, https://www.tate.org.uk/research/publications/in-focus/parts-of-the-face-french-vocabulary-lesson-larry-rivers* (abgerufen am 22.10.2021)

Cummings 1979: *Paul Cummings,* David Smith. The Drawings, *Ausst.-Kat., Whitney Museum of American Art, New York 1979*

Dahl 1967: *Arthur Dahl,* Mark Tobey. Paintings from the Collection of Joyce and Arthur Dahl, *Ausst.-Kat., Stanford Art Gallery, 1967, Stanford 1967*

Davis 1995: *Bruce Davis,* Made in L. A. The Prints of Cirrus Editions, *Ausst.-Kat., Los Angeles County Museum of Art, 1995/96, New York 1995*

Deeb Speaks 2007: *Elyse Deeb Speaks, „Experiencing Louise Nevelson's Moon Garden", in:* American Art, *Bd. 21, Nr. 2, 2007, S. 96–108*

Deitch 1992: *Jeffrey Deitch,* Post Human. Neue Formen der Figuration in der zeitgenössischen Kunst, *Ausst.-Kat., FAE Musée d'art contemporain, Pully/Lausanne, 1992; Castello di Rivoli, Museo d'arte contemporanea, Rivoli, 1992; Deste Foundation for Contemporary Art, Athen, 1993; Deichtorhallen, Hamburg, 1993, Feldkirchen 1992*

Devon 2000: Tamarind. 40 Years, *hrsg. von Marjorie Devon, Albuquerque 2000*

Devon 2010: *Marjorie Devon,* Tamarind Touchstones: Fabulous at Fifty. Celebrating Excellence in Fine Art Lithography, *Albuquerque 2010*

Didi-Huberman 1999: *Georges Didi-Huberman,* Ähnlichkeit und Berührung. Archäologie, Anachronismus und Modernität des Abdrucks, *übersetzt von Christoph Hollender, Köln 1999*

Dückers 1981: *Alexander Dückers,* Druckgraphik. Wandlungen eines Mediums seit 1945, *Ausst.-Kat., Kupferstichkabinett Berlin (West) 1981*

Dückers 2020: *Alexander Dückers, „Fenster zur Welt. Zum Aufbau der amerikanischen Sammlung im Berliner Kupferstichkabinett (1970–2002)", in:* Pop on Paper. Von Warhol bis Lichtenstein, *hrsg. von Andreas Schalhorn, Ausst.-Kat., Kupferstichkabinett, Staatliche Museen zu Berlin, 2020, Bielefeld 2020, S. 16–25*

Elderfield 2011: *John Elderfield,* De Kooning. A Retrospective, *Ausst.-Kat., The Museum of Modern Art, New York, 2011/12, London 2011*

Engberg 2005: *Siri Engberg, „Making Things", in: dies.,* Kiki Smith. A Gathering, 1980–2005, *Ausst.-Kat., San Francisco Museum of Modern Art, 2005/06; Walker Art Center, Minneapolis, 2006; Contemporary Arts Museum, Houston, 2006; Whitney Museum of American Art, New York, 2006/07, New York 2005, S. 18–28*

Failing 2002: *Patricia Failing, „Ed Ruscha, Young Artist. Dead Serious about Being Nonsensical", in: Ed Ruscha,* Leave Any Information at the Signal. Writings, Interviews, Bits, Pages, *hrsg. von Alexandra Schwartz, Cambridge, Massachusetts, 2002, S. 225–237*

Farmer 1982: *Jane M. Farmer, „Paper: The Technological and Spiritual Wonder of the Ancient World", in:* New American Paperworks, *Ausst.-Kat., The World Print Council, San Francisco 1982, S. 5–16*

Fern/O'Sullivan 1984: *Alan Fern und Judith O'Sullivan,* The Complete Prints of Leonard Baskin. A Catalogue Raisonné, 1948–1983, *New York 1984*

Fetscher 2006: *Justus Fetscher, „Tendenz, Zerrissenheit, Zerfall. Stationen der Fragmentästhetik zwischen Friedrich Schlegel und Thomas Bernhard", in:* Totalität und Zerfall im Kunstwerk der Moderne, *hrsg. von Reto Sorg und Stefan Bodo Würffel, München 2006, S. 11–31*

Field 1994: *Richard Field,* The Prints of Jasper Jones, 1960–1993. A Catalogue Raisonné, *New York 1994*

Fine 1984: *Ruth E. Fine,* Gemini G.E.L. Art and Collaboration, *Ausst.-Kat., National Gallery of Art, Washington, D. C., 1984/85, New York 1984*

Fisher 1990: *Philip Fisher, „Jasper Johns. Strategies for Making and Effacing Art", in:* Critical Inquiry, *Bd. 16, Nr. 2, 1990, S. 313–354*

Fortenberry/Morrill 2015: Body of Art, *hrsg. von Diane Fortenberry und Rebecca Morrill, London 2015*

Foster 2009: *Hal Foster,* The Return of the Real, *Cambridge, Massachusetts, 2009*

Fry/McClintic 1982: *Edward F. Fry und Miranda McClintic,* David Smith. Printer Sculptor, Draftsman, *Ausst.-Kat., Hirshhorn Museum and Sculpture Garden, Washington, D. C., 1982/83; San Antonio Museum of Art, 1983, New York 1982*

Fuchs 1975: *Heinz Fuchs,* Der ausgesparte Mensch. Aspekte der Kunst der Gegenwart, *Ausst.-Kat., Kunsthalle Mannheim 1975*

Galassi 2005: *Peter Galassi,* Friedlander, *Ausst.-Kat., The Museum of Modern Art, New York 2005*

Gallwitz 1986: Besuche im Städel. Betrachtungen zu Bildern, *hrsg. von Klaus Gallwitz, Frankfurt am Main 1986*

Garrels 2005: *Gary Garrels,* Drawing from the Modern, 1945–1975, *Ausst.-Kat., The Museum of Modern Art, New York 2005*

Gedeon 1984: *Lucinda H. Gedeon, „Tamarind. From Los Angeles to Albuquerque", in:* Grunewald Center Studies, *Bd. 5, 1984, S. 8–26*

Geelhaar 1979: *Christian Geelhaar,* Jasper Johns. Working Proofs, *Ausst.-Kat., Kunstmuseum Basel, 1979; Staatliche Graphische Sammlung München, 1979; Städtische Galerie im Städelschen Kunstinstitut, Frankfurt am Main, 1979; Kunstmuseum Hannover mit Sammlung Sprengel, 1979/80; Den kongelige Kobberstiksamling, Statens Museum for Kunst, Kopenhagen, 1980, Basel, 1979*

Gercken 1968: *Günther Gercken, „Graphik und Objekte. Vervielfältigte Kunst", in:* 4. documenta, *Ausst.-Kat., Kassel 1968, Katalog 2, S. XIV–XVI*

Glaubinger 1986: *Jane Glaubinger,* Paper Now. Bent, Molded, and Manipulated, *Ausst.-Kat., The Cleveland Museum of Art 1986*

Glimcher 1972: *Arnold B. Glimcher,* Louise Nevelson, *New York 1972*

Goldman 1977: *Judith Goldman,* Foirades/Fizzles, *Ausst.-Kat., Whitney Museum of American Art, New York 1977*

Goldman 1982: *Judith Goldman,* American Prints. Process & Proofs, *Ausst.-Kat., Whitney Museum of American Art, New York 1982*

Gowing 1990: *Lawrence Gowing, „Essay", in:* Larry Rivers. Recent Work, *Ausst.-Kat., Marlborough Fine Art, London 1990, S. 2–5*

Graham 1987: *Lanier Graham,* The Spontaneous Gesture. Prints and Books of the Abstract Expressionist Era, *Ausst.-Kat., The Australian National Gallery, Canberra 1987*

Guest 2003 a: *Barbara Guest, „Wounded Joy", in: dies.,* Forces of Imagination. Writing on Writing, *Berkeley 2003, S. 100–104*

Guest 2003 b: *Barbara Guest, „Poetry, the True Fiction", in: dies.,* Forces of Imagination. Writing on Writing, *Berkeley 2003, S. 26–32*

Gugutzer 2004: *Robert Gugutzer,* Soziologie des Körpers, *Bielefeld 2004*

Haenlein 1981: *Carl Haenlein, „Zeichnungen von Larry Rivers", in:* Larry Rivers. Retrospektive, Zeichnungen, *hrsg. von dems., Ausst.-Kat., Kestner-Gesellschaft, Hannover 1981, S. 13–18*

Harrison 1984: *Helen A. Harrison,* Larry Rivers, *New York 1984*

Haskell 1984: *Barbara Haskell,* BLAM! The Explosion of Pop, Minimalism, and Performance, 1958–1964, *Ausst.-Kat., Whitney Museum of American Art, New York 1984*

Haywood 1988: *Robert Haywood, „George Bellows's* Stag at Sharkey's. *Boxing, Violence, and Male Identity", in:* Smithsonian Studies in American Art, *Bd. 2, Nr. 2, 1988, S. 2–15*

Heid 2019: *Birgitta Heid, „Aufgefaltete Haut. Von der Epidermis zur Sensualität der Oberfläche", in:* Kiki Smith. Prints, *hrsg. von Michael Hering und Birgitta Heid, Ausst.-Kat., Staatliche Graphische Sammlung München, 2019, Köln 2019, S. 80–104*

Herzog 2015: *Günter Herzog, „Wie die Pop Art nach Deutschland kam", in:* Sediment. Mitteilungen zur Geschichte des Kunsthandels, *H. 25/26, 2015, S. 9–31*

Hobbs 2002: *Robert Hobbs, „Kara Walker. White Shadows in Blackface / Kara Walker. Weiße Schatten, schwarz geschminkt", in:* Kara Walker: For the Benefit of All the Races of Mankind. An Exhibition of Artifacts, Remnants, and Effluvia EXCAVATED from the Black Heart of a Negress, *hrsg. von Stephan Berg, Ausst.-Kat., Kunstverein Hannover, 2002, Freiburg im Breisgau 2002, S. 73–93 / 105–130*

Hoffmann 1996: Bruce Nauman. Interviews, 1967–1988, *übersetzt und hrsg. von Christine Hoffmann, Dresden 1996*

Hunter/Hawthorne 1984: *Sam Hunter und Don Hawthorne,* George Segal, *New York 1984*

Imdahl 1968: *Max Imdahl, „Probleme der Pop Art", in:* 4. documenta, *Ausst.-Kat., Kassel 1968, Katalog 1, S. XIV–XVII*

Johnson 1980: *Una E. Johnson,* American Prints and Printmakers, *New York 1980*

Jones 1993: *Leslie C. Jones, „Transgressive Feminity. Art and Gender in the Sixties and Seventies", in:* Abject Art: Repulsion and Desire in American Art. Selections from the Permanent Collection, *Ausst.-Kat., Whitney Museum of American Art, New York 1993, S. 33–57*

Jooss 2021: *Birgit Jooss, „Die Amerikanisierung der* documenta. *Das Museum of Modern Art in Kassel", in:* documenta. Politik und Kunst, *Ausst.-Kat., Deutsches Historisches Museum, Berlin, München 2021, S. 118–123*

Joselit 2003: *David Joselit,* American Art Since 1945, *London 2003*

Kantor 2005: *Jordan Kantor,* Drawing from the Modern, 1975–2005, *Ausst.-Kat., The Museum of Modern Art, New York 2005*

Karmel 1998: *Pepe Karmel, „Pollock at Work. The Films and Photographs of Hans Namuth", in:* Jackson Pollock, *hrsg. von Kirk Varnedoe und Pepe Karmel, Ausst.-Kat., The Museum of Modern Art, New York, 1998/99; Tate Gallery, London, 1999, New York 1998, S. 86–137*

Karmel 1999: *Pepe Karmel, „A Sum of Destructions", in:* Jackson Pollock. New Approaches, *hrsg. von Kirk Varnedoe und Pepe Karmel, New York 1999, S. 71–100*

Kern 1979: *Hermann Kern, „Chuck Close. Über die Künstlichkeit der Wirklichkeit und die Wirklichkeit der Kunst", in:* Chuck Close, *Ausst.-Kat., Kunstraum München 1979, S. 5–20*

Krauss 1977 a: *Rosalind E. Krauss, „Notes on the Index. Seventies Art in America", in:* October, *Bde. 3/4, 1977, Bd. 3, S. 68–81; Bd. 4, S. 58–67*

Krauss 1977 b: *Rosalind E. Krauss,* The Sculpture of David Smith. A Catalogue Raisonné, *New York 1977*

Krens/Devereux 1977: Jim Dine. Prints, 1970–1977, *hrsg. von Thomas Krens, Williams College Arts-in-Residence Program, bearb. von Tara Devereux, Ausst.-Kat., Museum of Art, Williamstown, 1977, New York 1977*

Kunz 1999: *Stephan Kunz, „Louise Bourgeois", in:* Louise Bourgeois, Meret Oppenheim, Ilse Weber. Zeichnungen und Arbeiten auf Papier, *Ausst.-Kat., Aargauer Kunsthaus, Aarau, 1999; Swiss Institute, New York, 1999, Zürich 1999, S. 19*

Lammert 2003: *Angela Lammert, „Momente von Dauer. Anmerkungen zu den Zeichnungen", in:* Louise Bourgeois. Intime Abstraktionen, *hrsg. von Beatrice E. Stammer, Kathrin Becker, Antje Weitzel und Valeria Schulte-Fischerdick, Ausst.-Kat., Akademie der Künste, Berlin, 2003, S. 55–64*

Laqueur 1992: *Thomas Laqueur, „Clio Looks at Corporal Politics", in:* Corporal Politics, *Ausst.-Kat., MIT List Visual Arts Center, Boston, 1992/93, Cambridge, Massachusetts, 1992, S. 14–21*

Leering 1968: *Jean Leering, „Post Painterly Abstraction", in:* 4. documenta, *Ausst.-Kat., Kassel 1968, Katalog 1, S. XVII–XIX*

Livingston 1997: *Marco Livingston,* George Segal: Retrospective. Sculptures, Paintings, Drawings, *Ausst.-Kat., Montreal Museum of Fine Arts, 1998; Hirshhorn Museum and Scultpure Garden, Smithsonian Institution, Washington, D. C., 1998; The Jewish Museum, New York, 1998; Miami Art Museums, 1999, Montreal 1997*

Livingston 1998: *Marco Livingston,* Jim Dine. The Alchemy of Images, *New York 1998*

Lyons/Storr 1987: *Lisa Lyons und Robert Storr,* Chuck Close, *New York 1987*

Malbert 2016: *Roger Malbert, „Introduction", in:* Louise Bourgeois. Autobiographical Prints, *Ausst.-Kat., Jersey Arts Centre, St Helier, 2016; South Hill Park Arts Centre, Bracknell, 2016/17, London 2016, S. 3–11*

Marter 1981: *Joan M. Marter, „Dorothy Dehner", in:* Woman's Art Journal, *Bd. 1, Nr. 2, 1980/81, S. 47–50*

Mason 1977: *Lauris Mason,* The Lithographs of George Bellows. A Catalgoue Raisonné, *New York 1977*

McCoy 1973: David Smith, *hrsg. von Garnett McCoy, New York 1973*

McKenna 2002: *Kristin McKenna, „Lightening Up the Getty", in: Ed Ruscha,* Leave Any Information at the Signal. Writings, Interviews, Bits, Pages, *hrsg. von Alexandra Schwartz, Cambridge, Massachusetts, 2002, S. 345–352*

Meyer 2020: *Fabienne Meyer, „‚Wouldn't it be a great idea to have it printed?' Der Siebdruck als Ausdrucksmittel der Pop Art", in:* Pop on Paper. Von Warhol bis Lichtenstein, *hrsg. von Andreas Schalhorn, Ausst.-Kat., Kupferstichkabinett, Staatliche Museen zu Berlin, 2020, Bielefeld 2020, S. 160–168*

Millard 1989: *Charles Millard, „Garner Tullis", in:* Print Quarterly, *Bd. 6, Nr. 2, 1989, S. 139–149*

Moser 1977: *Joann Moser,* Atelier 17. A 50th Anniversary Retrospective Exhibition, *Ausst.-Kat., Elvehjem Art Center, University of Wisconsin, Madison 1977*

Moser 1995: *Joann Moser, „Collaboration in American Printmaking Before 1960", in:* Printmaking in America. Collaborative Prints and Presses, 1960–1990, *hrsg. von Elaine M. Stainton, Ausst.-Kat., Mary and Leigh Block Gallery, Northwestern University, Evanston 1995, S. 10–31*

Nancy 2004: *Jean-Luc Nancy,* singulär plural sein, *übersetzt von Ulrich Müller-Schöll, Berlin 2004*

Nancy 2015: *Jean-Luc Nancy,* Das andere Porträt, *übersetzt von Thomas Laugstien, Berlin 2015*

Nochlin 2001: *Linda Nocholin,* The Body in Pieces. The Fragment as a Metaphor of Modernity, *New York 2001*

O'Connor/Thaw 1978: Jackson Pollock. A Catalogue Raisonné of Paintings, Drawings, and Other Works, *Bd. 3, hrsg. von Francis Valentine O'Connor und Eugene Victor Thaw, New Haven 1978*

O'Hara 1969: *Frank O'Hara,* Lunch Poems und andere Gedichte, *übersetzt von Rolf Dieter Brinkmann, Köln 1969*

O'Hara 1995: *Frank O'Hara,* The Collected Poems, *hrsg. von Donald Allen, Berkeley 1995*

Öhlschläger/Wiens 1997: *Claudia Öhlschläger und Birgit Wiens, „Körper – Gedächtnis – Schrift. Eine Einleitung", in:* Körper – Gedächtnis – Schrift. Der Körper als Medium kultureller Erinnerung, *hrsg. von dens., Berlin 1997, S. 9–22*

Ostermann 1991: *Eberhard Ostermann,* Das Fragment. Geschichte einer ästhetischen Idee, *München 1991*

Pagel 2002: *David Pagel, „Bruce Nauman", in:* Bruce Nauman, *hrsg. von Robert C. Morgan, Baltimore 2002, S. 203–205*

Pasquariello 2005: *Lisa Pasquariello, „Ed Ruscha and the Language That He Used", in:* October, *Bd. 111, 2005, S. 81–106*

Perloff 1998: *Marjorie Perloff,* Frank O'Hara. Poet Among Painters, *Austin 1977, neue Ausgabe Chicago 1998*

Pfeiffer 2009: *Ingrid Pfeiffer, „David Smith. Über die Aktualität des Widersprüchlichen", in:* David Smith: Working Surface. Painting, Sculpture, Drawing, 1932–1963, *Ausst.-Kat., Stiftung Wilhelm Lehmbruck Museum, Zentrum Internationaler Skulptur, Duisburg, 2009, Mailand 2009, S. 185–193*

Posner 1992: *Helaine Posner, „Separation Anxiety", in:* Corporal Politics, *Ausst.-Kat., MIT List Visual Arts Center, Boston, 1992/93, Cambridge, Massachusetts, 1992, S. 22–30*

Price/Sherman 2009: *Richard Price und Cindy Sherman,* Robert Longo: Men in the Cities. Photographs, 1976–1982, *München 2009*

Rainbird 2004: Print Matters. The Kenneth E. Tyler Gift, *hrsg. von Sean Rainbird, Ausst.-Kat., Tate Modern, London 2004*

Ratcliff 1983: *Carter Ratcliff, „Robert Longo. The City of Sheer Image", in:* The Print Collector's Newsletter, *Bd. 14, Nr. 3, 1983, S. 95–98*

Ratcliff 1985: *Carter Ratcliff,* Robert Longo, *München 1985*

Rathbone 1984: *Eliza E. Rathbone,* Mark Tobey. City Paintings, *Ausst.-Kat., National Gallery of Art, Washington, D. C., 1984*

Raymond 2007: *Yasmil Raymond, „Maladies of Power. A Kara Walker Lexicon", in:* Kara Walker. My Complement, My Enemy, My Opressor, My Love, *hrsg. von Philippe Vergne, Ausst.-Kat., Walker Art Center, Minneapolis, 2007; Whitney Museum of American Art, New York, 2007/08; UCLA Hammer Museum, Los Angeles, 2008, Ostfildern 2007, S. 347–370*

Ricke/Skrobanek 2013: *Rolf Ricke und Kerstin Skrobanek, „Galerie Rolf Ricke, Kassel/Köln: Pop-Art und weiße Schokolade. Wie die amerikanischen Pop-Art-Multiples nach Deutschland kamen", in:* Gut aufgelegt. Die Sammlung Heinz Beck, *hrsg. von Kerstin Skrobanek, Nina Schallenberg und Reinhard Spieler, Ausst.-Kat., Wilhelm-Hack-Museum, Ludwigshafen am Rhein, 2013, Köln 2013, S. 144–147*

Ritchie 1994: *Charles Ritchie,* Gemini G.E.L. Recent Prints and Sculpture, *Ausst.-Kat., National Gallery of Art, Washington, D. C., 1994*

Rivers/Brightman 1979: *Larry Rivers und Carol Brightman,* Drawings and Digressions, *New York 1979*

Rivers/Weinstein 1992: *Larry Rivers und Arnold Weinstein,* What Did I Do? The Unauthorized Autobiography, *New York 1992*

Roberts 2012: *Jennifer L. Roberts,* Jasper Johns: In Press. The Crosshatch Works and the Logic of Print, *Ausst.-Kat., Harvard Art Museums, Cambridge, Massachusetts, 2012, Ostfildern 2012*

Rodman 1957: *Seldom Rodman,* Conversations with Artists, *New York 1957*

Rorty 1992: *Richard M. Rorty,* The Linguistic Turn. Essays in Philosophical Method, *Chicago 1967, 2. Aufl. 1992*

Rosenthal 1993: *Mark Rosenthal,* Artists at Gemini G.E.L. Celebrating the 25th Year, *New York 1993*

Rothfuss 1993: *Joan Rothfuss, „‚Foirades/Fizzles'. Jasper Johns's Ambiguous Object", in:* The Burlington Magazine, *Bd. 135, Nr. 108, 1993, S. 269–275*

Ruby 1999: *Sigrid Ruby,* „Have We An American Art?" Präsentation und Rezeption amerikanischer Malerei im Westdeutschland und Westeuropa der Nachkriegszeit, *Weimar 1999*

Sampson 1996: *Philip J. Sampson, „Die Repräsentation des Körpers", in:* Kunstforum International, *Bd. 132, 1996, S. 94–111*

Schalhorn 2020: *Andreas Schalhorn, „Zur Verbreitung der US-amerikanischen Pop Art in der Druckgraphik", in:* Pop on Paper. Von Warhol bis Lichtenstein, *hrsg. von dems., Ausst.-Kat., Kupferstichkabinett, Staatliche Museen zu Berlin, 2020, Bielefeld 2020, S. 8–15*

Schellmann 2009: Forty Are Better Than One. Edition Schellmann, 1969–2009, *hrsg. von Jörg Schellmann, München 2009*

Schmahmann 1998: *Brenda Schmahmann, „Casting a Glance, Diverting the Gaze. George Segal's Representation of the Female Body", in:* American Art, *Bd. 12, Nr. 3, 1998, S. 10–29*

Schuyler 1993: *James Schuyler,* Collected Poems, *New York 1993*

Schwabsky 2000: *Barry Schwabsky, „Reflections on Some Prints from Two Palms Press", in:* Under Pressure. Prints from Two Palms Press, *Ausst.-Kat., Lyman Allyn Museum of Art at Connecticut College, New London 2000, o. S.*

Schwartz 2002: *Ed Ruscha,* Leave Any Information at the Signal. Writings, Interviews, Bits, Pages, *hrsg. von Alexandra Schwartz, Cambridge, Massachusetts, 2002*

Seitz 1962: *William C. Seitz,* Mark Tobey, *Ausst.-Kat., The Museum of Modern Art, New York 1962*

Sharp 1970: *Willoughby Sharp, „Body Works", in:* Avalanche, *H. 1, 1970, S. 14–17*

Shoptaw 1994: *John Shoptaw,* On the Outside Looking Out. John Ashbery's Poetry, *Cambridge, Massachusetts, 1994*

Sparks 1989: *Esther Sparks,* Universal Limited Art Editions: A History and Catalogue. The First Twenty-Five Years, *New York 1989*

Stainton 1995: Printmaking in America. Collaborative Prints and Presses, 1960–1990, *hrsg. von Elaine M. Stainton, Ausst.-Kat., Mary and Leigh Block Gallery, Northwestern University, Evanston 1995*

Strauss 1995: *Walter A. Strauss, „Disjecta membra. Essays in Fragmentation: Samuel Beckett and Jasper Johns", in:* Dalhousie French Studies, *Bd. 31:* Art and Contemporary Prose, *1995, S. 11–27*

Stuffmann 1996: *Margret Stuffmann,* Amerikanische Druckgraphik 1960 bis 1990, *Faltblatt zur Ausstellung, Städelsches Kunstinstitut, Frankfurt am Main, 1996/97, Frankfurt am Main 1996*

Sultan 2003: *Terrie Sultan,* Chuck Close. Prints, Process and Collaboration, *Ausst.-Kat., Blaffer Gallery. The Art Museum of the University of Houston, 2003, Princeton 2003*

Towles 1982: *Tony Towles, „Universal Limited Art Edition", in:* 25 Jahre Universal Limited Art Editions, 1957–1982. Zeitgenössische amerikanische Druckgraphik, *ausgewählt und zusammengestellt von Wolfgang Wittrock, Ausst.-Kat., Kunsthalle Düsseldorf, 1981/82; Kunstverein Gütersloh, 1982; Wittrock Kunsthandel, Düsseldorf, 1982; Herzog Anton Ulrich Museum, Braunschweig, 1982, Düsseldorf 1982, o. S.*

Tuchman 1983: *Phyllis Tuchman,* George Segal, *New York 1983*

Ustvedt 2017: *Øystein Ustvedt, „Der Graphic Boom in der US-amerikanischen Kunst um 1960", in:* The Great Graphic Boom. Amerikanische Kunst, 1960–1990, *Ausst.-Kat., Staatsgalerie Stuttgart, 2017; Nasjonalmuseet, Oslo, 2017, Dresden 2017, S. 11–23*

Valéry 1989: *Paul Valéry, „Einfache Überlegungen zum Körper", in: ders.,* Werke, *Bd. 4:* Zur Philosophie und Wissenschaft, *übersetzt von Karl Löwith, hrsg. von Jürgen Schmidt-Radefeldt, Frankfurt am Main 1989, S. 201–210*

Varnedoe 1996: *Kirk Varnedoe,* Jasper Johns. A Retrospective, *Ausst.-Kat., The Museum of Modern Art, New York 1996*

Vergne 2007: *Philippe Vergne, „The Black Saint Is the Sinner Lady", in:* Kara Walker. My Complement, My Enemy, My Opressor, My Love, *hrsg. von dems., Ausst.-Kat., Walker Art Center, Minneapolis, 2007; Whitney Museum of American Art, New York, 2007/08; UCLA Hammer Museum, Los Angeles, 2008, Ostfildern 2007, S. 7–25*

Von Bonin/Cullen 1970: Jim Dine. Complete Graphics, *hrsg. von Wibke von Bonin und Michael S. Cullen, Ausst.-Kat., Galerie Mikro, Berlin (West), 1970; Kestner-Gesellschaft, Hannover, 1970, London 1970*

Walker 2000: *Hamza Walker, „Kara Walker. Nigger Lover or Will There Be Any Black People in Utopia? / Kara Walker. Nigger Lover oder: Wird es in Utopia Schwarze geben?", in:* Parkett, *Nr. 59, 2000, S. 152–158 / 160–165*

Watrous 1984: *James Watrous,* American Printmaking. A Century of American Printmaking, 1880–1980, *Madison 1984*

Weitman 1994: *Wendy Weitman,* For 25 Years. Brooke Alexander Editions, *Ausst.-Kat., The Museum of Modern Art, New York 1994*

Weitman 1999: *Wendy Weitman,* Pop Impressions, Europe/USA. Prints and Multiples from the Museum of Modern Art, *Ausst.-Kat., The Museum of Modern Art, New York 1999*

Weitman 2003: *Wendy Weitman,* Kiki Smith. Prints, Books & Things, *Ausst.-Kat., The Museum of Modern Art, New York, 2003/04, New York 2003*

Weyl 2019: *Christina Weyl,* The Women of Atelier 17. Modernist Printmaking in Midcentury New York, *New Haven 2019*

Wyckoff/Wagner 2018: *Elizabeth Wyckoff und Gretchen L. Wagner,* Graphic Revolution. American Prints 1960 to Now, *Ausst.-Kat., Saint Louis Art Museum 2018*

Wye 1988: *Deborah Wye,* Committed to Print. Social and Political Themes in Recent American Printed Art, *Ausst.-Kat., The Museum of Modern Art, New York 1988*

Wye 2004: *Deborah Wye,* Artists and Prints. Masterworks from The Museum of Modern Art, *Ausst.-Kat., The Museum of Modern Art, New York 2004*

Wye 2017: *Deborah Wye,* Louise Bourgeois. An Unfolding Portrait, *Ausst.-Kat., The Museum of Modern Art, New York, 2017/18, New York 2017*

Wye/Smith 1994: *Deborah Wye und Carol Smith,* The Prints of Louise Bourgeois, *New York 1994*

Register

Bildnachweis

Abb. 1, S. 9: Photography by Randy Dodson, courtesy Fine Arts Museums of San Francisco

Abb. 2, S. 10: © 1991 Hans Namuth Estate, courtesy Center for Creative Photography

Abb. 3, S. 10: University of New Mexico Libraries, Special Collections and Center for Southwest Research, Tamarind Institute Pictorial Collection, PICT 000-574-3319

Abb. 4, S. 11: John Ross, Clare Romano und Tim Ross, The Complete Printmaker. Techniques, Traditions, Innovations, *New York 1990, S. 238, Reprint nach der Ausgabe von 1972*

Abb. 5, S. 12: Städel Museum, Frankfurt am Main

Abb. 6, S. 12: Kompass New York. Malerei nach 1945 aus New York, *Ausst.-Kat., Frankfurter Kunstverein, 1967/68, o. O. 1967, Städel Museum, Frankfurt am Main, Bibliothek, PN 324/1967*

Abb. 7, S. 13: Institut für Stadtgeschichte Frankfurt am Main (ISG FFM), V113/468:4, Mychalzik-Liesfeld

Abb. 8, S. 14: © Städel Museum, Frankfurt am Main, Foto: U. Edelmann

Abb. 9, S. 16: Foto © President and Fellows of Harvard College, M23287

Abb. 10, S. 17: © The Trustees of the British Museum

Abb. 11, S. 18: © bpk / CNAC-MNAM / Jacques Faujour

Abb. 12, S. 19: Kunstmuseum Basel, Martin P. Bühler

Abb. 13, S. 20; Abb. 14, S. 21: © 2021. Digital image, The Museum of Modern Art, New York / Scala, Florence

Abb. 15, S. 25: © bpk / The Art Institute of Chicago / Art Resource, NY

Abb. 16, S. 26: Smithsonian American Art Museum, Gift of Mr. and Mrs. David K. Anderson, Martha Jackson Memorial Collection

Abb. 17, S. 28; Abb. 18, S. 29: © Bill Berkson; Archivio Mario Schifano

Abb. 19, S. 34: Barbara Guest Papers, Beinecke Rare Book and Manuscript Library, Yale University

Kat. 1–22, 24–31: Städel Museum, Frankfurt am Main

Kat. 23: Deutsche Bank, Frankfurt am Main

Copyrights

Impressum

Diese Publikation erscheint anlässlich der Ausstellung
Into the New. Menschsein: Von Pollock bis Bourgeois
Städel Museum, Frankfurt am Main
6. April bis 17. Juli 2022

Herausgeberin
Regina Freyberger

Bildredaktion
Linda Baumgartner

Katalogmanagement
Eva Mongi-Vollmer

Grafik/Corporate Design, Koordination
Sandra Adler-Krause

Gestaltung und Satz
formfellows Kommunikations-Design, Regina Schauerte und Thomas Klöß

Lektorat
Almut Otto, Berlin

Projektmanagement Verlag
Katrin Hoyer, Sandstein Verlag

Bildbearbeitung/Lithografie
Jana Neumann, Sandstein Verlag

Druck und Verarbeitung
UAB BALTO print, Vilnius, Litauen

Schrift
Freight Micro und Freight Sans

Papier
LuxoArt Samt

Die Deutsche Nationalbibliothek verzeichnet diese Publikation in der Deutschen Nationalbibliografie; detaillierte bibliografische Daten sind im Internet über http://dnb.dnb.de abrufbar.

Museumsausgabe
ISBN 978-3-947879-13-7

Buchhandelsausgabe
ISBN 978-3-95498-675-0

www.sandstein-verlag.de

Printed in the EU

Städel Museum

Städel Museum
Städelsches Kunstinstitut und Städtische Galerie
Schaumainkai 63
60596 Frankfurt am Main
Tel. +49 69 60 50 98-0
Fax +49 69 60 50 98-111
www.staedelmuseum.de